U0789623

金陵全書

丙編·檔案類

南京近代教育檔案

南京市私立明德女子中學

南京市檔案館 編

南京出版傳媒集團
南京出版社

圖書在版編目（CIP）數據

南京近代教育檔案. 南京市私立明德女子中學 / 南京市檔案館編. -- 南京 : 南京出版社, 2021.4

（金陵全書）

ISBN 978-7-5533-3225-3

Ⅰ. ①南… Ⅱ. ①南… Ⅲ. ①地方教育—教育史—史料—南京—近代②南京市私立明德女子中學—校史—史料 Ⅳ. ①G527.531②G639.285.31

中國版本圖書館CIP數據核字（2021）第055091號

書　　名　**【金陵全書】（丙編・檔案類）**
　　　　　南京近代教育檔案・南京市私立明德女子中學

編　　者　南京市檔案館

出版發行　南京出版傳媒集團
　　　　　南　京　出　版　社

社址：南京市太平門街53號　　郵編：210016

網址：http://www.njcbs.cn　　電子信箱：njcbs1988@163.com

聯系電話：025-83283893、83283864（營銷）　025-83112257（編務）

出 版 人　項曉寧
出 品 人　盧海鳴
策　　劃　盧海鳴　朱天樂
責任編輯　王緒緒　崔龍龍
裝幀設計　王　俊
責任印製　楊福彬

製　　版　上海雅昌藝術印刷有限公司
印　　刷　上海雅昌藝術印刷有限公司
開　　本　889毫米×1194毫米　1/16
印　　張　31
版　　次　2021年4月第1版
印　　次　2021年4月第1次印刷
書　　號　ISBN 978-7-5533-3225-3
定　　價　1000.00 元

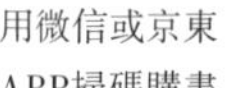

用微信或京東APP掃碼購書　用淘寶APP掃碼購書

目録

壹 學校概況

貳 學籍管理

叁　師生影像

南京市私立明德女子中學

壹 學校概況

五十週年紀念手册

南京市私立明德女子初級中學

民國廿四年十月十五日

聲明

本校成立五十週紀念，原爲民國二十三年十月十五日·因去歲本京市府，將漢西門四根桿子，改建莫愁路·校舍讓地築路，重修四周牆垣及門房，改建校舍，一時籌備不及；故改至今年舉行·

南京市私立明德女子初級中學五十週年紀念手册（一九三五年十月十五日）·節選

檔號：1009-1-1292

本校校訓

Ming Deh School Motto

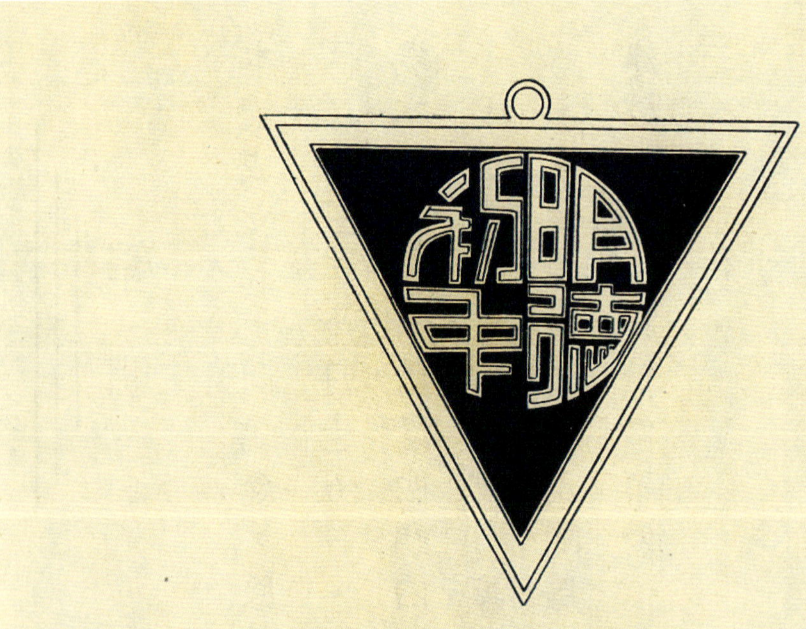

Ming Deh School Badge

校史

金陵之有女校，始於城西之四根桿子；明德女子中學，其首創也。本校創始於清光緒十年（公歷一八八四年），原名明德女子書院。開創者，爲美國敎師李滿夫人。是時，金陵城中無任何公私立女學校；而本校招生亦實至困難。初開學時只學生一人；經過三年，方有學生七人。此後，逐年增築新校舍，添招新學生；漸臻發達。至民國前九年，已有首屆中學畢業生。民國十四年，改行新學制；分設高中部與初中部，小學部與幼稚園。本校至此，設備完全，規模已具；全城女學校，羣推本校爲大姊姊也。不幸正在蓬勃之時，民國十六年竄遭兵燹；本校地址幽靜，受災最重。被劫一空，校舍無門窗，四面徒有壁立。因受創過巨，復恢惟艱。然亦不願昔日經營至此全隳，於民國十六至十七年之間辦一貧民學校。民國十八年秋，恢復前期小學及添設師範間易科與社會服務部。民國二十一年成立完全小學，並添設初中部。民國廿二年四月一日，完成小學部立案手續。同年十一月一日，初中部校董會亦批准備案。民國廿四年四月四日初中部已立案完成。是年夏初中部畢業會考，十二人全體及格。南京市社會局頒給奬焉。本校附設服務部，除義務學校外，有家庭研究會，兒童遊戲場，婦孺沐浴室等；爲社會服務之設備。茲本校五十週紀念，特爲略述其梗概；使吾國人士知吾校之有五十年歷史焉！

明德女中校歌

鍾山蒼蒼，江水泱泱永流芳！創立明德，儲才致用邦家光・地靈人傑舍臨清涼，教學與做期方法優良・
知識擴張文化發揚眞理彰，親愛精誠努力服務主義昌・天祚明德其益無方，矢志圖強挽國運無疆・

副歌

明德！明德！師弟身心強，學業炳耀，事功輝煌爲民族爭光！
明德！明德！效力徧八荒，道如旭光，氣如海洋與天地久長・

明德華光團歌

國風泱泱，民族煌煌，
我們少女，同登舞場・
手執纛旗，正正堂堂；
要把世界責任放在肩上！
華光，華光！
德智體羣仔細端詳・
求眞善美性潔行芳，
揚聲高呼，嚮應八荒。
記着我們的團體，永不要忘！
明德華光！

本校校門

The Entrance to Ming Deh School

本校課樓淑德堂

The Main Building

本校宿舍思明堂側面

The East Entrance to Westminster Hall

本校幼稚園

The Kindergarten Building

本校健身室

The Gymnasium

本校西教師住宅愛明樓

Elmian House

本校服務部之平民浴室

The Bath House for Women in the Community

本校校園內之小池塘

The Pond

本校廚房

The Kitchen

本校會客室

The Guest Room

本校大禮堂

The Assembly Hall

本校校長辦公室

The Principal's Office

本校教職員辦公室之一

A Teacher's Office

本校美術室

The Art Room

本校初中學生化學試驗之一組

Junior II Chemistry Laboratory

本校初中學生動物試驗之一組

Junior I Biology Laboratory

本校圖書室

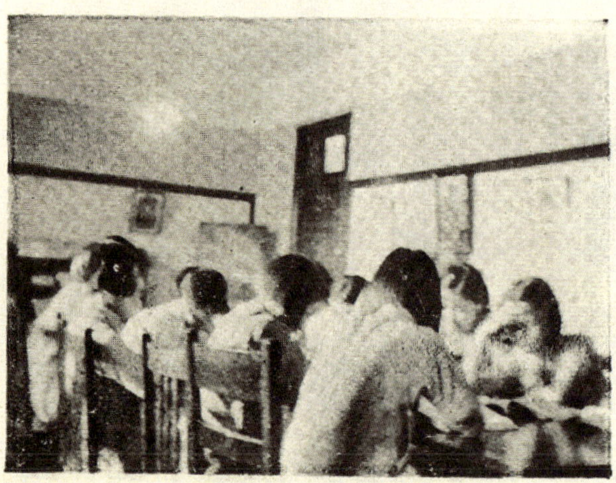

The Library

我們的禮拜堂

Our Old Church

本校交際室

The Social Hall

本校膳廳

The Dining Room

本校教職員寢室之一

A Teacher's Bedroom

本校學生寢室之一

A Dormitory Room

本校初中教室之一

Junior II Classroom

本校小學教室之一

Second Grade Classroom

本校初中部學生寫生

An Art Class

本校排球隊

Playing Volley Ball

本校壘球隊

Base Ball Team

本校初中學生土風舞

Older Girls' Folk Dance

本校學生整隊至運動場

Marching to the Gymnasium

本校女生賽跑

A Girls' Race

本校男生童子軍堆寶塔表演

A Boy Scout Stunt

本校幼稚園甲組學生遊戲

Kindergarten Children at Play

本校學生時代服裝表演之一瞥

Old and New Fashions

本校學生野外旅行

On a Hike

本校服務部義小學生工作(一)

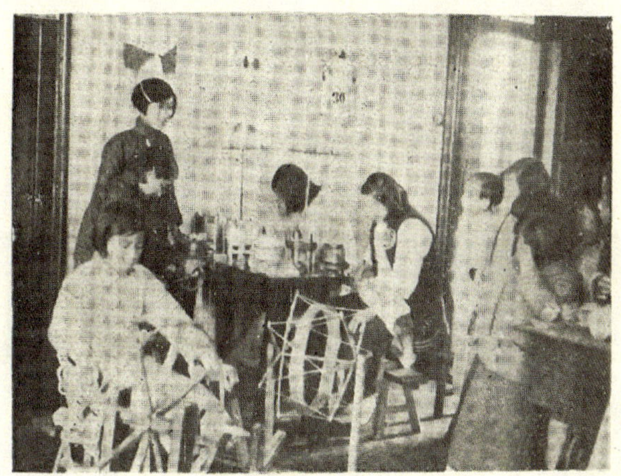

Industrial Work in the Ming Deh Free School

本校服務部義小學生工作(二)

Girls in the Free School Cleaning the Bath House.

MING DEH GIRLS' SCHOOL

FIFTIETH ANNIVERSARY.

OCTOBER 15. 1935

南京京華印書館承印

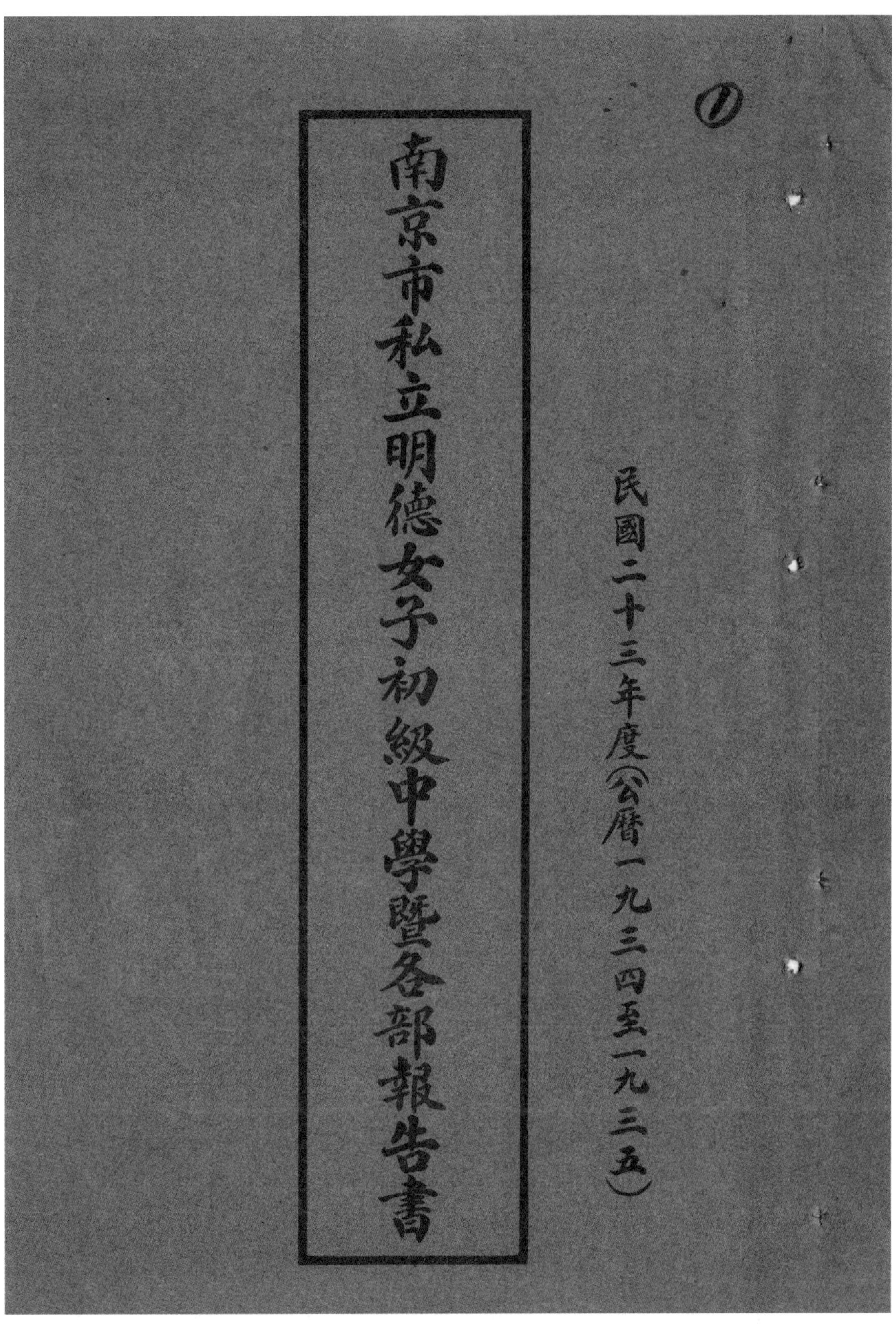

南京市私立明德女子初級中學暨各部一九三四年度報告書（一九三六年）·節選

檔號：1009-1-1455

甲、中小學校概况

（一）本校校訓

非以役人，乃役於人。

（二）本校校歌

鐘山蒼蒼，江水泱泱永流芳。

創立明德儲才致用邦家光。

地靈人傑舍蹊清京，教學與做期方法優良。

知識擴張，文化發揚真理彰，親愛精誠努力服務主義昌。

天祐明德其益無方，矢志圖強挽國運無疆。

副歌

明德！明德！師弟身心強，學業炳耀事功煇煌為民族爭光。

明德！明德！効力遍八荒，道如旭光，氣如海洋與天地久長。

本校教職員一覽

姓名	在校任職	學歷
張香蘭女士	校長兼教務主任	金陵女子文理学院文学士
毛桂影女士	小学一年級級任	南京女中初師畢業
王　毅女士	小学二年級級任	明德女校簡師畢業
龔亞蘭女士	小学三年級級任	安徽蕪湖省立第二女子師範畢業
徐曉山先生	小学第一学期四年級級任	城美中学畢業
李繼煌先生	小学第二学期四年級級任	南京正誼中学畢業
童雅韻女士	小学五年級級任	明德女中畢業 大方伯医学產科畢業
程景祜女士	小学六年級級任	明德女中畢業 蘇州景海高中師範畢業
施云英女士	初中一年級級任	金陵大学文学士 金陵神学院神学士
歐陽美叔女士	初中二年級級任	匯文高級中学畢業 金陵女子文理学院肄業一年

陳玉英女士	初中三年級級任	金陵女子文理学院肄業三年 上海西门女子医学院肄業三年
葉保之先生	訓育主任兼初中部公民國文教師	江蘇法政大学法学士
朱永芳女士	体育指導衛生教師	明德女中畢業 金陵女子文理学院体育專科畢業
王天涯先生	初中部图畫教師	福建泉州培元高中畢業泉州日燦藝術館畢業 金陵神学院道学士
楊嘉仁先生	初中部音樂教師	金陵大学文学士 修畢金陵女子文理学院音樂課程
陸嵋良女士	本校宗教主任英語宗教教師	美國伊利諾大学文学士
柏宝珍女士	舍務主任家政教師	本京進德道学院畢業
張蔭桐先生	图書館館長並會計處助理員	北平匯文大学預科畢業 燕京大学文学系第二年肄業二学期
李元東先生	事務主任	青州共合大学師範畢業
王逸云香女士	鋼琴教師	美國欧亥欧韋斯理大学文学士
王阮辛愛女士	英文教師	美國哈挪魯魯師範專科畢業
李士琦先生	植物教師	金陵神学院肄業

姓名	職務	學歷
李繼昭女士	一年級助教師	南京法政講習所畢業
周邵文珍女士	本校社會服務部主任	安徽蕪湖第二女中師範畢業
方愛吾女士	社會服務部教師	仝上
吳[illegible]先生	遊戲場指導教師	金陵神學院肄業
路德秀女士	幼稚園主任	北平燕京大學幼稚師範科畢業
張連珍女士	幼稚園助教師	金陵女子神學院肄業一年 滙文高級中學肄業一年

南京市私立明德女子初級中學
及附屬小學
廿三年第一學期人數

初小一年級	47人
初小二年級	22人
初小三年級	41人
初小四年級	44人
初小五年級	34人
初小六年級	18人
以上小學共計	206人
初中一年級	27人
初中二年級	25人
初中三年級	13人
以上中學共計	65人

廿三年度第二學期人數

初小一年級	50人
初小二年級	27人
初小三年級	36人
初小四年級	40人
初小五年級	35人
初小六年級	17人
以上小學共計	205人
初中一年級	29人
初中二年級	25人
初中三年級	12人
以上中學共計	66人

廿三年度第一学期家長職業	
界 名	人 數
政 界	118人
工 界	21人
学 界	48人
軍 警	25人
農 界	4人
商 界	35人
家 屬	3人
医 界	8人
其 他	4人
共 計	[illegible]

廿三年度第一学期学[illegible]	
南京市	[illegible]人
浙 江	3[illegible]人
江 西	3人
福 建	17人
廣 西	1人
湖 南	19人
雲 南	1人
湖 北	9人
四 川	4人
江 蘇	65人
安 徽	35人
山 東	11人
貴 州	3人
河 南	6人
廣 東	25人
河 北	11人
陝 西	2人
共 計	[illegible]1人

廿三年度第二学期学生家長職業	
界名	人数
政界	110人
工界	20人
学界	54人
警界	[illegible]
農界	4人
商界	40人
軍界	23人
医界	13人
其他	6人
共計	271人

廿三年度第二学期学生籍貫統計	
省名	人数
南京市	17人
浙江	38人
江西	1人
福建	16人
廣西	2人
湖南	22人
雲南	1人
湖北	11人
四川	3人
江蘇	57人
安徽	31人
山東	16人
貴州	4人
河南	3人
廣東	28人
河北	15人
陝西	2人
共計	271人

乙．本校培德幼稚園概况

本園自數依家長發起開辦以來，在過去數載經驗甚覺有繼續創辦之必要，本年度內特聘請燕京大學幼稚專科路德秀女士為本園主任，葉穎芳女士與張運貞女士相繼為助教，總計在本園肄業者有五十二人，園址假思明堂一樓東首南北房，計四間，二間用為課室，一間作為盥洗室，另一间作為廁所，其他一切設備雖在初創時期，尚稱完善，為試辦關係，本園在本年度內尚未能直屬明德校董會，然本園委員會各委員皆由校董會公推，而實際上培德幼稚園實一明德學校之一小妹妹也。

丙．本校服務部概况

（一）義務小學

本年度內計收義小學生七十五人，年齡自十歲起至十九歲止，仍分大小兩班，又分甲乙兩組，研究科目有國語、算術、珠算、史地、衛生、常識、手工、宗教等科，本校日程上午讀书下午作手工其作品计有手織品物枕套圍裙書包洋襪子窗帘椅墊等物以上作品均廉价出售所得之銀学校除收材料費外概歸学生。

(二)家庭研究會

本會按向例每六星期開會一次讨論各項關於婦女問題也曾派代表參加女青年會家庭讨論會基督教協進会第一次全城家庭研究会成立大会并往王博之先生府上所開之全城家庭研究会籌備会等……

(三)遊戲場

今年来場遊戲者較往年少其故有二：1. 因本市市社会局设立義小頗多往日街上隣童多数入校 2. 因年齡較長兒童已作工不能再進遊戲場。少數常来之兒童在每星期二四六午後二時至四時来場遊戲有吳信培先生負責管理

(四)婦女沐浴室

自十一月一日起新浴室落成後即開放浴价与以前相同因新沐浴室房间較

家设備完善故來沐浴者較往年為多當舊曆年底時半天內能洗二百餘人時至晚六時即能停工不若往年常延至晚九時餘但今年因荒年经济困難致窮人來沐浴者較往年略少而中等婦女來沐浴者較前增加

（四）本校校董會職員一覽

姓名	代表機關	在會職務	現有職業
張坊 先生	特約校董	正會長	本京金陵中學校校長
陳竹君 女士	中華基督教華東大會	副會長	本京金陵中學英文教師
師覃理 夫人	本京西差會	英文書記	本京美童公學教師
盧坤泉 女士	中華基督教南京區會	中文書記	本京進德聖道女校教師
朱繼昌 先生	特約校董	校董	户部街神恩堂牧師（本京）
劉恩蘭 女士	特約校董	執委會會長	本京金陵女子文理學院教授
趙傳家 先生	中華基督教華東大會	校董	中華基督教教育會總幹事
朱寶惠 先生	中華基督教南京區會	校董	本京金陵神學院教授
德本康 夫人	南京西差會	校董	金陵女子文理學院顧問
黃素貞 女士	校友會	校董	上海市慕爾堂幹事

姓名	所屬	職務	職業
陳杏梅 女士	校友會	校董	本京中央医院穉學科長
潘濟塵 先生	中華基督教南京監會	副校董	本京双塘福音堂牧師
朱繼昌 夫人	仝上	副校董	本京益智第一小學教師
李虎華 女士	校友會	副校董	安徽寿州福音堂幹事
趙蘭珍 女士	校友會	副校董	蘇州景海女師教師
芮澗德 先生	本京西差會	副校董	本京宣教士
文淑德 女士	本京西差會	副校董	金陵女子神學院教授
鮑忠 先生	中華基督教華東大会	副校董	本京漢中堂牧師
董賑委員			
陳竹君 女士	[illegible]		
學校會計			
麥斐文德 女士			

南京市私立明德女子初級中学校董會記錄

一 日期 民國廿四年三月二日晨九時起午后四時半止

二 地点 明德女中覺明樓交際室内

三 出席者

張坊先生 朱繼昌先生 校長陳信美女士 德本康夫人

師覃理夫人 趙傳家先生 陳竹君女士 黄素貞女士

朱寶惠先生 劉恩蘭女士 唐坤泉女士

列席者

張香蘭校長 麥斐德女士

主席

朱繼昌先生 張坊先生

記錄

唐坤泉女士

四 祈禱閉會

五 書記讀前次記錄 接收通過

六 選舉職員

主席 張坊先生 副主席 陳竹君女士 中文書記 唐坤泉女士

英文書記 師覃理夫人 執委会会員 劉恩蘭女士

七 報告学校概況 張香蘭 校長

(一)上学期

1.八月二十二日開学 九月五日上課

2.整日教師十五人 兼課教師五人

3.小学部二百零七人 初中部六十四人

4.学校大事

1. 十月十八十九二十日全市小学運動会得奖

甲組女子跳遠第一　女子百米賽跑第一

女子五十米賽第二　團体操第六

2. 十一月廿三日何應欽部長捐贈

3. 十一月廿五日学生捐助廣東道明聾目学校銀廿八元

4. 十一月宋博士靄與会有多人受感善後工作幸有丁立介牧師在校二星期栽培

5. 十二月廿二日懇親会兼展覽会来賓前後約千餘人

6. 十二月廿日聖誕慶祝会捐衣服一大包計百餘件送淳化鎮鄉間教会苦人

7. 健康委員会每星期二来校診沙眼治皮膚等病学校每学期每生付銀二角

(二) 下学期

1. 小学部二百零六人　初中部六十六人

2. 教師除更換徐曉山方曼番二人外只一年級增聘助教李継煊女士一人初中部因為

小姐於本年增聘音樂教師楊嘉仁先生一人

(三)校長感言

1. 三年來学校漸長不但学生年年增加即社会上名誉也日高

2. 文案表册已呈報大约不成問題

3. 西教士丙愛德女士因病往北平協和医院学校方面大受影響功課雖有人代教但伊对校之精神無人能補滿

4. 本学年学生对之宗教較往年多注意而有興趣

5. 本学年实為建築年因開莫愁路全校南边院墻大门重修加之宿舍内添設自来水管及修房间直至本年三月方纔完工

八 會計報告 麥斐德女士

1. 明德女校秋季司庫 一九三四年八月一日起至一九三五年一月卅日止 接收通過

2. 明德女校預算表 一九三五年八月一日起至一九三六年一月卅日止

接收通过

3.建築報告　接收通过

九　討論议决事項

1.校董会西差會合同——議决仿用中華基督教中等学校与北美長老差會總部合同格式除第九條引用舊合同外其他各條略加修改　接受通过

2.沐浴室業主問題——議决請張香蘭校長与西差会協同辦理至產权則与明德其他產業同惟到出賣時則按成分繳一部份賣價与校董会

3.接管培德幼稚園——議决自一九三五年秋後歸明德接收原幼稚委員会仍繼續一年幫同張校長負責經理

4.西教士加入問題——議决在西教士芮小姐病期中請求西差会准丰華小姐來校代理如華小姐不能來則請他人代之

5.增薪問題——議决增加並惟請校董、師曹理夫人与陳竹君女士協同張校長

商決增加方法

6.住宿生年級問題——議決此後住校只收中學生小學生滿十二歲後除特別情形

外方收住宿

7.收費名稱之更換——議決美工費加入体育費内

南京明德服務部校董會記錄

一　日期　民國二十四年三月二日午后二時起

二　地点　明德女中愛明樓交際室内

三　出席者

朱繼昌先生　陳信美女士　德本康夫人　師覃理夫人　趙傳家先生

陳竹君女士　朱宗憲先生　劉恩蘭女士　唐坤泉女士

列席者

張香蘭校長　麥斐德女士　周邵文珍女士

主席　陳竹君女士　　記錄　唐坤泉女士

四　祈禱開會

五　書記讀前次記錄　　接受通过

六　一九三五年春季明德女校社会服務部報告

(一)家庭研究会　　常会三次

1.召集本会会员参观新浴室

2.在青年会(女)開討論会

討論本京成立家庭研究会總会事件

3.在基督教協進会

開第一次全城家庭研究会成立大会

開特别会一次

在漢口路王博之太太住宅開全城家庭研究会籌備会由各会派代表二人

参加本部李天禄夫人及本部幹事代表

(二)義務学校

1.本学期招收学生七十五人十岁至十五岁四十五人十六岁至十九岁三十人

2.仍分大班五小班两班大班分為甲乙两組小班分為丙丁两組

3.課程為國語算術珠算歷史地理宗教衛生常識手工唱歌作文

4.教員楊先生因赴福建特請吳先生代替吳先生对于教学極有经驗十分称職

5.紀律　学生因受三年训練極能清潔守秩序負責服務对人有礼貌

6.查经　因明德主日班捐助义務学校聖经廿六册並由本校学生購买聖经甚多

現在朝会查經学生能自己讀看講解頗有興趣進步甚速

7.手工　毛織物共计四十件因本校織工佳而定价低廉外间人来此定製者甚多

枕套共計四十五对　圍嘴共计四十八对　書包共計二十五個　枱布共计八件

洋囡囡共计二十個　襪(机製)共计三十双　窗帘子共计二十件

椅垫共计十四对

工钱　大学生出品甚多平均每生得工钱四元因此本学期每生均有制服及徽章

小学生糟践材料太多然不能免故每生在入校之初收取大洋五角以补偿此种损失

8.学生服务　现在一切学生绝对服从均能在义务学校中一切清洁工作均由学生分任之实行小先生制因手工教法须特别指导故本期先训练数名然后责令转授同学成效甚佳

游戏场现在来游戏者不多原因如下：

1.小学校设立甚多已经入学校

2.少数常来之小孩子尚能守秩序因为同游者少感觉兴趣少　吴信培先生对于游戏场极能尽职可惜能来的时间少

妇孺浴室

1.新浴室成立以来贫富妇孺皆来沐浴

五.因盆子較多設備較前齊備故年底人多時半天内能洗二百人能在下午六時停止

六.定價與前相同收入亦與往年相等

七.本年因穀賤天暖陰雨年荒經濟困難故窮人來沐浴者較往年略少而中等人家婦女來沐浴者較前增加

七　議決請書記修函致謝朱繼昌牧師歷年在校董會協助會務　關於特約校董增加二人案交執委會討論並建議請朱繼昌牧師為特約校董任期自一九三五至一九三六春

八　祈禱散會　朱寶惠牧師

南京市私立明德女子初級中學校董會記錄

一　日期　民國廿四年十一月九日晨九時半起十一時止

二　地點　明德女中思明堂集會室

三　出席者

張坊先生　朱继昌先生　陳竹君女士　陳信美女士
德本康夫人　師尊理夫人　黄素貞女士　劉恩蘭女士
唐坤泉女士　朱寄惠先生

列席者

張香蘭校長　麥斐德會计

缺席者　趙傳家先生

主席　張坊

記錄　唐坤泉女士

四　祈祷開会　劉恩蘭女士

五　書記讀前次記錄　接受通过

六　報告学校概况　張香蘭校長

人学生人數　籍貫　家長職業（详情見表）

2. 教員人數算本年度共有整教十五人代課教師五人男教師五人女教師十五人（详情見表）

3. 学校大事

1. 本年度内西教士芮愛德女士因病在北平协和医院学校方面大受影響功課雖有人代教但伊对校之精神实無人能補充

2. 春季運動会前後来賓约千餘人頗極一時之盛

3. 本年实為建築年因開莫愁路関係南边院墙以及大门均須重建加之思明堂二楼宿舍改造添設自来水等等工作直至三月方才完工現禁惟交通方面而住宿師生亦均感覺便利

4. 本年度六月会考本校参加者初中部計十二人全体攷取名列第四等並由社会局發給獎狀

5. 本年四月四日市府更換職員本校趁机前往請求社会局局長李德新先

生核准立案並蒙批准現只缺教育部備案手續尚未完清

接受通过

七　学校收支概況報告　　史斐德女士

（詳請見收支報告及預算表）　　接受通过

八　討論事項

1.议决　將校董会与西差会舊合同延長一年其効力至一九三六年七月廿一日止而新合同至一九三六年春季校董大会時再行討論

2.建议　將本校董会常会改至一年一次而聚会期在十一月　但執委会至少每年二次春秋二季举行之遇必要時会長得招集臨時会议[illegible]

3.议决　採用執委会建议教師寄宿於学校者每月付校七元之支配方法五元半作為膳費一元半作為房屋工人茶水等費

4.议决　自一九三六年春季起初中三家事改收二元中小学每幼稚生於每学期終了時

須預繳留額金二元否則到第二學期作新生論

建议如中華匯文二校初中学生学費為廿元時則本校学費亦可增加並

推举朱继昌麥斐德與張校長為小組委員討論增加学費與免費

事宜

九 查賬委員報告廿三年度本校賬目無訛　接受通過

十 関校長辭職事以下決议

1.本年度内無論如何仍请校長維持校務自第二学期起当聘請教務主

任協同校長办理校務該教務主任由校長提名聘请再经勷委会通过

2.如明年秋無校長升学時則能隨意離校惟学成仍續聘任本校校長職

3.如明秋校長不升学而教務主任又未能聘得相当人材時則挽留校長在校無

論如何不能他往

4.如明秋校長不得升学而教務主任已有相当人材担任時准校長休假六月以資休息

南京市私立明德女子初級中学附設服務部校董會會議錄

一 日期 民國廿四年十一月九日晨十一時起至十二時半止

二 地点 明德女中思明堂集會室

三 出席者

陳竹君女士 朱繼昌先生 陳信美女士 德本康夫人

師覃理夫人 黃素貞女士 劉恩蘭女士 朱宗惠先生

缺席者

張坊先生 趙傳家先生 唐坤泉女士

列席者

張香蘭校長 麥斐德會計

主席 陳竹君女士 記錄者 陳信美女士

四 書記讀前次記錄 接受通过

五　報告本部概况　　　　　　　　主任周師母因病由張校長代

（詳情見本部概况）　　　　接受通过

六　報告服務部经济概况　　　　麥斐德女士

（詳情見收支報告及預算表內）　　　接受通过

七　討論事項

議决　沐浴室欠款引用執委会建议公請本校校長沐浴室主任及会计

協同募捐如至明年七月底仍募不全時則用学校餘款補付

八　祈禱散會　　　　　　　　陳竹君女士

明德學校司庫報告

(自1934年八月一日起至1935年七月底止)

入款：

I 上年餘存款(1934年8月1日)

1. 常年設備費 $154.80
2. 圖書費 540.00
3. 修理費 234.01

$928.81

II 學費

1. 中學學費 2232.00
2. 實驗 〃 262.00
3. 圖書 〃 264.00
4. 設備 〃 387.00
5. 体育 〃 132.00
6. 手工 〃 129.00
7. 医藥 〃 266.00
8. 音樂 〃 156.00
9. 其他雜用 521.00
10. 小學學費 2532.00
11. 〃 〃 医药費 239.00
12. 〃 〃 音乐 〃 168.00
13. 〃 〃 雜費 1099.50

8387.50

III 宿舍膳費

1. 中學膳費 $2057.78
2. 小 〃 〃 〃 775.86
3. 教員 〃 〃 671.44
4. 用人 〃 〃 449.62
5. 客 〃 〃 〃 73.73
6. 假期 〃 〃 5.07
7. 中學宿 〃 333.00
8. 小 〃 〃 〃 105.00
9. 幼稚 〃 〃 4.50

$4476.00

IV 差會津貼

1. 经常费 1560.15
2. 校長薪 600.00
3. 修理费 225.00

2385.15

V 贈捐

1. 畢業生同學会 191.00
2. 校友(設備) 200.00
3. 校友 15.00

406.00

明德女校司庫報告第二頁

Ⅵ 銀行利息	26.19	
王仁免費金	14.00	
		40.19
Ⅶ 其他入款		
1.服務部修理費	172.58	
2.修理準備費	300.00	
3.賣書柜	10.00	
		482.58
		$17106.23

出款：

Ⅰ 教育費		
1.中學教薪	$3423.00	
2.小〃〃〃	2652.00	
3.學生集会費	63.74	
4.体育費	77.07	
5.實驗〃	1.57	
6.家政〃	5.42	
7.圖書〃	666.01	
8.手工〃	7.09	
9.医药〃	53.75	
10.音乐教薪	525.00	
11.〃〃雜用	58.85	
12.中學課堂雜用	117.69	
13.小〃〃〃〃〃	118.95	
14.維持費	20.16	
15.小學免費	16.00	
		7806.30
Ⅱ 行政費		
1.職員薪水	994.75	
2.用人工資	25.00	
3.郵電	18.62	
4.印刷	78.20	
5.郵費	82.24	
6.雜〃	88.71	
7.電話	48.00	
		1335.52

Ⅲ维持费

1.修理费	$1382.20	
2.常年设备费	1864.21	
3.工餉	399.79	
4.雜费	60.40	
		3706.60

Ⅳ宿舍

1.伙食	2241.57	
2.薪水	216.00	
3.工餉	572.70	
4.電灯	225.50	
5.柴煤	405.70	
6.雜费	133.85	
7.自来水(一个月)	114.11	
		3911.43

Ⅴ其他

1.教育会会费等等	59.00	
		59.00
		$16818.85
餘存常年設備款		287.38
		$17,106.23

明德女校司庫報告第三頁

明德女校預算表

(1935-36)(民24年三月)

入款：

項目	細數	小計	合計
上年餘款(設備)		$ 287.38	
I 差會款		2385.00	
II 學費			
1.中學			
學生九十五人每人六十元	$5700.00		
新生報名八十五人每人二元	170.00		
		5870.00	
2.小學			
初級生136人每人16元	2176.00		
高〃〃72〃〃〃20〃	1440.00		
新生報名110人〃〃1〃	110.00		
		3726.00	
3.練習費中小共17人每人24元		408.00	
4.幼稚生65人每人24元		1560.00	
III 宿舍			
1.學生膳宿 學生48名每人70元	3360.00		
2.教員七十名每人70元	490.00		
3.用人七名〃〃60〃(另加薪工)	450.00		
4.客人膳費	100.00		
5.假期〃〃	60.00		
6.代午餐	450.00		
		4910.00	
IV 贈捐			300.00
V 其他			
1.銀行利息	26.00		
2.免費款利息	14.00		
			40.00
總共計			$19486.38

出款：

項目	細數	合計
I 教務		
1.中學教員薪金	3816.00	
2.〃〃雜用	150.00	
3.小學教員薪金	2796.00	
4.〃〃雜用	150.00	
5.學生集會	100.00	
6.音樂並及雜用	920.00	
7.体育	70.00	
8.圖書室	170.00	
9.醫葯	100.00	
10.油印	70.00	
11.幼稚園薪金	900.00	
12.〃〃〃雜用	150.00	
		9392.00

明德女校預算表第二頁

Ⅱ行政

1.職員薪金	1224.00	
2.工錢	60.00	
3.郵電	20.00	
4.印刷	70.00	
5.路費	80.00	
6.雜用	100.00	
7.電話費	96.00	
8.裝電話	50.00	
		1700.00

Ⅲ維持

1.工錢	384.00	
2.修理	425.00	
3.雜用	75.00	
4.幼稚園工錢	60.00	
		944.00

Ⅳ宿舍

1.伙食	2400.00	
2.電灯	225.00	
3.柴煤	500.00	
4.職員薪水	240.00	
5.工錢	600.00	
6.雜用	200.00	
7.自來水	240.00	
		4405.00

Ⅴ其他

1.設備		
(1)鋼琴	400.00	
(2)禮堂椅子一百張	1600.00	
(3)小學桌椅	100.00	
(4)網球場	300.00	
(5)美術室	500.00	
		2900.00
2.華東教育會會費等		60.00
3.預備零用費		85.38
		$19486.38

明德服務部司庫報告

1934年8月1日—1935年7月31日

入款

I上年餘款（1934年8月1日）		
1.修理費	$215.75	
2.手工費	9.58	
		$225.33
II差會經常款		300.00
III贈捐		
1.南京女士会	450.00	
2.其他	432.00	
		882.00
IV浴室		210.68
V義務女校		
1.出賣手工品	170.79	
2.出賣書籍	7.47	
3.狀名費	55.10	
		233.36
VI銀行利息		6.75
總收入		$1858.12

出款

I浴室		
1.職員薪金	$216.00	
2.用人工錢	56.80	
3.柴煤	28.50	
4.熱水	73.08	
5.雜用	7.18	
		$381.56
II義務女校		
1.教員薪金	575.00	
2.用人工錢	23.82	
3.手工材料	264.37	
4.書籍及雜用	41.43	
5.其他零用	21.18	
		925.80
III遊戲場		
1.教員薪水	133.00	
2.用人工錢	46.50	
3.雜用	1.20	
		180.70
IV宗教教育		119.43
V其他，修理		43.17
轉入學校修理賬		172.58
設備		43.93
維持雜用		8.20
總支出		1875.37
虧空數，1935年7月31日		17.25
		$1858.12

明德服務部浴室司庫報告
1934年8月1日—1935年7月31日

入款

1.南京市政府 贈捐建築	$500.00
2.南京市政府 贈捐,傢俱	200.00
3.南京女士會贈捐	750.00
4.個人贈捐	427.29
	$1877.29

出款

1.建築浴室	1450.00
2.工程司用費	15.00
3.籬圍	28.90
4.纖水道	40.30
5.募捐委会零用	16.16
總支出	$1728.06
餘款,1935年7月31日	149.23
	$1877.29

- - - - - - - -

浴室合同尚未付之款	330.48
餘存,1935年7月31日	149.23
待籌之款	$181.25

明[illegible]服務部預算表 ([illegible]-36)(民廿四年三月)

入款

I 差會經常款		$300.00
II 贈捐		
1.南京女士會	$450.00	
2.其他	450.00	
		900.00
III 浴室		250.00
IV 義務女校		
1.出賣手工品	50.00	
2.學生板否費	60.00	
		110.00
V 其他		25.00
總收入		$1585.00

出款

上年虧空		17.25
I 浴室		
1.職員薪金	306.00	
2.熱水	80.00	
3.[illegible]	86.00	
4.[illegible]	26.00	
5.[illegible]	11.00	
		507.00
II 義務女校		
1.教員薪金	$606.00	
2.工錢	12.00	
3.手工材料	50.00	
4.書籍及雜用	25.00	
5.家政班零用	30.00	
		723.00
III 遊戲場		
1.工錢	40.00	
2.雜用	15.00	
		55.00
1.雜用		150.00
V 其他		
1.設備		50.00
2.藥品		5.00
3.雜用		77.75
總支出		$1585.00

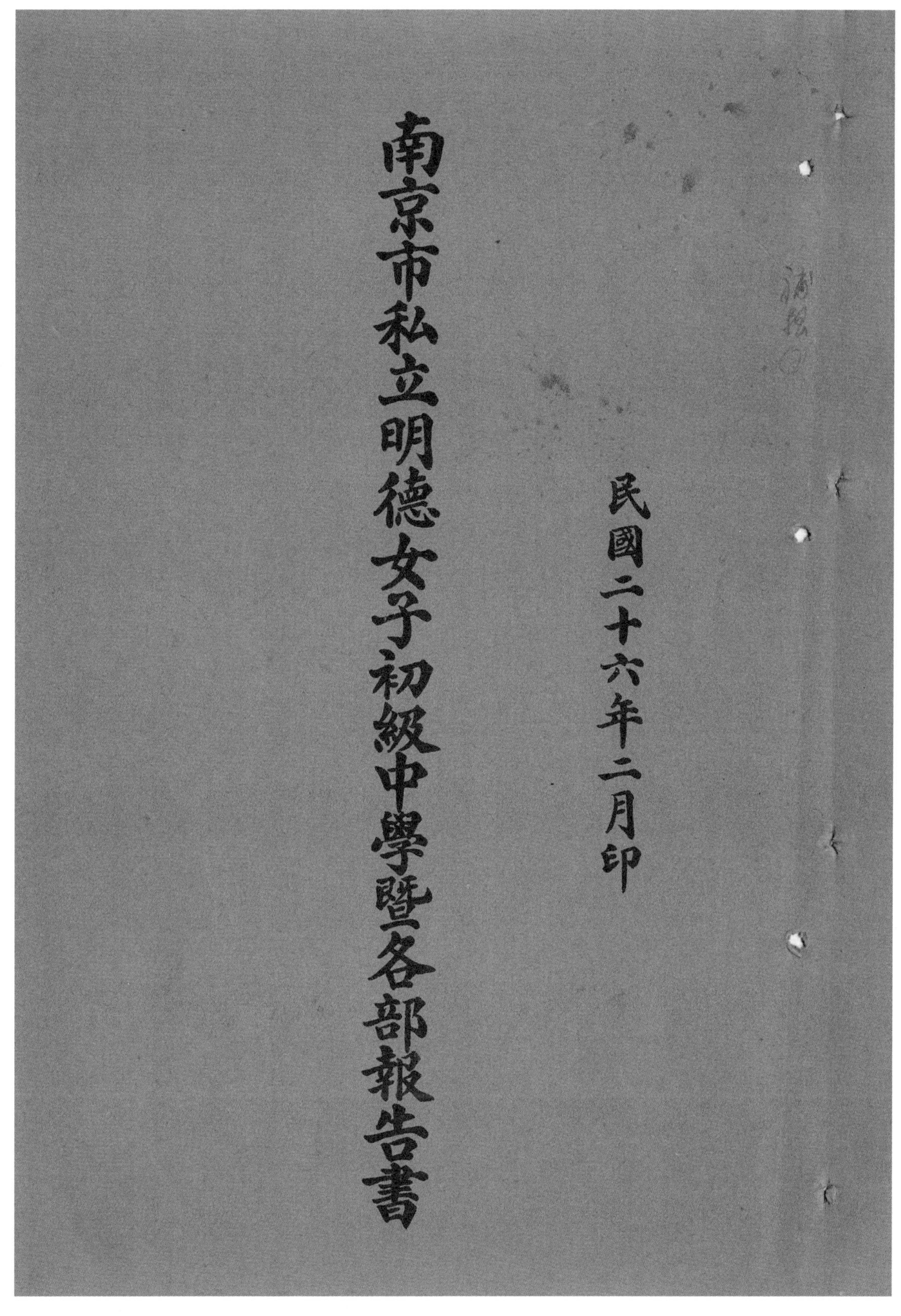

南京市私立明德女子初級中學暨各部一九三五年度報告書（一九三七年二月）·節選
檔號：1009-1-1455

四、本校教職員一覽表

姓名	在校任職	學歷
張香蘭女士	校長兼教務主任	金陵女子文理學院文學士
毛桂彩女士	小學一年級級任	南京女中高師畢業
王 毅女士	小學二年級級任	明德女校簡師畢業
余順貞女士	小學三年級級任	南京匯文女中畢業
車愛光先生	小學四年級級任	南京成美中學畢業
龔亞蘭女士	小學五年級級任	安徽蕪湖省立第二女子師範畢業
程景祜女士	小學六年級級任	蘇州景海高師畢業
陳玉英女士	初中一年級級任	金陵女子文理學院肄業三年
施云英女士	初中二年級級任	金陵大學文學士
歐陽美權女士	初中三年級級任	金陵女子文理學院肄業一年
葉保之先生	訓育主任、公民國文教員	江蘇法政大學法學士

姓名	職務	學歷
陸嵋良女士	宗教主任英語教員	美國伊利諾大學文學士
蔣愛德女士	音樂教師	
楊嘉仁先生	初中音樂教員	金女大音樂系畢業
朱永芳女士	体育衛生教員	金陵女大附設体育簡師畢業
汪競瑤女士	舍務主任家政教員	泉州日燦藝術師畢業
王天滙先生	初中圖畫教員	九江諾文書院畢業
王阮辛愛女士	英文教員	美國哈娜奴奴師範畢業
張彬儀女士	鋼琴教員	金陵女子文理學院
麥斐德女士	會計師	
張蔭桐先生	會計處助理員	華滙文大學預科畢業
張淑貞女士	幼稚園主任	北平燕大幼稚師範畢業
張連貞女士	幼稚園助教	滙文高級中學肄業一年
馬竹卿女士	仝上	東方中學肄業

南京市私立明德女子初級中學
暨附屬小學
二十四年度第一學期人數表

初小一年級	31
初小二年級	33
初小三年級	34
初小四年級	38
初小五年級	38
初小六年級	28
以上小學共計	202人
初中一年級	38
初中二年級	28
初中三年級	25
以上初中部共計	91人

南京市私立明德女子初級中學
暨附屬小學
二十四年度第二學期人數表

初小一年級	36
初小二年級	32
初小三年級	31
初小四年級	35
初小五年級	39
初小六年級	29
以上小學共計	202人
初中一年級	38
初中二年級	25
初中三年級	25
以上初中部共計	88人

廿四年度第一學期學生籍貫

省名	人數
廣東	32人
浙江	40人
湖北	13人
安徽	35人
湖南	18人
江蘇	80人
山東	17人
福建	19人
雲南	3人
河北	7人
河南	5人
南京市	11人
陝西	2人
江西	5人
四川	3人
山西	1人
共計	293人

廿四年度第一學期家長職業

界名	人數
政界	130人
軍界	25人
學界	43人
商界	26人
工界	13人
醫界	7人
農界	5人
其他	50人
共計	293人

廿四年度第二學期家長職業	
界名	人數
政界	122人
學界	42人
軍界	27人
工界	12人
醫界	11人
農界	2人
其他	35人
共計	290人

廿四年度第二學期學籍貫	
省名	人數
廣東	34人
浙江	42人
湖北	13人
江蘇	80人
湖南	15人
安徽	32人
陝西	3人
山東	13人
福建	25人
河北	8人
河南	8人
江西	5人
四川	4人
貴州	2人
山西	3人
雲南	1人
[illegible]	[illegible]90人

(1)

民國二十四年　明德幼稚部報告

(一)學額……秋季六十七位　春季七十四位

(二)班級……分大中小三班以年齡体力智力為標準

(三)課程……上午音樂作業 自然、社會 衛生

下午大班國語 數學 遊戲

(四)地點……原在本校思明樓下一部兩間課室内因感覺房屋稍小不敷於用得蒙學校當局允許於開學後一月搬至原東之幼稚園課堂中

(五)教師……張連珍女士　馬竹卿女士　張淑貞女士担任之

(六)畢業生……本年度有十六人畢業升入本校小學部

明德學校社會服務部報告
民國24年秋——25年春

I.義務學校

1.開學日期　　九月十五日
2.學生總數　　四十九人
3.級　數　　四級

II.教職員三人

李天祿師母　教課,家事實習,沐浴室,管理雜務
謝鳳英　教課,沐浴室
朱先生(義務職)音樂

III.課程

上午
國語,算術,常識,衛生,歷史,地理,宗教,
書信,音樂,作文,習字,
下午
家事實習,如烹飪,縫紉等,

IV.沐浴室

收入不如往年,因天雨過多

李天祿師母報告
(代理主任)

本校校董會職員一覽

姓名	代表機關	在會職務	現有職業	年限
張坊先生	特約校董	正會長	本京金陵中學校校長	
陳竹君女士	中華基督教華東大會	副會長	本京金陵中學英文教師	1938三月
鮑忠先生	中華基督教華東大會	副校董	本京漢中堂牧師	
師韋理夫人	本京西差會	校董	本京美人童公學教師	
文淑德女士	本京西差會	英文書記副校董	本京金陵女子神學院教師	
朱寶惠先生	中華基督教南京區會	中文書記	本京金陵神學院教授	
潘濟慶先生	中華基督教南京區會	副校董	本京雙塘福音堂牧師	
劉恩蘭女士	特約校董	校董	本京金陵文理學院教授	
朱繼昌先生	特約校董	校董	本京戶部街沛恩堂牧師	
唐坤泉女士	中華基督教南京區會	校董	山東女神學教師	

另

侏鑑昌夫人	中華基督教會南京區會	副校董	本京益智第一小學教師
文安如女士	南京西差會	校董	南宿州啟秀女校教師
密爾士夫人	南京西差會	副校董	南京美國學校教師
黄素貞女士	校友會	校董	上海慕爾堂幹事
陳信美女士	校友會	校董	中央醫院護學科長
李令華女士	校友會	副校董	安徽壽州福音堂幹事
趙翊珍女士	校友會	副校董	蘇州景海女師教師
畢仰珊女士		查賬委員	
朱經昌先生	校董	查賬委員	
麥愛德女士		學校會計	

明德初中校董會春季執委會秩序（民國二十五年三月二十日）

一、祈禱開會

二、討論事項

1. 學校合同

2. 關於學校修理與建築主權及責任

3. 學校校舍保險事宜

4. 學生納費免費事宜

5. 教師加薪問題 追認上年度賬目無訛

6. 校董會常會次數

7. 沐浴室欠款辦理法

8. 服務部改訂計劃事宜

9. 其他問題

10. 改選校董會職員

(1)

一、日期：民國二十五年三月二十一日晨九時半起午后三時半止

二、地點：本校恩明堂集會室

三、出席：張　坊先生　朱繼昌先生　朱寶惠先生
師亭理夫人　陳信美女士　劉恩蘭女士
陳竹君女士　唐坤泉女士　黃素貞女士
趙傳家先生　德本康夫人

四、列席者　張香蘭校長　麥斐德女士

五、主席　張　坊先生　記錄　唐坤泉女士

六、祈禱開會　劉恩蘭女士

七、因事項多，免讀前次記錄

八、報告事項

1、學校概況報告（材料見油印紙）張香蘭校長　接收通過

2、經濟概況報告（材料見打字机材料）麥斐德女士　接收通過

3、追認上年度查賬事宜（賬目無訛）陳竹君女士

九、討論事項

1、學校合同 議決：差會與校董會續訂合同三年

2、學校校舍保險事宜 議決：保險

3、學校修理主權及責任 議決：組織修理委員會，由差會代表麥斐德女士、宋尔士先生與校董會代表陳信美女士、朱寶惠先生并與當然委員校長組織之

4、學生納費免費事宜 議決：學生所納各費照舊，初中報名費視其他中學報名費之多寡而定，全權付與校長，按情形定奪。至於免費事，則每學年由長老會津貼款中抽出一伯圓作為中小學免費用，其得免費者之資格如下：㈠凡在中華基督教南京區會工作人員之子女方能得之；㈡除了由本校小學畢業直接升入初中部之貧寒學生外，而由本區會之小學畢業者，如有相當介

給之亦可得之本校教師如家境貧寒其子女可得免半學費㊂免費生期限每學期結算一次、免費生每學期總成績須在七十五分以上者否則取消免費資格㊃操行優良者㊄全免費指免全學費而言半免費亦指免學費之半而言

5、校董會常會次數　議決：每年聚常會一次春季舉行之但遇有特別事故得臨時招集之校董會報告在秋季舉行之執二年

6、校長問題：　議決：㊀維持前屆校董會關於該項之建議㊁聘請陳竹君女士代理張香蘭校長㊂校長出外時其待遇與名義由委員會規定㊃可能作本校校長之女士①陳竹君女士②李美筠女士③朱美玉女士④劉福瑞女士

7、平民夜校　議決：請校長按情形酌辦

8、一九三六年至一九三七年預算表　接收通過

（其欠款九百三十九請執委會協商辦理）

十 關於服務部事宜

1. 服務部概況報告（材料見報告紙） 李天祿夫人 接收通過

2. 經濟概況報告（材料見報告紙） 麥斐德女士 接收通過

3. 討論事項

㈠ 沐浴室人数办理法 議決：請原來募捐委員負責募集

㈡ 義小問題 議決：自下年度起改義小為成人之義校；把已有的學生年歲在十三歲以上者收留其餘太小者不收

十一 改選校董會職員

1. 會長 張坊先生

2. 副會長 陳竹君女士

3. 英文書記 文淑德女士

4. 中文書記 朱寶惠先生

(3)

5、特約校董 劉恩蘭女士 朱繼昌先生 張坊先生

特約校董定期為二年自一九三六年至一九三八年春（“特約”旁注“副校董”）

6、會計 麥斐德女士 朱繼昌

7、查賬委員 Miss Priest

8、修理委員 Miss Moffet、Mrs. Mills 陳杏梅女士、朱寶惠先生

校長為當然委員

9、本屆選舉提名委員 Mrs. Lawrence Thurston、朱繼昌先生 劉恩蘭女士

十二、散會

十三、執委會 張坊先生 陳竹君女士

文叔德女士　朱寶惠先生
劉恩蘭女士　朱繼昌先生

明德女校司庫報告 （I）

（自一九三五年八月一日至三六年七月卅一日止）

入款

項目	金額	合計
I 上年餘存款（1935年8月一日）設備款	# 287.38	
II 學費	[illegible]	
中學學費	[illegible]	
〃〃實驗費	344.00	
〃〃圖書費	351.58	
〃〃体育費	346.00	
〃〃設備費	519.00	
〃〃醫藥費	352.00	
〃〃琴費	334.00	
〃〃雜費	680.38	
〃〃手工費	213.50	
〃〃考書費	86.00	
〃〃家政費	68.00	
小學學費	2520.95	
〃〃醫藥費	219.50	
〃〃琴費	132.00	
〃〃手工費	97.50	
〃〃雜費	1072.50	
幼稚園學費	1739.65	12552.76
III 宿舍		
中學生膳費	2464.05	
小學生膳費	156.50	
教員膳費	623.93	
僕人膳費	502.14	

客人膳費	53.60	
假期膳費	59.77	$4,659.31
宿舍費		
中學生	370.00	
小學生	105.00	475.00
Ⅳ 差會津貼		
經常費	1560.00	
修理費	295.00	
校長薪	600.00	
思明堂設備	39.50	2,494.50
Ⅴ 贈捐		
五十週紀念會同學會捐	143.00	
為設備差會捐助書籍	25.00	
免費捐	10.00	
小學四年級畢業贈捐	12.00	190.00
Ⅵ 銀行利息		
往來款利息	91.92	
免費利息	21.00	112.92
Ⅶ 五十週紀念會		510.12
總共計		$21,180.95

出款

I 教育		
中學教員薪	#343400	
小學教員薪	219300	
幼稚園教員薪	88500	
工鈔	6300	
學生集會費	4604	
體育費	18318	
家政班雜用	6041	
圖書費	21131	
手工材料	37101	
醫藥費	5917	
音樂教員薪	98000	
音樂雜用	7900	
課堂雜用	15265	
小學免費	2000	
幼稚園雜用	15096	
油印	12603	#9616.76
II 行政		
薪水	137200	
工錢	11000	
郵電	48.15	
印刷	50.00	
路費	12197	
辦公費	19304	
電話	10200	2007.16
III 雜情	~~41640~~	

設備	$1522.81	
雜用	246.03	
保險	210.37	$3351.66
IV 宿舍		
伙食	2661.22	
薪水	240.00	
工餉	619.80	
電燈	205.64	
柴煤	421.07	
雜用	81.65	
自來水	188.91	4418.29
V 五十週紀念會		525.45
VI 其他		
蘇東教育會會費	50.00	
南京中學會費	20.00	
贈捐	325.26	
慈善捐	5.00	
學費外錯	29.00	429.26
總共計		$20348.58
餘存（1936年7月31日）		832.37
		21180.95
幼稚園鋼琴	205.58	
免費	11.00	
設備	615.79	
	832.37	

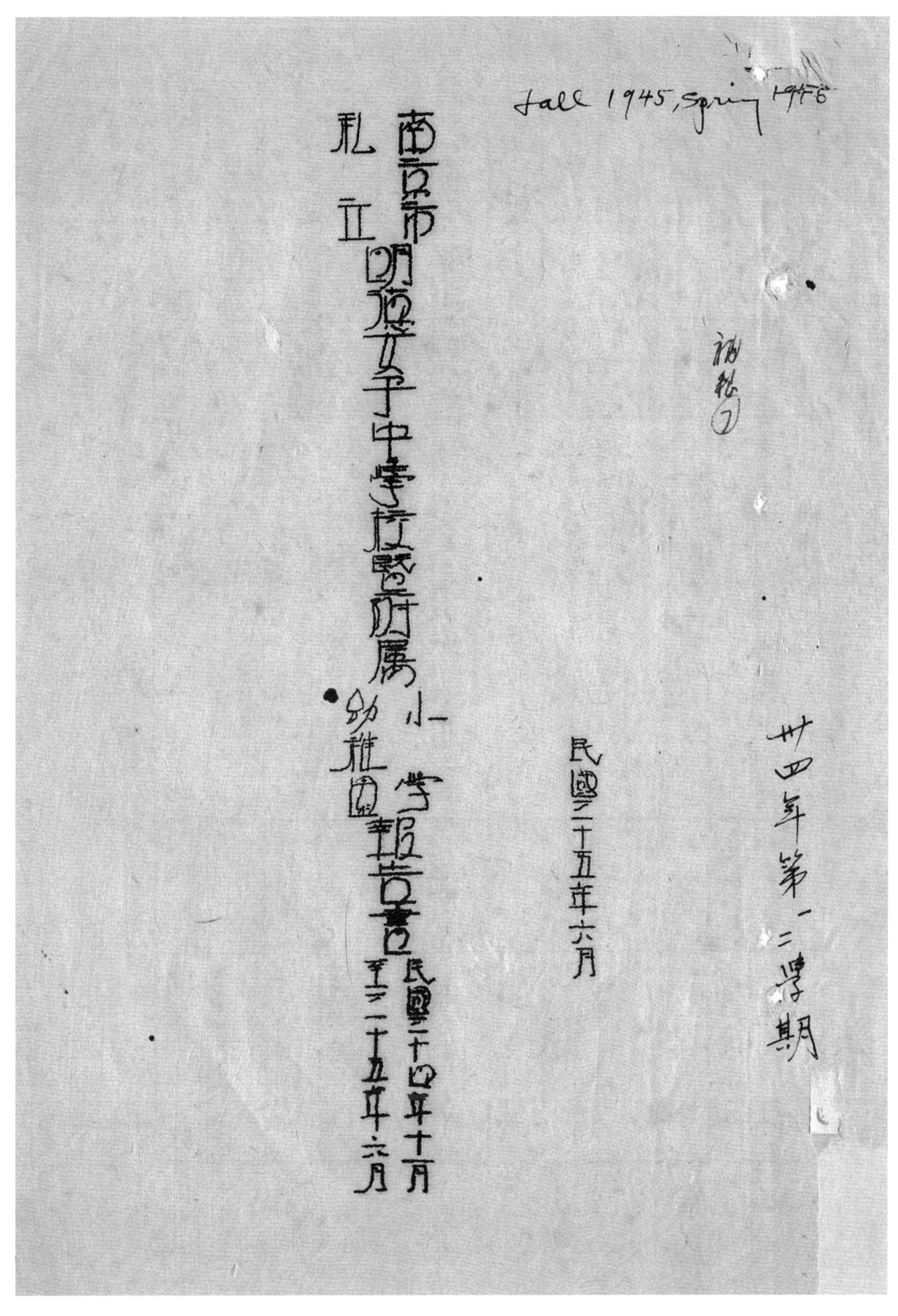

Fall 1945, Spring 1946

卅四年第一二學期

民國三十五年六月

南京市
私立
明德女子中學校暨附屬小學
幼稚園
報告書
民國三十四年十月
至三十五年六月

南京市私立明德女子中學暨附屬小學、幼稚園一九四五年度報告書（一九四六年六月）·節選
檔號：1009-1-1301

南京市私立明德女子中學暨附屬小學教職員一覽表

職別	姓名	性別	年齡	籍貫	資歷	擔任科目	備註
校長	陳育麗明	女	三九	廣東	美感斯理大學碩士 歷任金陵女子文理學院体育教授		兼高中三年級正級任
中學部教務主任	劉九江	男	二八	河北	北平中國學院教育系畢業 歷任張家口師範教育教務主任	初中三國文 一上一下公民	兼初中二年級副級任
中學部訓導主任	鄔鶴琴	女	二九	浙江	金陵女子文理學院文學士 歷任上海市立第一女中體育教員		兼高中二年級正級任
事務主任	劉宜景	男	四七	山東濰縣	金陵大學畢業 歷任金陵中學事務主任等職		
小學部主任	任桐君	女	四六	江蘇宜興	江蘇省立第一女師文科畢業 曾任貴陽市立實驗中心學校校長	小五六公民 小六史地	
幼稚園主任	楊嘉真	女	二八	廣東	歷任上海私立新本中學教員		
會計	張邦瑞	男	三八	南京市	歷任中學會計教員等職		
文牘	趙樹楠	男	五八	〃	寧屬師範畢業 歷任中小學國文教員等職		
中學部教務員	徐中伯	〃	二三	〃	上海中華職業學校土木工程畢業 中央大學肄業		
事務員	鄔鶴鳴	女	二五	浙江	協和護士學校畢業 曾服務上海福祐医院二年	高中家政	兼初中一年級正級任
〃	崔李懿英	〃	二四	南京	明德女中畢業 曾任八府塘小學教員	中學部勞作	

圖書管理員	許世貞	女	三十	福建	華南大学畢業 歷任女中職員		
小学部教務員	沃濤	男	三三	山東泰安	北平中國大学國学系畢業 歷任各中学教員	初中一、二史地 小六國語	兼初一下年級副級任
中学部專任教員	陳道量	男	四九	浙江	上海南洋公学畢業 歷任國內大中学校教授	中学部國文	兼高中一上年級副級任
〃	黃沛基	〃	四九	廣東	美哥倫比亞大学教育碩士 歷任國立中央大学教務長教授	高中史地 中学部公民	兼高中一年級副級任
〃	張藹緣	女	三五	溧水	金陵女子文理学院畢業 海關職員	全校宗教	
〃	喜勳	〃	二六	南通	金陵女子文理学院卒業 歷任女中体育教員	全校体育 童軍	兼高中一年級正級任
〃	陸其蕙	〃	二九	江苏江寧	西南聯大畢業 西南聯大助教	高中數理	
〃	劉福如	〃	二五	安徽	齊魯大学化学系畢業 歷任四川資中淑德女中教員	初中一、二數理	兼初中二乙正級任
〃	唐鴻光	男	二四	河北	上海大同大学畢業 歷任中小学教員	初中三、二 高一英文	兼初中三甲級副級任
〃	王秉振	女	二六	金壇	中央大学卒業 中大實中、市立女中教員	初中數理	兼初中三甲級正級任
〃	陳孝祚	男	二九	浙江	上海美術專校畢業 中央大学藝術系講師	全校美勞	兼初中一丙級副級任
〃	黃麗金	女	四七	廣東	金陵女子文理学院肄業 歷任各中学教員	初中一小英文	兼初中一乙級正級任
[illegible]	[illegible]	[illegible]	[illegible]	[illegible]	[illegible]文師範[illegible]史[illegible]學系肄業	初[illegible]二[illegible]	兼初中一甲級正級任

職別	姓名	性別	年齡	籍貫	資歷	擔任科目	備考
中学部兼代校长	包鼎成	男	三六	太倉	家[illegible]研究院研究員；東吳大学講師	高中化学、生理、[illegible]	兼高中二年級[illegible]
〃	溫同康	女	二九	廣東	金陵女子文理学院哲学系畢業；中央大学研究院教育心理部肄業	高中英文	
琴師	郭志超	女	四五	上海	美國[illegible]勃林大学音樂院；金陵女子文理学院暨南大学音樂系主任		
	黃沛	男	二六	廣東	國立上海音樂院肄業		
小学部代校長	劉宏振	女	二三	江蘇	上海華東聯中畢業；曾任江陰澄江中学教員	小五、六算術、[illegible]	小六級任
〃	姜吉	〃	二三	安徽	南京匯文女中畢業；曾任滁縣縣立小学級任教員	小五國語、史地	小五級任
〃	周馨	〃	二八	山東	濟南懿範女中畢業；曾任何縣簡易師範教員	小四算、國常	小四級任
〃	吳引螢	〃	二四	江蘇	淮陰縣立漁溝中学畢業；曾任淮陰縣立漁溝小学教員	小三算、國常	小三級任
〃	戴樹梅	〃	二七	鎮江	省立鎮江師範畢業；曾任鎮江高橋北小学教導主任	小二算、國常	小二級任
〃	戴新蓉	〃	二三	江蘇	南京國立師範畢業；曾任南京市立边营小学教員	小一算、國常	小一級任
小学部兼任教員	施恩俊	〃	二九	南京	進德女中畢業；漢中堂義務小学主任	小三四体育	
〃	沈宏璐	〃	二八	安徽	中央大学教育学院藝專畢業	小学部音樂	

中学部兼任教员	沈岚璧	女	二三	安徽	中央大学艺专毕业 历任女中音乐教员	中学部音乐
幼稚园教员	李想	女	二八	福建		
幼稚园助教	孙慕恩	女	二十	安徽	明德女中毕业	
本校教职员共计叁拾玖位						

本一校
三十四年度第二学期
学生人数統計表 格一

部别		年级	男	女	共計		
					級	組	部
中学部	初中	一上		60			
		一下		56			
		二乙		27			
		二甲		37			
		三		39		219	
	高中	一		45			
		二		49			
		三		31		125	344
小学部	初小	一	27	29	56		
		二	24	13	37		
		三	31	24	55		
		四	22	20	42	190	
	高小	五	29	28	57		
		六	25	20	45	102	292
幼稚園			23	13			36
共計			183	489			672

35.5.15

共

本校
三十四年度第一学期
学生人数統計表

部别	年級	人数	共計
初中	一	30	
	二	29	
	三	13	72
高中	一	11	
	二	22	
	三	19	52
共計			124

35.1.10.

本校三十四年度第二学期学生年龄统计表

年龄	中学	小学	幼稚园	共计
4			7	7
5		1	18	19
6		6	9	15
7		26	2	28
8		25		25
9		29		29
10		39		39
11		24		24
12	9	53		62
13	25	42		67
14	49	42		91
15	58	4		62
16	48	1		49
17	58			58
18	48			48
19	36			36
20	6			6
21	6			6
22	0			0
23	1			1
共计	344	292	36	672

35.5.15.

本校三十四年度第一学期学生年龄统计表

年龄	人数
11	4
12	10
13	17
14	17
15	17
16	22
17	16
18	16
19	3
20	1
21	1
共计	124

35.1.10.

三

本　校

三十四年度第二学期学生籍貫統計表

籍貫	中学部	小学部	幼稚園	共計
南京市	101	131	9	241
上海市	7	8	0	15
江蘇省	73	42	4	119
浙江省	34	24	3	61
安徽省	37	15	4	56
廣東省	11	9	4	24
福建省	7	1	1	9
河北省	5	3	2	10
四川省	8	0	1	9
河南省	11	4	0	15
北平市	7	5	0	12
江西省	7	6	0	13
山東省	13	24	4	41
湖北省	0	13	1	14
湖南省	0	4	2	6
其他	23	3	1	27
共計	334	292	36	672

35.5.16.

四

本校
三十四年度
第一学期
学生籍貫統計

籍貫	人數
南京市	34
上海市	3
江蘇省	26
浙江省	14
安徽省	20
廣東省	5
福建省	4
其他	18
共計	124

35.1.10.

本校
三十四年度第二學期學生家長職業統計表

家長職業	中學部	小學部	幼稚園	共計
政	72	18	10	100
軍	40	18	4	62
商	132	50	17	199
教育	13	5	2	20
農	7	3	1	11
工程	10	10	0	20
法	4	3	0	7
航空	3	4	0	7
郵	5	3	0	8
醫	10	0	2	12
新聞	1	4	0	5
金融	9	8	0	17
宗教	18	22	0	40
賦閒	6	140	0	146
其他	14	4	0	18
共計	344	292	36	672

35.5.15

本校
三十四年度
第一學期
學生家長職業統計表

家長職業	人數
政	31
軍	9
商	53
教育	7
農	2
工程	4
航空	3
郵	3
醫	5
其他	7
共計	124

35.1.10.

四

本校幼稚園工作報告

本幼稚園自二月二十日開學至今、已有三個月、幼稚生共有三十六位、年齡是除有兩位小朋友是七歲外、其餘都是自四歲至六歲的，幼稚園有主任一位、教師一位、助理員一位，兒童上課時間是上午九時至十一時半、下午一時半至三時一刻、現在將三個月的報告，略述於後：

甲．教學課程表：

上午

9:00—9:15	早事
9:15—9:45	圖畫或手工
9:45—10:00	常識
10:00—10:20	點心
10:20—10:30	靜息
10:30—11:00	戶外活動
11:00—11:15	音樂律動
11:15—11:30	故事、兒歌、
11:30—	散課

下午

1:30—2:15	午睡
2:15—2:45	識字、識數、謎語、
2:45—3:15	唱遊
3:15—3:30	散課

以上雖是教師規定的課程，然而幼稚生的興趣是多變化的，所以課程的内容，在必要時得隨當時兒童的興趣有所更動。

乙、設備方面：

(一)玩具：有大木馬、小木鴨、小木雞、小床、小房子、大積木、小積木、皮球等多為户内玩具，而户外活動的蹺板、滑梯、鞦韆都是缺乏而極需要的。

(二)書籍：有圖畫書二十餘本，尚不足供給三十六位小朋友的參閱，希望以後能多多的補充。

(三)教科書：這是教師參合各方面的書籍而編造的，有大圖畫紙上寫兒歌並有合題的圖畫，簡單而有用的字彙寫在紙片上　又有數字片算術片(目前大班已能作八以内的心算)。

(四)其他：有洗臉盆一個，每人有自己的小毛巾一條，茶杯二十三個，熱水瓶一個，茶壺一個，點心碟四十個，小馬桶四個。

(五)點心：每個幼稚生在開學時帶二磅餅乾，拆開分吃，自五月十三日起每人有奶粉一杯可飲。

丙、其他活動：

(一)自二月二十日至三月因為天氣多風雨，並因兒童與教師之間及兒童與兒童間都很生疏，所以多注重户内活動，使教師對於每一個兒童有深切認識的機會，這對於教學上有極大的幫助。

(二)自三月至四月間，從認識每個兒童的個性擴大到認識每個兒童的家庭，於是家庭拜訪的工作就開始了，因為受天氣及教員精力的限制，至今總計拜訪了十八位小朋友的家庭，藉以增加學校與學生家庭間的感情，並且可以深切的見到每個不同兒童的家庭環境對於兒童個性的影响，更在家庭拜訪中得有機會與家長討論改善本幼稚園的教學及其他以求合理的進步，這項工作一直繼續者，不可間斷，因為他是聯繫學校與學生家庭感情的橋樑。

(三)四月二十九日上午十一時本幼稚園舉行懇親會，到家長來賓本校師長及全體同學千餘人，有幼稚生全體登台表演，有十項節目並有圖畫手工展覽，雖然規模很小，但是開會時的愉快精神，和藹的空氣充滿整個大禮堂，這樣熱烈的情緒，是本人所最慶幸的最感激的。

（四）五月十二日全校開運動會，幼稚園全體學生參加表演，雖只有一項簡單的歌舞，而很受來賓的歡迎。

最後我們希望學校當局能夠擴充幼稚園，使更多的兒童能有機會享受幼稚教育，幫助兒童在道德上、行為上、人格上有合理正常的發展，將來成為新中國的中堅份子，更渴望各位常常來參觀，賜予寶貴的指導。

抗戰期內校董會概畧

一九三八年七月二十二日午後聚校董會於愛明樓、服務部尚缺國幣四百元、由會長劉懷德及會計陸嵋良向南京基督教戰時救濟會請求補助、并舉陸嵋良為校長。

八月一日午後聚校董會、地點同上、陸嵋良校長報告、請求補助金已得允撥。

十月二十二日聚校董會、地點同上、漢中堂商借鋼琴事、由漢中堂與陸校長洽商。

一九三九年五月二十七日上午聚校董會、地點同上、開辦中學、因時勢人才經濟種種困難、提議交西差會財產顧問委辦協商。

一九四〇年十二月十日午後聚校董會於密尔士君寓内、因時勢非常、美僑必須離南京若陸嵋良校長離京則推舉鮑忠濡濟慶齊兆昌密尔士為特別委員、鮑忠為主席、負對外及經濟財產等責任、校務則由四委員會同教務主任楊一青辦理、服務部仍由周郃文玲負責，如校內發生特別事故，由教務主任與特委主席洽商。

一九四一年三月二十日下午聚校董會於思明堂，陸校長因時局關係辭職，請教務主任朱悱初代理中小學校長，周郃文玲代理職業學校校長。

四月十四日下午聚臨時會議於思明堂，朱代校長以身體軟弱辭職，校董會決議，准其辭職，所有校務暫以委員制，由校董會推舉教員林舜英、張啟明、秦良儀三人為委員，於新任校長未聘得前，共同負責校務，經時不久，聘請湯文耀為校長，負責中小學職責，至是年秋季學期未終，結時受日人脅迫，學校全部解散。

一九四五年十月十六日下午三時召集董事會於陳裕華君寓內，主席報告接收校產經過情形，前會計報告學校被迫解散後經濟狀況，中小學部結餘儲幣六百七十六元一角八分、職業部結餘儲幣二百五十八元五角六分，校產接收後理應有保管方式，於是決定在全體董事未返京以前由區會、女會、校董會三方面負責暫行維持復校，前校長未復職前由校董會正式聘請黃麗明女士為校長，暫辦高初中部，明年添辦小學及幼稚園。

南京市私立明德女子中學經濟報告
民國卅四年十一月一日至卅五年一月卅一日

入數

修理津貼	\$250,000.—
捐贈	31,080.—
學費	373,150.—
雜項：遊藝會售款	406,600.—
木料售款	100,000.—
總收入	1,160,830.—

出數

項目	細目	金額
行政		397,805.50
廣告	23,494.—	
文具	32,590.—	
印刷	7,000.—	
郵電	936.—	
辦公室開支	4,125.—	
薪金	141,800.—	
工資	67,480.—	
水電	28,005.—	
招待	15,120.—	
茶水	282.50	
學校雜支	69,973.—	
教育		404,365.—
課本	14,280.—	
實驗	960.—	
運動	48,000.—	
薪金	341,125.—	
設備及維持		332,650.—
修理	197,550.—	
自來水 1800.		
電綫 37310.		
玻璃 37740.		
房屋及傢具 120700.		
水電表保證金	185,100.—	
總付出		1,184,820.50

	入數	出數
	1,160,830.00	1,184,820.50
虧欠	23,990.50	
	\$1,184,820.50	1,184,820.50

南京市私立明德女子中学經濟報告

民國卅九年二月一日至五月三十一日

入款：

項目	細數	合計
学費		$6,360,000.—
中学部	3,869,000.—	
小学部	1,791,000.—	
幼稚園	700,000.—	
雜費		1,700,000.—
中学部	1,416,000.—	
小学部	284,000.—	
體育費		262,200.—
中学部	177,000.—	
小学部	85,200.—	
宿費		429,000.—
報名費		342,450.—
教會津貼		1604,356.—
美會	1,000,000.—	
蔡先生手交	604,356.—	
捐款		2,559,040.—
華東基督教教育協會	2,200,000.—	
学生自治會	290,000.—	
其他	69,040.—	
補助費		3,055,772.—
中学部	2,370,000.—	
小学部	655,000.—	
三青團交來	30,772.—	
琴費		420,000.—
雜項		273,720.—
小学補習費	271,000.—	
電費	720.—	
其他	2,000.—	
總收入		$17,006,538.—

出款：

項目	細數	合計
上学期欠款		23,990.—
上学期修理費		120,720.50
行政		9,329,767.—
薪金(六月一部份在内)	7,529,350.—	
工資	554,013.—	
印刷	16,500.—	
文具	220,900.—	
廣告	18,040.—	
郵電	500.—	
辦公室開支	20,000.—	
自來水電費	183,217.—	
茶點	19,295.—	
学校雜支	767,952.—	
教育		325,278.—
教課圖書	77,218.—	
運動	248,060.—	
設備及修理		1,099,040.—
設備	100,700.—	
修理	998,340.—	
其他		1,077,495.—
小学補習費	252,000.—	
墊付簿本費	825,435.—	
總付出		11,976,270.50

	入款	出款
總收入	$17,006,538.—	11,976,270.50
結存		5,030,267.50
	$17,006,538.—	17006,538.—

附註：1,000,000、1,500,000為指定修理、設備款項。

南京市私立明德女子中學收支預算

民國三十五年六七月份

收方	
現金	250,000.—
銀行	622,706.—
雜款	320,000.—
活動	100,000.—
美金	1,000,000.—
米 計161.76担@45000	7,279,200.—
伙食部米 計30担@20000	600,000.—
總收入	10,171,906.—

付方		
薪金		4,585,650.—
六月份 內米34.25石@45,000	1,541,250.—	
七月份	3,044,400.—	
工資		450,000.—
六月份	150,000.—	
七月份	150,000.—	
六月份伙食	150,000.—	
教職員補助費		1,982,500.—
修理費		1,000,000.—
設備費		1,500,000.—
水電電話費		120,000.—
印刷雜款		300,000.—
其他		233,756.—
總付出		10,171,906.—

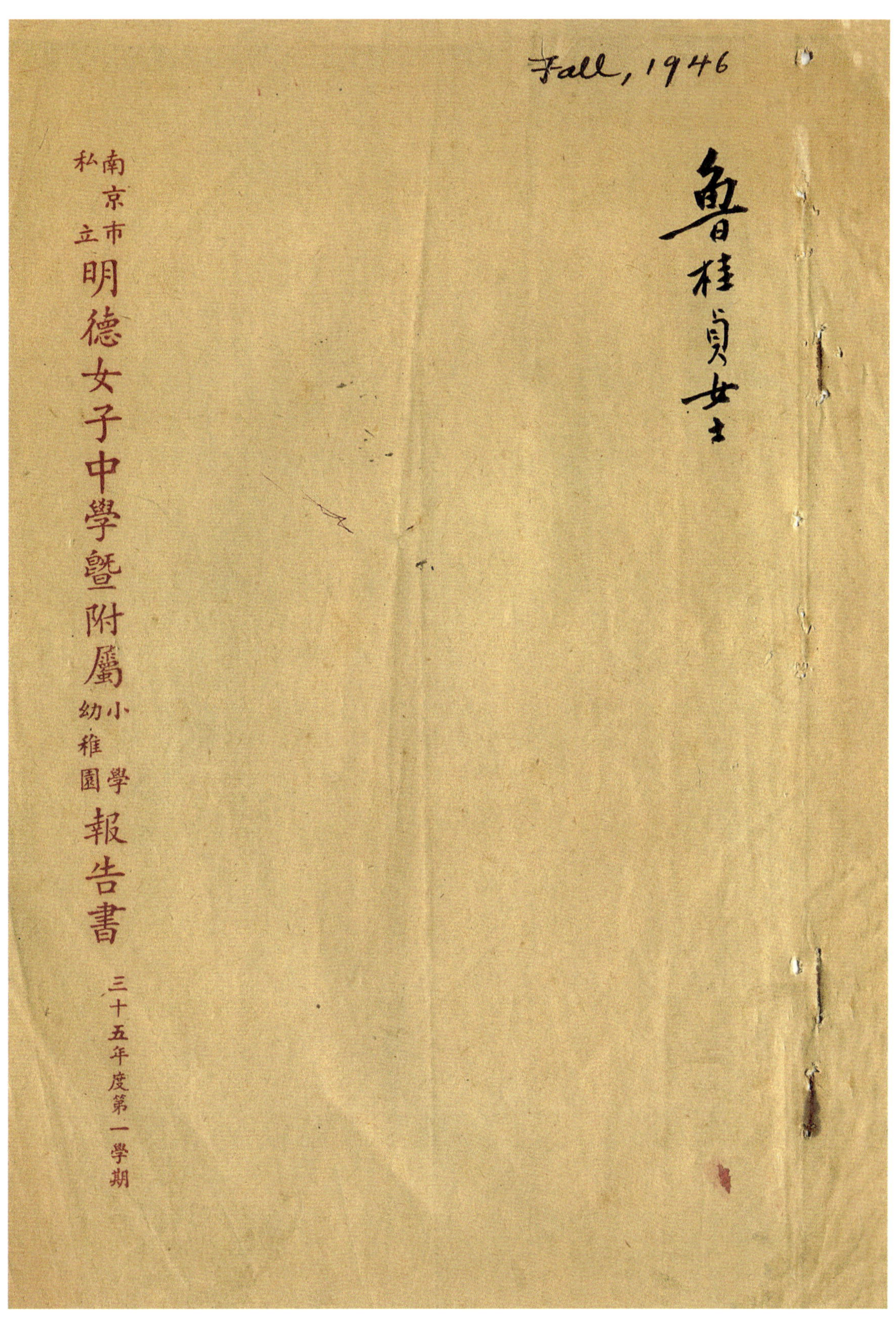

南京市私立明德女子中學暨附屬小學、幼稚園一九四六年度第一學期報告書（一九四七年一月）·節選
檔號：1009-1-1299

南京市私立明德女子中學暨小學部幼稚園概況報告書

三十五年度第一學期

本學期自開學以來，賴師生合作之精神，一切預定計劃，尚能按步就班，次第實施。現屆學期大考完畢，寒假行將開始，茲將本學期中學部暨附屬小學部及幼稚園等概況謹向　列位校董報告，祈予指示並加督導俾資遵循、實深感禱！

甲：中學部

(1)行政概況：

A.組織系統：

本學期本校組織系統，仍依照上學期分為教務處，訓育處，事務處各設主任一人，又設校長室。校長室之下設文書及會計兩股，各設主任一人。全校教職員共計四十二人。其詳細情形，請參閱本學期組織系統表及全校教職員人數統計表。至學制方面，分高中初中兩部，高中部有高三，高二甲乙，高一甲乙五學級。合計二二〇人。初中部有初三甲乙，初二下，初二甲乙，初一下，初一甲乙丙九學級，合計三七一人，高初中合計為五九一人，其詳細情形請參閱全校學生人數統計表．及行政概況表．

第一頁

全校教職員人數統計表

教職員人數	專任	兼任	性別	
			男	女
中學部 43	35	8	14	29
小學部 10	9	1	1	9
幼稚園 4	4	0	0	4
統計 57	48	9	15	42
備註	小學部及幼稚園校長未列在內.			

全校學生人數統計表

部別		年級	男生	女生	共計		
中學部	高中	三		55			
		二甲		39			
		二乙		50			
		一甲		39			
		一乙		37		220	
	初中	三甲		39			
		三乙		42			
		二下		21			
		二甲		51			
		二乙		36			
		一下		47			
		一甲		38			
		一乙		46			
		一丙		51		371	591
小學部	高級	六	16	25	41		
		五	24	25	49	90	
	中級	四	25	19	44		
		三	27	15	42	86	
	低級	二	16	22	38		
		一	20	18	38	76	252
幼稚園			14	30			44
共計			142	745			887

B.各種會議：

本學期各種會議分(一)行政會議每星期開會一次各處部園主任參加以校長為主席(二)校務會議每學期始終各開會議一次，中小學及幼稚園全体教職員參加以校長為主席·(三)教務會議各處主任及全体教員級任導師參加，以校長為主席，本學期曾開會四次。(四)訓育會議，各處主任及級任導師參加，以校長為主席，本學期曾開會四次。(五)事務會議，各處部園主任參加，以校長為主席，本學期曾開會三次。(六)各種委員會，如(A)体育委員會；(B)招生委員會；(C)學業競賽指導委員會；(D)膳食委員會；(E)課外活動指導委員會。本學期以上各委員會曾開會一次至五次。

C. 教職員與學生：

本學期聘請教職員，以專任為原則，職員全部住校，以節省往返時間，冀增加工作效能。全校男教職員佔女教職員二分之一，各處部園主任均為女性。教職員活動組織有教職員聯誼會，以資聯絡情感，研討學術，每兩星期開會一次，或茶點，或聚餐，並有遊藝以資娛樂，冀得精神上之調劑，藉以團結而增加工作與教學之效能。學生方面，比去年下學期增加二四七人，其中有復員學生十名（免學費），教職員子女九人，免學費學米，及補助金。他如清寒補助學生有四十八名，勤工補助生亦有若干名（其名額不定，祇依其工作而予補助）。

D.校舍與設備：

本校校舍，自淪敵手，損壞殊多，亟待修理，惟限於經濟，未易舉辦，除將不得不先行修理或添置者，先行修理或添置，如補水漏，裝配門窗及玻璃，填蓋日人所留之防空洞，培養草地，增加菜圃，修理大操場北首小廚房，增蓋老虎灶及水房一所，以供應師生用水，分置飯灶菜灶，添蓋飯灶新廚房一間又儲藏室一間，運動場方面添置籃球場一、排球場二，並隨時注意校景之佈置，至於設備方面，大禮堂添置長椅六十四張，學生宿舍添置雙人床二十張，單人床二百五十張，飯所添置飯桌十張，櫈子四十張，理化藥品已購置一部份，以備理化實驗之用，圖書方面定有中英文雜誌，京內外報章。

E.衛生與營養：

開學之始，全体學生檢查体格一次，在去年十一月中教育部曾派專員來校作体力測驗一次，医務室除聘有校医按時到校為學生診治疾病外，並有護士專負看護之責，關於日常需用藥品已有備辦，最近向救濟總署請設營養站，十二歲以下及身体羸弱學生，每日定時供

第三頁

應牛奶。

F 各種集會：

每星期一举行紀念週，請有名人作學術或時事演講，星期二有級會，俾級任導師可以利用級會時間指導學生作有規律之活動，星期三、四、五有特別講道，星期六有學業競賽。去年十月廿一日為復校週年紀念，有感恩礼拜及游藝會。十一月中举行音樂大會及運動会。聖誕節曾举行慶祝會，游藝節目有恭祝聖誕歌，舞蹈，口琴大合奏，聖誕劇有「第四博士」，話劇有「女性的解救」，請有校董、校友、學生家長及來賓千餘人，以上節目实為師生合作之結晶，博得觀衆之好評。十二月二十三、四日並举行成績展覽會。

G 參加校外活動：

本校為立案學校，凡南京市教育局所举辦各種集會必須參加，本學期計參加是項集會(一)去年十一月十二日參加國防與科學演講競賽会，選派高一甲學生黃濬出席參加，獲全市第二名，得馬前市長錦標一面，及文具多種。(二)十一月廿一日初中部全体學生參

加恭祝　主席壽辰大合唱(三)十一月四日中小學全体學生參加本市中小學体育表演會，中學部之團体操、圖案操，操貝舞均列甲等獲得獎品有　沈市長錦標一面獎狀一張，大銀盾一座，小學部亦得獎品多種，(四)十二月二十三日派有學生參加基督教學校主辦慶祝　聖誕游藝大會，

(乙)教務概況：

A實施方針：

教務實施方針，均遵照教育法令，以中學階段係繼續小學之基礎訓練，以發展青年身心，培養健全國民，並為研究高深學術及從事各種學業之預備，

B.課程分配：

本校所定各級課程，亦均遵照　教育部最近頒佈之課程標準，而以(一)鍛鍊強健体格，(二)陶融公民道德，(三)培養民族文化(四)充實生活知能(五)培植科學基礎(六)養成勞動習慣，(七)發展藝術興趣為依皈。對於縫飪，烹飪，家事，看護等，尤為注重，藉以盡量發展女子之天才，國文，英文，算學為主要科目，德，智，体平

第四頁

均注重、更薰陶民主精神，以養成為健全之公民為最後目的。

C.各種學業競賽：

本學期高初中各級除正課外，曾舉行(一)書法、(二)英文拼字(三)時事報告(四)國語演講、(五)英文背誦等學業競賽，均請名人評判，成績尚佳，學生得此機緣以發展個人天才，師生興趣十分濃厚。

D.學業成績展覽會：

本學期利用恭祝　聖誕假期中，於十二月二十三四兩日，舉行各種學業平時習作展覽会二天，陳列室分為六個(一)學校行政與語文學科合為一室、(二)自然社会學科一室、(三)美術勞作家事分為三室、(四)小學部及幼稚園合為一室，來校參觀者有學生家長及來賓數百人。

E.各種考試：

本學期高初中各年級主要科目如國文、英文、算術理化、史地、博物、生物、生理衛生等科除週考外，曾月考兩次，月考成績，均有報告學生家長，學期終了並舉行學期試驗一次，本屆學期試驗，採用集中制度分為五個試場，分班縱行排列座位以示縝密．自一月六日開始考試十日完畢．十六日發成績報告單．

(3) 訓育概況：

A 中心德目：

本學期中心德目(一)校規(二)礼貌(三)自治(四)整潔(五)守時(六)誠实(七)肅靜(八)勤快(九)敏捷(十)刻苦(十一)節約(十二)負責(十三)勇敢．(十四)博愛(十五)快樂等訓練．

B. 作息訓練：

每日作息訓練為(一)升降旗(二)秩序競賽．(三)整潔競賽並以流動錦標獎勵之．本學期共舉行大掃除兩次．

C. 學生自治訓練：

組織學生自治会，本自治会之組織設正副會長各一人總務、風紀、游藝、体育及灵修等七部各設部長一人，分别担任應任事宜，如(一)清潔競賽．(二)秩序競賽(三)校慶游藝会．(四)組織口琴班，請石人望先生教授．(五)成立明德劇團於聖誕節表演話劇為「女性的解放」甚為精彩(六)他如各級按期登出壁報(七)舉辦校工夜校．(八)主辦辯論會．(九)參加南京市基督教學校慶祝聖誕音樂崇拜会．

第五頁

D.社會服務：

(一)全体学生加入中國紅十字会南京分会為青年会員(二)協助南京母嬰保健委員会推銷遊園劵，(三)選派優秀童軍四名參加紅十字服務隊。(四)參加本市祝壽獻校運動(五)聖誕節感恩獻捐，全校師生捐輸洋國幣壹佰拾萬元正。該欵已送交基督教学校慶祝聖誕会委員王明德牧師等代收。(六)全体学生為南京市婦女工作委員会募集寒衣一六六件，業已送出。(七)全体学生為南京市清寒青年救濟協会縫製衣棉背心陸佰件業已完成待領。(八)本校師生參加市教育局與本市新運会主辦冬令救濟百元捐募，共得國幣七十萬元，已即日送出。總之本学期訓育方針為多注重学生之自動活動，並隨時予以策勵以期達到真正基督之人生。

(4)事務概況：

A膳食管理：

本学期組織有膳食管理委員会，学生教職員均有代表參加，負責督導員生膳食事宜，並派有專人及輪值学生每日配菜、監廚及廚房清潔等。

B.消費合作社：

本学期設有消費合作社組織小商店，每日定時販賣麵包、水果等有益健康之食物，学生購買食物加以限制，以免浪費。

(5) 体育概况：

A 体育課程：

有田径賽、机巧、器械操、球類、舞蹈、体操，更有遠足作野外活動。每日有早操，冬令改作課間操。

B.体育設備：

本学期增闢籃球場一，排球場二，壘球場二，沙坑一，早操場一，羽球場二，及器械設備等。

C.体育活動：体育活動

体育活動，本学期曾举行(一)師生友誼壘球賽(二)級際壘球友誼賽(三)排球友誼賽(四)籠球比賽(五)校内曾举行中小学及幼稚園運動会一次(六)十月四日参加市教育局主辦之本市中小学体育表演会，團体操、圖案操、採豆舞均列甲等，得有 沈市長錦標一面，將大狀

第六頁

第六頁

張及大銀盾一座，小學部亦有甲等得有獎狀及獎品多種。

(6)童子軍訓練概況：

A.目的：

(1)養成學生活潑健康的身心。(2)養成學生自治以及自動守法的精神。(3)養成學生服務他人的美德。

B.方法：

(1)寓教育於遊戲（課程遊戲化，遊戲教育化）(2)課程內容偏重生活技能訓練（如野外生活炊事等）以及常識的灌注。

C.設備：

本學期計添設軍根語旗大小鼓炊具等普通課程已可應付。

D.課程進度：

因大部份學生已往未受童子軍訓練，故本學期課程偏重童子軍基本觀念的灌輸，以及初級課程訓練。

E.活動：

(1)参加红十字会服务队。(2)在玄武湖参加(3)在玄武湖参加南京市童子军支会之中小队长露营训练。(4)帮助学校维持本校秩序(担任纠察)(5)服务于本校运动会(维持观众秩序)(6)服务于本校成绩展览会。(7)为难民募捐。

K下期计划:

(1)添置帐幕摄影设备。(2)课程表演(3)训练学生参加世界童子军中国代表挑选考试。

(7)宗教概况:

A宗教课程:

高初中各级设有宗教课,设有早晚祷告会及查经班。

B学生灵修概况:

每日早晚祷告会学生自动参加,本学期已由百分之七八增加至百分之七八十。去年十二月二十三日在灵经堂领浸学生三十六人,职员一人。今年一月五日在汉中堂领洗学生二一人。

C校工祷告会:

本學期設校工禱告会，校工自動參加者有百分之六七。

乙、小學部：

本校自三十五年二月由前進德女校校舍設立小學中高級四班，一二年級附設於中學本部，內本學期因中學部擴充學額增加班級又為精神集中管理便利起見將一二年級併入本校惟因教室狹小學額稍受限制本學期全校六級共有學生弍佰伍十弍人（男生一二八人，女生一二四人）教職員設主任一人級任六人教務兼事務一人科任二人，兼課教員一人共計十一人至於行政完全隸屬於中學本部，会議除按期舉行校務会議教導会議外曾舉行座談会數次以資研討教導方面三育並重，依據部頒之課程標准及實施方法外並加意薰陶民主精神自治組織及課外活動本學期曾有故事、美術習字、速算、國語演講等競賽及歌詠表演、體育表演，成績展覽会、聖誕節慶祝遊藝会多次，野外活動及各種文藝特刊以期兒童身心平均發展，實教方面培養良靈性有宗教科和聚會因兒童身心之發育而採適宜之教導方式。

丙 幼稚園概況：

A 本園課程：

本園課程上午有(一)早十事(二)圖畫或手工(三)常識(四)美心靜息(五)戶外活動(六)音樂律動(七)故事兒歌(八)放學。下午有(一)午睡、(二)識字識數謎語(三)唱遊(四)放學(除固定課程外隨時視兒童興趣有所更動)

B 本園設備：

本園戶內設備有大小木馬、小房子、小積木等，戶外設備有蹺板和鞦韆，以上戶內外設備尚不敷用亟待擴充。

C 本園教材：

本園所有教材，係按季節編定分(一)兒歌(二)謎語兩項，用大圖畫紙加以彩色圖畫，及最淺之文字，懸掛保育室至學期結束照樣印發給兒童每人一份。

第八頁

D.兒童活動：

兒童活動(一)參加本校運動会(二)參加聖誕節游藝会表演節目有三種(三)參加本校成績展覽会。出品有圖画手工等。師生對於此次游藝会及展覽会精神十分愉快，情緒異常熱烈。來賓及兒童家長，對於兒童的表演，鼓掌不絕。

E.家庭訪問：

本學期已開始兒童家庭訪問，藉以聯絡情感，而一方面調查家庭環境對於兒童個性之影响，他方面得與兒童家長商討教學的改善，以求合理的進步，此種工作至學期結束繼續進行。

職別	姓名	性別	年齡	籍貫	學歷	經歷	担任課目	通訊處
校長	陳黃麗明	女	39	廣東花縣	金陵女子文理學院文學士 美國衛斯理大學碩士	教職員經歷一項詳見總名册内		本京莫愁路68號
教務主任	李雷華	女	43	廣東中山	國立北京女子高等師範學校畢業		兼高一甲正級任	本校
訓育主任	鄔鶴琴	女	29	浙江奉化	上海中國女子體育師範學校畢業 金陵女子文理學院文學士		兼高二乙正級任	本校
事務主任	華惠忠	女	42	江蘇太倉	蘇州聖公會聖經學院畢業			太倉璜涇耶穌堂
會計兼宗教	黃信德	女	38	浙江鄞縣	中華神學院畢業 聖約翰大學畢業		高一甲乙及初一上甲乙丙宗教五小時 兼高一乙級任導師	本校

第一頁

職別	姓名	性別	年齡	籍貫	學歷	經歷	歷任課目	通訊處
宗教主任	張梅君	女	35	浙江鄞縣	金陵女大肄業，中華神學院畢業		高三二初中一二三小學三四六聖經十三小時兼初三乙正級任教員	本校
校醫	朱禹	女	42	安徽壽縣	山東濟南齊魯大學醫科畢業			本京碑亭巷板橋新村11號
體育教員	喜勲	女	26	江蘇南通	上海中國女子體育師範畢業，南京金陵女子文理學院體育系肄業		高三甲高二甲乙高一甲乙初三甲乙體育十四小時兼高二甲正級任	本校
小學部主任	何英娟	女	44	浙江諸暨	浙江省立女子師範本科畢業，浙江省立醫科大學肄業		小學部三四五六年級公民習字	本校小學部
幼稚園主任	楊嘉真	女	28	廣東中山	蘇州私立景海女師畢業，私立東吳大學社會學系畢業		幼稚園課程	本市鼓樓醫院內

職別	姓名	性別	年齡	籍貫	學歷	經歷	擔任課目	通訊處
高中部專任教員	陳道量	男	48	浙江鄞縣	南洋公學畢業		高三高二乙高一甲乙國文二十小時兼高三副級任	本校
專任教員	徐潤波	男	31	河北樂亭	國立北平師範大學畢業		高中一二三初中三文史二十小時兼高一甲副級任	本校
兼任教員	巢筱岑	男	39	河北樂亭	北平清華大學畢業		高三物理大代數（補）七小時	五台山27號
專任教員	曹驥公	男	53	安徽歙縣	清華大學肄業一年滬江大學畢業		高三高二一初三乙甲外國史地本國地理二十小時兼初三甲乙副級導師	本校
高中數學教員	龔曉潭	男	36	合江富錦	國立北京大學數學系畢業		高一甲乙高二甲乙高三三角學大代數解析幾何共二十一小時	本市平倉巷十一號

職別	姓名	性別	年齡	籍貫	學歷	經歷	擔任課目	通訊處
專任教員	馮傳峻	男	31	南京市	前國立中央大學文學院肄業 私立金陵大學農學院肄業		高二甲乙高一甲乙初二上甲乙化學英文二十〇小時	南京集慶路(三〇號
專任教員	包鼎成	男	36	江蘇吳縣	蘇州私立東吳大學畢業			本校
專任教員	雷釜鳴	男	33	江蘇鎮江	上海美術研究院畢業		初中一二三年級國文公民十九時	(一)南京漢口路二十三號(二)本校
專任教員	汪濤	男	33	蕪市	北平中國大學畢業		初中一二三年級史地二十小時	本校
專任教員	陳孝祚	男	29	浙江鄞縣	上海美術專科學校西洋畫系畢業專攻現代美術研究六年		高初中美術二十二小時	本校
專任教員	王亞振	女	26	江蘇金壇	中央大學師範專科畢業		初中數理二十二小時兼初二甲乙級任	本校

職別	姓名	性別	年齡	籍貫	學歷	經歷	擔任課目	通訊處
兼任教員	陶國幹	男	22	山東臨沂	國立中央大學童軍科畢業		初中童子軍八小時	成賢街文昌橋中大教員宿舍221號
兼任教員	黃沛	男	24	廣東中山	國立上海音樂院肄業中央大學音樂系肄業		鋼琴	本校
專任教員	溫同庚	女	31	廣東台山	私立金陵女子文理學院文學士國立中央大學研究院教育心理部肄業		高三高二初三英文二十小時	本校
專任教員	黃麗金	女	47	廣東花縣	金陵女子文理學院肄業		初一上下英文二十小時兼初三甲正級任	本校
專任教員	史守恂	女	25	廣東番禺	國立中央大學師範學院藝術系繪畫組畢業「文學士」		初二上甲乙初二下初三乙英文兼教鋼琴	本校

第三頁

職別	姓名	性別	年齡	籍貫	學歷	經歷	擔任課目	通訊處
專任教員	劉福如	女	25	安徽懷遠	山東齊魯大學化學系肄業		初一上下算學初二代數二十小時兼初二正級任	本校
專任教員	濮之珍	女	23	安徽蕪湖	國立女子師範學院國文系畢業		初一下初三乙國文初一甲乙丙歷史初一下一地理高一甲乙公民共二十小時兼初一乙正級任	蕪湖儒林街老門牌十八號
專任教員	王湯德	女	42	南京市	國立中央大學教育學系（十八年畢業）		初二三公民初二國文二十小時	本京鼓樓火車站無量菴一號
專任教員	張玉芳	女	22	吉林榆樹	北京私立貝滿女中高中畢業		初中三二一勞作家事十八小時	本校
音樂教員	郭兆叔	女	26	湖南寶山	武昌華中大學畢業		中學部音樂十八小時兼小學部音樂教員	本市小粉橋三號金大教員宿舍二號
英文教員	Mrs Adler	女		美籍			高初中英語会話十小時	美國大使館

職別	姓名	性別	年齡	籍貫	學歷	經歷	擔任課目	通訊處
鋼琴教員	陳廣蘭	女	26	廣東汕頭	南京金陵神學院道學士上海國立音樂院肄業		中學部鋼琴二十六小時	本校
專任教員	譚聲靖	女	29	安徽合肥	私立金陵女子文理學院畢業		初二生理衛生六小時	本市太平路麟趾巷16號
專任教員	鄔鶴林	女	27	浙江奉化	上海中國女子体育師範畢業		初中二及小学体育廿二小時	本校
中學部教務員	徐申伯	男	23	南京市	上海私立中華職業學校高級土木工程科畢業中央大學理學院肄業			本市走馬巷24號
中學部教務員	王文琦	女	28	福建閩侯	國立北平師範大學教育系畢業			本校

第四頁

職別	姓名	性別	年齡	籍貫	學歷	經歷	擔任課目	通訊處
中學部文書兼訓育員	呂榴英	女	36	江蘇淮安	金陵女子文理學院肄業			本校
中學部訓育員	黃娘欽	女	36	福建閩侯	上海中國女子體專畢業			本校
中學部訓育員	呂淑貞	女	20	南京市	南京市私立明德女子中學高中畢業			南京南台巷七號
中學部事務員	傅士武	男	26	北平市	北平私立勵志中學肄業			本京西華門四條巷仁孝里十八號
中學部事務員	李慈英	女	26	南京市	南京市私立明德女子中學畢業			南京莫愁路候家橋三號

職別	姓名	性別	年齡	籍貫	學歷	經歷	擔任課目	通訊處
護士	戴希蓮	女	28	廣東廣州	香港聖保羅書院暨香港養和醫院高級護士學校畢業			本市珠江路一七八號
校長室文書	孫徽和	女	47	江蘇武進	前江蘇省立一女師暨上海基督教女青年會體育師範學校畢業		兼初三正餐	本校
小學部教務員兼科任教員	張承華	男	41	南京市	省立安徽大學畢業「文學士」		五大美術 五國語	本校
小學部級任教員	林毓英	女	27	安徽	安徽省立安慶女師高師畢業安徽大學肄業		五常識 六國語 小學部六年級級任	本校
小學部級任教員	劉宏振	女	24	江蘇江陰	上海私立華東聯合中學畢業		六五英文算術 一二唱遊 小學部五年級級任	本校小學部

第五頁

職別	姓名	性別	年齡	籍貫	學歷	經歷	擔任課目	通訊處
小學部級任教員	王吉	女	22	安徽滁縣	南京私立滙文女中畢業		國讀常識算術小學部四年級級任	本校
小學部級任教員	吳引縈	女	24	江蘇淮陰	淮陰私立漢溝中學高中部畢業		國語常識算術小學部三年級級任	本校
小學部級任教員	吳蓉	女	30	江蘇淮陰	江蘇省立淮陰師範畢業上海大夏大學肄業		二國語祘術常識四三美術小學部二年級級任	中華女中吳毓秉先生轉
小學部級任教員	盧秀華	女	30	江蘇丹徒	江蘇省立鎮師畢業		國語常識唱遊美勞小學部一年級級任	鎮江萬古一人巷卅七號
小學部科任教員	唐張光華	女	43	南京市	前江蘇省立女師畢業金陵大學肄業		一蘇蘇史地自然小學部科任教員	南京鈔庫街54號本校

職別	姓名	性別	年歲	籍貫	學歷	經歷	擔任課目	通訊處
幼稚園教師	鄭淑民	女	30	福建古田	福建私立福州高級協和幼稚師範畢業		幼稚園課程	本市莫愁路朱狀元巷江宅
幼稚園教師	徐士芸	女	20	江蘇吳縣	國立重慶師範學校音樂科畢業		幼稚園課程	南京市府街城佐營金谷村二號
幼稚園教師	陳慕恩	女	20	安徽靈璧	南京市私立明德女中初中部肄業		幼稚園課程	本校

第六頁

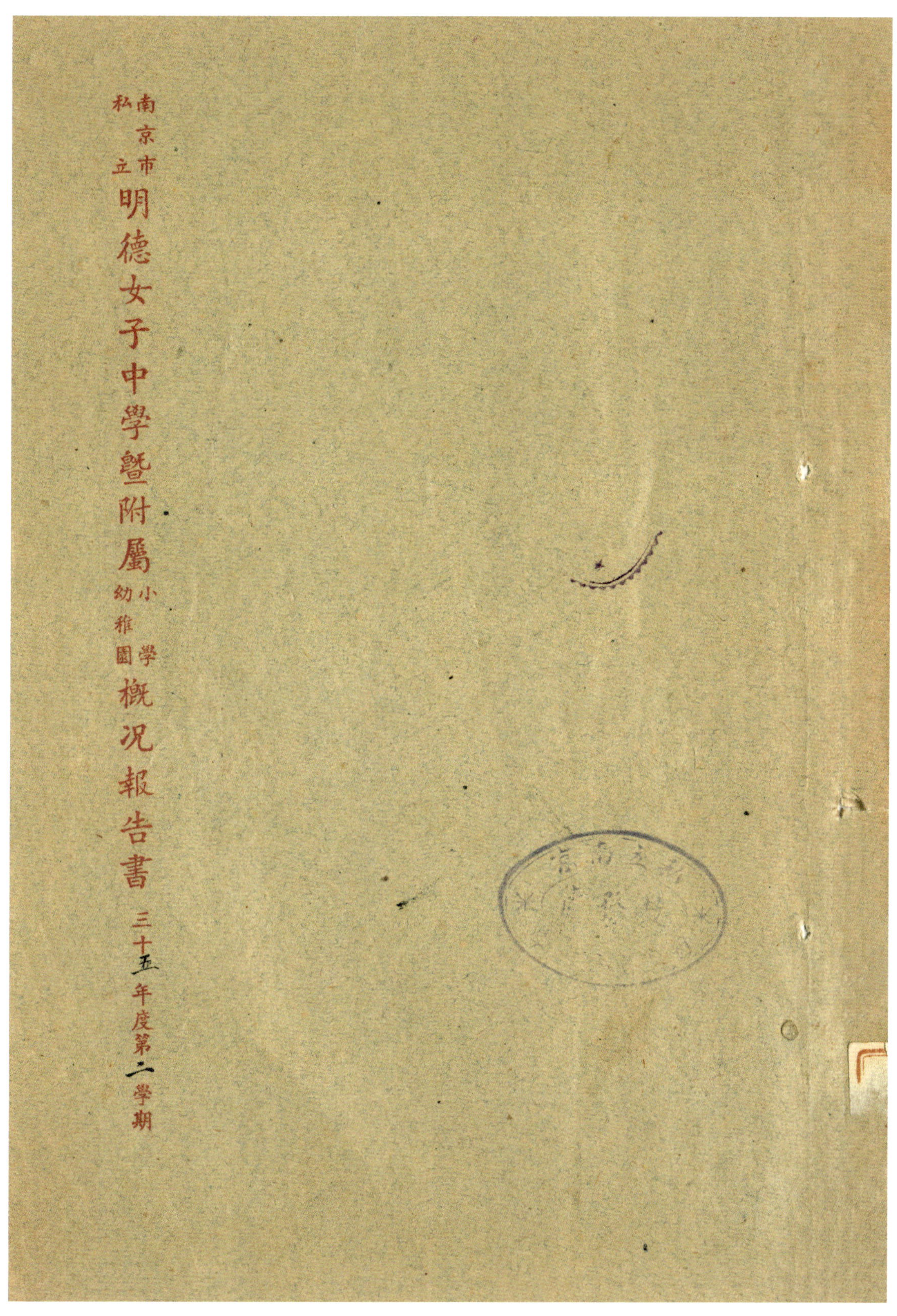

南京市私立明德女子中學暨附屬小學幼稚園概況報告書

三十五年度第二學期

南京市私立明德女子中學暨附屬小學、幼稚園一九四六年度第二學期概況報告書

（一九四七年七月）·節選

檔號：1009-1-1300

南京市私立明德女子中學暨附屬小學部幼稚園概況報告書

三十五年度第二學期（一九四七年二月—七月）

一、前言

本學期自二月五日開學，六月底結束考試暨舉行畢業典禮，共歷二十一週，上課達二十星期，對於教學宗旨，仍以德、智、體、美、群五育並重為中心，培養女子基本技能如家事科之烹飪、縫紉、家庭佈置、禮節應對等實習，又注重音樂鋼琴練習，以發展女子優美性情，加强體育訓練，冀為質素柔弱我國女子，注重體育之倡，務使青年學子身心兩方面得以平均發展，薰陶其民主精神以養成健全之公民，加以靈性之修養，使知耶穌基督博愛精神之偉大為目的。第以「百年樹人」復校未久，諸凡待興，加以物價飛漲，欲言設備，欲言擴充，去理想尚遠，無米之炊，難於巧婦，空言畫餅，曷克充飢？是以麗明無日不戰戰兢兢，時虞隕越，雖則苦心焦慮，務期達於現代化理想之明德女校而後已。目前之能維持現狀，在可能範圍內一本實事求是之初衷，對於各部門之事工，尚能循序漸進，次第施行，端賴 教育當局 列位校董暨社會賢達督導於前，全校師生合作於後，麗明更當繼續努力，益加奮勉而敢敬告於校董諸公者也。際茲學期結束，謹將本學期中學部暨附屬小學部及幼稚園三部概况敬向　列位校董報告，祈予指示，時加督導，俾資遵循，實深感禱！

二　報告事項

甲、中學部

A　行政概况

女童子軍團部（5??）團

本校組織系統表（1）

校董會

校長

各種委員會：招生委員會、各科教學研究會、學業競賽委員會、升學就業指導委員會、體育委員會、課外活動指導委員會、膳食委員會、消防練習指導委員會、校景委員會

事務處　主任：庶務股、膳食股、保管股；醫務室、文書、會計；事務會議

教務處　主任：教學股、學籍股、試務股、圖書股、儀器股、繕印股；教務會議

訓育處　主任：訓導股、獎懲股、舍務股；訓育會議

行政會議

校務會議

（2）本學期教職員統計表

部別		中學部	小學部	幼稚園	統計	備註
人數		50	9	3	62	小學部十三位教員中有四位為中學部教員所兼任者故其人數為九人
專任		41	9	3	53	
兼任		9			9	
計	男性	14	1		15	
	女性	36	8	3	47	

（3）本學期學生人數統計表

部別	中學部														小學部						幼稚園	統計
	高中					初中									高級		中級		低級			
年級	三	二甲	二乙	一甲	一乙	三甲	三乙	三上	二甲	二乙	二上	一甲	一乙	一上	六	五	四	三	二	一		
女生	58	34	38	31	39	37	41	23	48	46	49	60	76	56	15	27	18	14	20	20	30	780
男生															24	23	32	24	21	28	29	181
共計	200					436									266						59	961

（4）復校後歷屆學生人數比較表

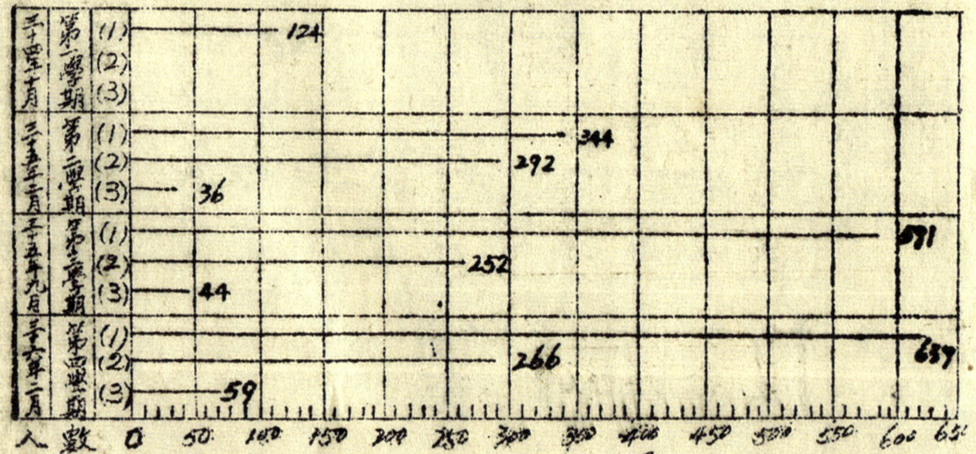

二

說明
表內（1）代表中學部
表內（2）代表小學部
表內（3）代表幼稚園

小學部暨幼稚園在三十五年二月復辦

(5) 本學期獎學金統表

項　　別	目　　的	獲　獎　者
黄胡慧雲太夫人獎學金	全校優秀學生	初三甲　包琬芬
華霳女士紀念獎學金	服務勤勞	高三　馬淑華 高二　馮兆華 高一甲　王大燕
備註	1. 黄胡慧雲太夫人獎學金為200000元 2. 華霳女士獎學金為210000元各得70000元	

(6) 復校後歷年教職員人數比較表

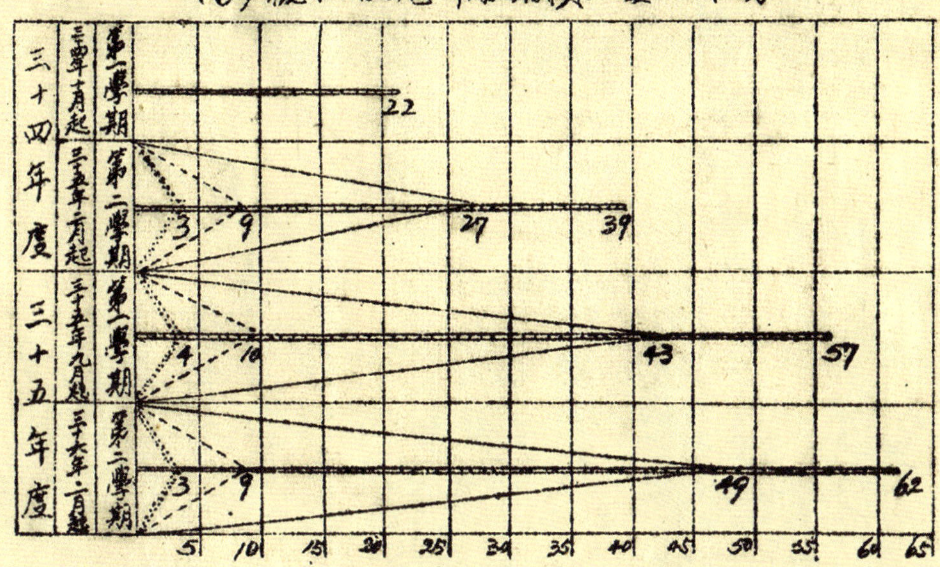

說明
表内 ·········· 代表幼稚園
表内 ---------- 代表小學部
表内 ———— 代表中學部
表内 ━━━━ 代表全校教職員數

(7)三十四年度中學部各學期寄宿學生人數比較表

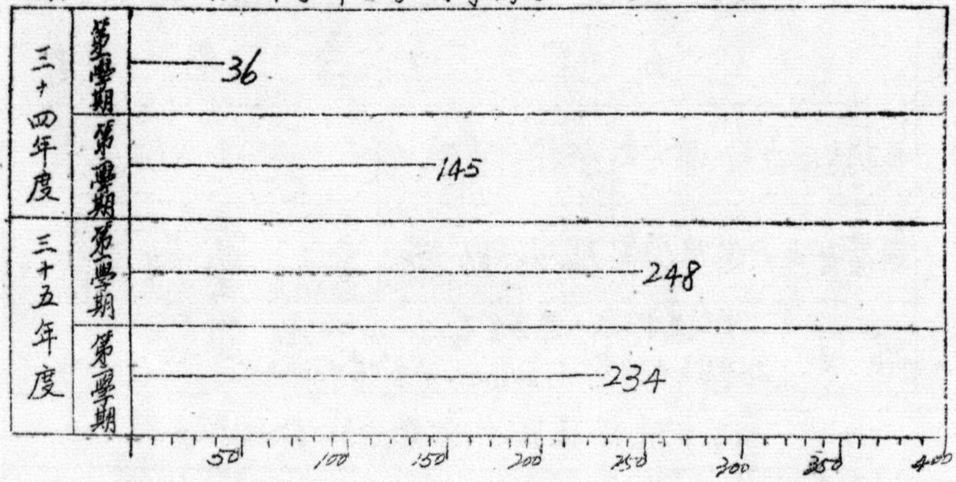

年度	學期	人數
三十四年度	第一學期	36
	第二學期	145
三十五年度	第一學期	248
	第二學期	234

50 100 150 200 250 300 350 400

(8)復校後歷年畢業生人數統計表

部別		中學部				小學部				幼稚園				總計	備註
		初中		高中		初級		高級							
時期		1946	1947	1946	1947	1946	1947	1946	1947	1946	1947	1946	1947		1.初中部本年度畢業生71名 級者7名 2.高中部本年度畢業生原為56名 加去年度應屆畢業生在本年度補考及格者1名合57名
人數		30	71	26	57	40	41	40	35	7	20	-		367	
性別	男	30	71	26	57	21	17	19	21		10			272	
	女					19	24	21	14		10			88	
共計		101		83		81		75		27					

(9)全校校工人數統計表

部別		中學部	小學部	幼稚園	統計	備註
性別	男	25	1		26	臨時散工不算在內
	女	2		1	3	
合計		27	1	1	29	

(10) 各種會議

1. 行政會議　2. 校務會議
3. 教務會議　4. 訓育會議
5. 事務會議
6. 各科教學研究會議
   a 本國語文　b 外國語文　c 社會科學
   d 數學教學　e 自然科學　f 家事勞作
   g 音樂教學　h 美術教學　i 德育宗教
7. 各種委員會
   a 體育委員會　b 膳食委員會
   c 升學就業指導委員會　d 校景委員會
   e 課外作業指導委員會　f 消防指導委員會

(11) 各種集會

a 週會——每星期一上午第五節舉行並請名人演講
b 級會——每星期二上午第五節舉行由級任導師指導學生自由活動
c 禮拜——每星期三四五上午第五節均有崇拜
d 集訓——每星期三下午第一節全校學生集合大禮堂內由校長及教訓兩處分別訓話
e 晨更晚禱——每日由宗教主任領導住宿生全部參加
f 學藝競賽——每星期六上午第五節為各種學藝競賽時間

三十四年度各學期增修設備種類數量統計表

部別	類别	品名	數量	單價	總價	用途	所在地	增修時間
中學部	修理	門鎖			6,040		各樓門及宿舍門	34年第1學期
		電燈及自來水管			156,270			〃
		配玻璃			35,240			〃
		計			197,550			
		總計			197,550			
中學部	修理	配玻璃			57,000			34年第2學期
		修配電燈及門鎖			94,040			〃
		白鉄桶			40,000			〃
		灣頭自來水管			939,800			〃
		計			1,130,840			
	設備	水桶便桶			64,000		厨房及先生用	〃
		大秤	1		30,000		厨房用	〃
		鬧鐘	2	20,000	40,000		厨房及門房用	〃
		計			134,000			
	炊具	粥匙	10	300	3,000		厨房用	〃
		大火鉗菜刀	各1		1,700		厨房用	〃
		計			4,700			〃
		總計			1,269,540			
中學部	器具	單人木床	250	22,192	5,548,000		各寢室	35年第1學期
		雙層木床	20	100,000	2,000,000		各寢室	〃
		飯桌椅	10	105,000	1,050,000		飯廳	〃
		計			10,598,000			
	儀器	顯微鏡	4	250,000	1,000,000		實驗室	〃
		計			1,000,000			
	家事	板櫈菜刀麵盆等			102,440		家事室	〃
		計			102,440			
	修理	電燈電線及門鎖			973,650			〃
		脚踏車			30,000			〃
		剪草機			44,000			〃
		自來水管及灣頭			863,000			〃
		水斗水桶			171,800			〃
		靠背椅	64	95,000	6,080,000		大禮堂	〃
		鋼琴			200,000			〃
		各處房屋			7,000,722			〃
		計			15,363,172			
		總計			27,063,612			
中學部	建築	平式瓦房	3間		19,242,500	校工宿舍及膳堂	厨房左側	35年第2學期
		茶爐	1所		150,500	員生飲水用	厨房右側	〃
		網球場	1個			運動用	思明堂前	

中學部	建築	沙坑	2個			運動用	大禮堂後	35年第2學期
		猪欄	1所			養猪用	厨房前	〃
		計			19,392,500			
	校具	課桌課椅	各100		10,500,000		各課室	〃
		長椅	48	176,000	8,448,000		大禮堂	〃
		長椅	6	235,000	1,410,000		大禮堂	〃
		講台椅	20	48,000	960,000		各課室	〃
		6尺儀器橱	5	1,875,000	9,375,000	裝儀器用	實驗室	〃
		4尺半儀器橱	2	1,555,000	3,100,000	裝儀器用	實驗室	〃
		青竹簾	60		1,865,700		各課室	〃
		國旗	2	15,000	30,000			〃
		藍球架	1		1,180,000	運動用	籃球場	〃
		手提燈	3	330,000	990,000	夜課用	各課室	〃
		手提燈	1	[illegible]	230,000	夜課用	各課室	〃
		手提燈	8	250,000	2,000,000	夜課用	各課室	〃
		彈子鎖	15	40,000	600,000			〃
		裝儀器箱			520,000	裝儀器用	實驗室	〃
		計			41,208,700			
	童軍用具	五幅營帳	4	960,000	3,840,000	童軍用		〃
		軍棍	210	9,400	1,974,000	〃		〃
		三角鈴	2	20,000	40,000	〃		〃
		軍笛	24	2,500	60,000	〃		〃
		軍號	1	65,000	65,000	〃		〃
		軍斧	2	39,000	78,000	〃		〃
		團旗	1	90,000	90,000	〃		〃
		童軍炊具	6		549,300	〃		〃
		旗語用旗	40		100,620	〃		〃
		計			6,796,920			
	儀器	物理儀器	1組		980,000		實驗室	〃
		化學用具	105種		10,500,000	内有化學生理物理實驗儀器	實驗室	〃
		計			11,480,000			
	圖書	中文雜誌報章			793,150	閱讀用	圖書館	〃
		西文雜誌			21,600	閱讀用	圖書館	〃
		書籍			4,591,770	閱讀用	圖書館	〃
		計			5,406,520			
	炊餐	飯碗等			1,262,000	饍堂用	饍堂	〃
		小籠屜	42	12,000	504,000	厨房用	厨房	〃
		五號銅匙	50	1,500	75,000	饍堂用	饍堂	〃
		二號銅匙	50	2,250	112,500	饍堂用	饍堂	〃
		竹筷	100	80	8,000	饍堂用	饍堂	〃
		菜籮淘米籮	12	5,000	60,000	厨房用	厨房	〃
		銅匙	6	3,000	18,000	厨房用	厨房	〃

中學部	用具	鉄鏟	6	3,000	18,000	廚房用	廚房	35年第2學期
		飯匙	6	2,000	12,000	〃	〃	〃
		鍋蓋	6	5,000	30,000	〃	〃	〃
		菜刀	6	10,000	60,000	〃	〃	〃
		耳鍋	6	16,000	96,000	〃	〃	〃
		鋼精鍋	3	37,000	111,000	〃	〃	〃
		鋼精鍋	1	42,000	42,000	〃	〃	〃
		鋼精鍋	1	37,000	37,000	〃	〃	〃
		鋼精鍋	1	43,000	43,000	〃	〃	〃
		鋼精鍋	2	26,000	52,000	〃	〃	〃
		鋼精鍋	1	20000	20000	〃	〃	〃
		四寸鬧鐘	1	110000	110000	〃	〃	〃
		水鍋	2	80000	160000	〃	〃	〃
		計			2686,500			
	修理	鬧鐘			20,000			〃
		門鎖			4,000			〃
		配内外脚踏車胎			138,000			〃
		脚踏車			201,000			〃
		配玻璃			12,000			〃
		自來水及電燈			1,059,500			〃
		課桌椅及宿舍工料			7,484,570			〃
		鋼琴			770,000			〃
		修購沙法椅			170,000			〃
		漆黑板			35,000			〃
		草機			122,000			〃
		大秤			16,000			〃
		草亭			400,000			〃
		計			10,432,070			
小學部	修理	總水門			26,000			〃
		課室桌椅			560,960			〃
		中堂架			12,000			〃
		鉛桶			2000			〃
		配玻璃			6,000			〃
		電燈及門鎖			19,000			〃
		計			625,960			
	購置	燒水壺	2	13000	26,000			〃
		熱水瓶	1		35,000			〃
		鬧鐘	1		110,000			〃
		鉄環鉄鉤	各5		11,100			〃
		國旗	1		15,000			〃
		計			197,000			
		書報			493,200			
		計			690,300			

幼	修	零碎工料			625,584		幼稚園	35年第二學期
		油漆板壁			32,000		〃	〃
		鬧鐘			8,000		〃	〃
	理	配玻璃			12,000		〃	〃
		計			677,584			
	購	小面盆	4	6,000	24,000		〃	〃
		熱水瓶	1		26,000		〃	〃
稚		熱水瓶心	1		16,000		〃	〃
		書籍			34,860		〃	〃
		小電風扇等	5種		29,000		〃	〃
		布娃娃等	4種		52,000		〃	〃
		七巧板等	8種		36,000		〃	〃
		小人力車	1		9,000		〃	〃
		玩具	14匣		56,000		〃	〃
園		三角鈴	2		40,500		〃	〃
	置	銅鑼			15,000		〃	〃
		打鈴			15,000		〃	〃
		計			363,360			
		總計						

(13)學校公共衛生之設施

甲、個人衛生		
A、疾病預防	1、體格檢查	學生體格檢查由市政府健康教育委員會派員來校施行，每學期一次，新生檢查，於入學考試時行之，檢查結果另函報告家長，其有缺點須治療者，請家長特別注意，迅速醫治。
	2、螢光透視	本校請准中央結核病防治所，為全體學生螢光透視，其肺部有結核病者，函請家長加以調攝或令休學，而保健康，新生於入學前舉行之，肺部正常者方准註冊。
	3、佈種牛痘	每學期按時舉行之，由本校護士負責或由市府衛生局派員來校佈種，教職員家屬亦得參加。
	4、霍亂注射	每於春夏之際由本校護士負責注射，或由市府衛生局派員來校注射，教職員家屬亦得參加。
	5、傷寒注射	按時行之，由本校護士負責或由市府衛生局派員來校注射，學生家屬亦得參加。（本學期以未領到傷寒疫苗停止舉行）
B、疾病療治		凡學生如有疾病由本校校醫為之治療，供應醫藥，或送委託病院治療，應予隔離者與之隔離及報告家長。
C、實施營養		本學期蒙救濟總署之協助，纔有營養站之設立，供應奶粉、冰淇淋粉等，全校師生均有領用，（每日上午十時半為全體學生領奶時）
乙、環境衛生		
1、膳食		設有膳食委員會管理員生膳食，並有專人監督廚司配購菜蔬，以調節營養，要素廚房及炊具，時加清潔。
2、膳堂		員生均用分食制，湯菜碗筷加蓋籠罩，以避蒼蠅及塵埃。
3、廁所		本校半用抽水廁所，除每日清潔外，並時射「DDT」以去蚊蠅，希望以後添置全部抽水廁所。
4、辦公室、課室、宿舍		每學期舉行全校大掃除三、四次，由訓育處督促全體學生行之。

四

(14) 學生參加校外活動情形

本學期高初中學生參加校外演講成績紀錄表

主辦機關	項別	時間	參加學生	名次	所得獎品	地點
新生活運動指導委員會	新生活週年紀念國語演講競賽會	二月十二日	何欽翼（三高）	第四名	錦標二面 益世報一年	勵志社
仝	仝	仝	彭蔚雲（二初）	第二名	書籍文具多種	
童子軍支部	童子軍節國語演講競賽會	三月五日	王秀芬（三初）	第四名	立軸一幅 紀念章一枚	市立一中
三民主義青年團	青年節國語演講競賽會	三月二十八日	黃濬（一高）	第八名	立軸一幅 書籍二種	本校
市教育局	禁烟節國語演講競賽會	六月一日	池慶申（二初）	第八名	錦標一面	市立一中

(15) 畢業典禮誌畧

本屆高初中暨坿屬小學及幼稚園畢業典禮在六月二十一日上午九時假座漢中堂舉行坿畢業典禮秩序單於后：

1. 奏樂
2. 唱詩 讚美主聖父（全體）
3. 祈禱 密爾士先生
4. 報告 校長

五

5、唱歌

6、訓話　高中畢業同學・

長官：馬局長代表崇啟先生

家長：譚耀宗先生

7、唱歌

8、訓話　初中畢業同學

張薌蘭博士

李天祿博士

高國彬夫人

9、唱歌

10、贈禮

11、給憑

12、給獎

13、畢業生答辭　何欽翼

14、唱校歌

15、祝福　鮑忠牧師

本屆畢業典禮儀式簡單而隆重，九時前雖細雨微濛，迨典禮開始，天乃轉晴，長官家長來賓依次訓話，勗勉有加，畢業各生深為感動。禮畢天已開朗，返校攝影（一）全體師生（二）全體畢業生）始告禮成。下午又雨，謝天作美。本屆初中部畢業生全級德智體三育最優良者為初三甲包琬芬獲有三育優良之獎狀。高中部畢業生擬出國赴美留學者四名，保送投考金陵大學者六名，保送投考金陵女子文理學院者七名，其他多半升國內大學或就與趣相投之職業，至該級德智體三育最優良者為何欽翼，領有三育優良之獎狀。

本屆高初中暨附屬小學及幼稚園畢業人數表

高中部	初中部	小學部	幼稚園	全校共計	備註
五十七名	七十一名	三十五名	二十名	一百八十三名	本屆畢業考試高中部有學生五十六名又上屆應屆畢業生一名先後考試及格准予畢業初中有學生七名候補考及格方准畢業其數目不在上列名額之內

送別會——是日下午三時在校長公館歡送高三畢業同學師生均有依依惜別之感。

同樂會——是日下午七時在大禮堂舉行同樂會歡送畢業同學節目有唱歌、鋼琴獨奏、獨幕劇、啞劇等頗為精彩。

(16)敵偽南京市政府教育局訓令二通

A(卅)教字第零柒柒陸號訓令(三十六、四、二十八)

令私立明德女子中學

案據本局督學視察該校報告稱：

「查該校校舍整潔環境清幽適於辦學教職員皆住校可集中精力服務其所舉行各種研究會校長主任親自出席議決案件均切實合用檢閱學生成績足徵決議事項多已逐漸實行其於學生學業音樂體育皆所注重足以陶冶性情鍛鍊身體復有醫務室診治疾病實驗室可資實驗應補充之物理儀器近正分期購置凡此數者皆該校之優點允當保持擴而充之惟該校原係教會所設立今尚有宗教科目期末復有攷試期中并有此類演講按諸修正私立學校規程第八條所載私立學校不得以宗教科目為必修科及在課內作宗教宣傳似屬不合此應改進者一復次視察之時正值各班停課舉行攷試其攷試時間且有超過二時者但此時並非期終按諸修正中學規程第三十三條臨時實驗由各科教員隨時於教室內舉行不得預先通告學生亦屬不合準諸學理與事實一則期中試驗諸生所學者必無庸

停課二則考試所預期者除正確簡明整潔而外尚須敏捷故臨時試驗之時間理宜稍短而其所舉行之次數則可酌加且以不停課不預告學生為原則似此應以法理與事實皆可顧到此應改進者二等情據此令仰該校遵照改進各點分別辦理具報為要，此令。

B（卅教一字第壹零捌柒號訓令（三十六、六、三）

令私立明德女子中學校校長 黃麗明

案奉

教育部本年五月十九日中字第二七四九〇號訓令內開據本部督學視察該市中等教育報告書以私立明德女子中學校長黃麗明熱心辦學督導員生實事求是殊堪嘉尚應予傳令嘉獎等情仰轉飭知照等因奉此合行令仰知照此令。

B 教務概況

1、實施方針：本校教育實施方針，均遵照教育法令以中學階段係繼續小學之基礎訓練以發展青年身心培養健全國民並為研究高深學術及從事各種學業之預備

2、課程分配：各級課程之分配亦均遵照部頒課程標準而分配如左表

學期		科目	公民	體育	童軍	家護	國文	英語	數學	博物	生理衛生	生物	礦物	化學	物理	歷史	地理	宗教	勞作	圖畫	音樂	每週總時數	選科
初中	一年	上	1	2	2		5	5	4	3						2	2	1	2	2	2	33	
		下	1	2	2		5	5	4	3						2	2	1	2	2	2	33	
	二年	上	1	2	2		5	5	4	3	2			3		2	2	1	2	2	2	35	
		下	1	2	2		5	5	4	3	2			3		2	2	1	2	2	2	35	
	三年	上	1	2	2		5	5	4						3	2	2	1	2	2	2	33	
		下	1	2	2		5	5	4						3	2	2	1	2	2	2	33	
高中	一年	上	1	2		2	5	5	4			3				2	2	1	2	2	2	33	2
		下	1	2		2	5	5	4			3				2	2	1	2	2	2	33	2
	二年	上	1	2		2	5	5	4					5		2	2	1	2	2	2	35	2
		下	1	2		2	5	5	4					5		2	2	1	2	2	2	35	2
	三年	上	1	2		2	5	6	5						5	2	2	1	2		1	34	4
		下	1	2		2	5	6	5						5	2	2	1	2		1	34	4

備註：
1、高中一二年級另加選修家事、工業化學各二小時
2、高中三年級另加選修國畫二小時

3、補習科目：本學期為給予高三應屆畢業生補習主要科目，以便升學起見，特設下列各科：如國學常識、英文、物理、化學、大代數、歷史、地理等，每科每週在二小時或二小時以上。

4、選修科目：本學期為提高學生對於技能學科之興趣起見，設有(一)工業化學(二)烹飪(三)鋼琴(四)國畫，以闡發各生之天才。選修鋼琴者有七十二人，從朝至暮琴音不絕。

5、課外作業：除每日練習大小楷書法外，更有生活週記，於學生週記中

七

得觀察其性情、思想、家庭狀況、嗜好、所愛學科，可藉此因勢利導之，於教育效能莫大補助。此外更按時舉行學藝競賽，以啟發學生天才而引起其競爭向上之心。茲將本學期舉辦各種競賽項目及成績總錄列表如下：

項目	週次	第一名		第二名		第三名	
		高中	初中	高中	初中	高中	初中
書法 大楷	4	趙錫芳	楊一鳳	馬北娥	夏安琪	張文愉	池慶中
書法 小楷	4	趙錫芳	楊一鳳	劉德順	夏安琪	周濟時	邵文哲
中文作法	5	曹婉	湯利澤	劉德順	麥寶琪	卓允培	張天美
圖畫	6	陳湘瑩	池慶中、方佩文	劉德順	黃蘭	黃錫安	趙鍾英
國語演講	10	梁啟文	池慶中	賴玉清	張素久	曹婉	王煦仁
常識測驗	12	王利文	王煦仁、彭蔚雲	顧引璜	黃紀發、麥寶琪	沈少華	彭蔚雲、張才蕙
英文背誦	14	曾慶衡	袁郊	陳美心	張素久	陳玉如	湯琬華
檢查字典	16	初三甲		高二甲		高一甲	初三乙

6、組織各科教學研究會：本學期為謀各科教學獲得統一而進度合乎標準起見，特組織各科教學研究會（其種類詳見行政概況各種會議分類表）以有關教員分別組織之，各種研究會最多曾開會三次，最少一次，每次開會校長親自出席參加，並切實執行決議案

7、學業成績考查法：

高初中各年級學業成績考查分左列四種如下表：

類別	分類	備註
一、日常考查	1.口頭問答 2.演習練習 3.實驗實習 4.讀書報告 5.作文 6.測驗 7.調查報告 8.採集報告 9.其他工作報告 10.勞動作業	本學期注重日常考查，並多給學生自動學習機會，而因勢以利導之。
二、臨時試驗	分科舉行中途測驗，每學期至少二次	本項試驗由担任各科教員於教學時間內舉行之，由教務處製定試卷，必要時並派員協助監試。
三、學期考試	每學期舉行一次	本項考試於學期終了，各科教學完畢時，就一學期內所習課程考試之，試前得停課一日至二日，備學生複習。
四、畢業考試	(1)畢業考試（在校舉行並請主管機關派員監試） (2)畢業會考（遵令參加）	本項考試於三學年修業完畢時，就初中或高中所習全部課程考核之，考試前得停課三日或四日，備學生複習，其參加會考之學生得免除畢業考試

8.成績記分法：本學期學生成績批訂標準，仍用常態記分制，在可能情形之下，盡量使學生成績成為下圖之標準，

等第	超	優	中	可	劣
百分比	10%	20%	50%	20%	10%
備註	記分標準係以全級人數作比例，如超過此比例，則教材可以提高，若不及此數，則須對於該級之教材或進展酌量增減。				

至於記分法仍用百分法，其日常考查，中途測驗及學期考試之比例分配如下表

日常考查 20 ｜ 第一次中途測驗 10 ｜ 日常考查 20 ｜ 第二次中途測驗 10 —— 60
日常考查 20 ｜ 學期考試 20 —— 40

照上表記載，注重日常考查，使學生知日常用功，非但測重於考試，至畢業考試成績之計算法，高初中兩部均以第一學期至第五學期各科成績平均佔6/10畢業考試成績佔4/10然後各科平均此為畢業考試成績。

9.考試：本學期曾舉行下列兩種考試：

試別	級別	人數	地點	日期	及格人數

畢業考試	高中	五十六名	集中大禮堂	三十六年六月十二—十五	五十六名
	初中（甲乙二組）	七十八名			七十一名
學期（業）考試	高中	四級	集中大禮堂及各教室分六試場	三十六年六月十六—十九	
	初中	九級			
附註	畢業考試另有三十四年度應屆畢業生馬継賢一名在本屆參加補考英算及格准予畢業。故本屆高中畢業生合計為五十七名。畢業證書已呈市教育局驗印。				

附考試日程表

明德女子中學 三十五年度第二學期
高初中畢業考試日程表

日期／星期	科目／時間：九時至十一時	二時至四時
十二 4	英語	歷史
十三 5	國文	地理
十四 6	數學	公民
十五 日		物理
備註	未列本表各科提前考試。國文（作文、國學常識）延長半小時	

明德女子中學 三十五年度第二學期
高初中學期考試日程表

日期／星期	科目／時間：九時至十一時	二時至四時
十六 1	英語	歷史
十七 2	國文	地理
十八 3	數學	公民·宗教
十九 4	物理化學生物 植物動物	生理
備註	未列本表各科提前考試 國文（作文、國學常識）延長半小時	

10、音樂會：本學期為增進音樂興趣，並考查學生練習鋼琴及唱歌成績起見，曾舉行音樂會三次

次數	日期	地點	參加者	精彩節目
第一次	四月十六日	漢中堂	初步學習鋼琴之中小學生	鋼琴獨奏
第二次	五月十七日	漢中堂	全部演奏	雙人、三人或四人二架鋼琴合奏成績尚佳
第三次	六月四日	漢中堂	全部學習鋼琴之中小學生	大致與第二次相同並有家長來校參觀
附註	鋼琴考試辦法：本屆鋼琴考試採用集中辦法，按學生學習時間之多寡，排列前後次序，集中大禮堂一一演奏，由全體鋼琴教師評定分數			

11、暑期補習班：茲將本屆暑期補習班簡章附後：

南京市私立明德女子中學暑期補習班簡章 三十六年暑期

一、資格：甲、本校舊生得自由參加。

乙、凡志願來校補習或擬下學期投考本校者。

二、課程：初中一至高中二年級各學期補習課程規定如下：

國文、英語、數學，體育每週各六小時

物理、化學 每週各二小時

三、報名：六月二十四五六日。

四、註冊及繳費：六月二十七八日。

五、上課：七月一日至八月十三日。

六、結業考試：八月十二三日。

七、納費：報名費、伍仟元　學費、拾貳萬元　雜費、肆萬元

八、附則：1.凡志願下學期入本校肄業之新生或插班生、其補習國英算三科成績優良者、得免試入學、但品行不良身體不健全者、不得享受此項權利。

2.凡在本班補習之學生、須遵守本校一切規則。

3.凡本簡章未列入之事項、均照本校定章辦理。

4.課程排列：每日課前（七時半前）有田徑練習、課間（每兩節課之間）有公共必修、體育時間為舞蹈及體力鍛練、特別注意個別體育之發展、及提高各生對於體育之興趣、冀為素質荏弱中國女子注意體育之倡。

總之本學期教務進行、在校長領導及諸同仁督促合作之下、得以順利推動、惟於理想尚未滿足、冀以後循序改進、務必達到理想而後已。

C、訓育概況

本學期之訓育實施計劃、仍繼續上學期之實施方針進行

十

務期積極訓練學生，使對於自治自發之民主精神，得以健全發展，茲將實施概况，分别畧述如左表：

表(一)

指導訓練方面	實施程序	目的	訓練方法
A、中心德目訓練	1、校規 2、恭敬 3、紀律 4、和藹 5、耐勞 6、無私 7、忠誠 8活潑 9信義 10、合作 11、整潔 12惜物 13、有恆 14、守法 15廉恥 16、服務 17、正直 18、虛心 19、力行	每學期預先計劃每週訓練中心德目使學生依照力行	主任負責將本週預定中心德目大書用鏡框揭佈於課室大樓走道中間使學生出進皆可觸目警惕並於星期三下午第一節在禮堂集體講解其意義作精神訓話務使學生得以檢討過去策勵將來。
B、日常訓練	1、每日作息有升旗降旗 2、秩序競賽 3、整潔競賽 4、勞動服務競賽（全體學生搬運石子作網球場）	冀於上項競賽之中使學生養成作息以時及有紀律愛整潔之優良習慣	上項競賽備有流動錦標以資鼓勵本學期曾舉行清潔大掃除三次高中初各級學生須全體動員潔清校舍

項目	內容	目的	辦法
C.風紀整理	1.剪短辮髮 2.穿着制服	以養成樸素之良善習慣	按時檢查學生頭髮禁止燙髮須剪至耳下半寸
D.級會概況	每級設有級會於每週定時舉行	使學生實行集會程序	由各級級長主席 級任導師列席指導
E.個別談話	由級任導師利用旅行或課外分別與學生作個別談話	冀知學生個性思想家庭狀況及特長等級任導師可以因勢而利導之	由級任導師與本級學生隨時作個別談話
F.學生自治會之組織	學生自治會之組織見下列系統表	訓練學生自治能力及使用四權	每次開會由會長主席訓育主任列席指導之

學生自治會組織系統表

會長
副會長

總務部（文書股、會計股、事務股）
學術部
游藝部
體育部
風紀部
衛生部
靈修部

部務會議

全体大會

學生自治會工作情形

1.風紀部 維持秩序
2.衛生部 負責清潔掃除
3.學術部 担任校工夜校教師及出版壁報
4.游藝部 籌備游藝會
5.体育部 協助体育教學之進步、測驗
6.靈修部 組織團契、祈禱會等

表(二)

奬懲方面實施程序		目的	實施方法
A奬勵	1.奬詞 2.名譽奬(公佈姓名) 3.奬狀 4.記功	鼓勵善行	公佈姓名通知家長
B懲誡	1.警告 2.小過 3.大過 4.開除學籍	防止過失	公佈姓名通知家長

總之，本學期訓育事工，以人事影响，尚未達到理想之目的，幸賴校長領導諸同仁匡助，得以順利進行，實訓育處同人所以引為誌謝者也。

D體育概况

(1)本學期關於體育方面一切進行工作如左表

項別	分組	教材	備註
檢查體格	a和緩運動組 B正常運動組	凡經醫師証明不能參加劇烈運動者給予不同教材	每級分組標準係根據體格檢查的結果
課外活動	高中組	排籃球比賽	冠軍——高三 高二甲乙分數相等
	初中組	籃球比賽	冠軍——初三乙

(2)運動會——組織籌備委員會

一、事務股——本校事務處負責
二、裁判股——{a.團體操——請體育名家担任；b.競賽——由本校教職員担任}
三、場地及編配股——本校體育教員担任
四、救護股——本校醫務室担任

附本屆運動會競賽項目及成績如下表

項別	節目	優勝者	成績	獎品
競賽	1、徑賽 2、跳高 3、壘球擲遠 4、鐵餅 5、鉛球 6、跳遠			各項第一名授以花冠獎
團體表演	團體表演節目詳附後節目單	高二乙與初三甲合演之雄獅獲獎	九十二分	花一束
附註	1、大會主席——陳黄麗明校長 2、團體表演評判——由體育名家高梓宋濓坦孫作壁諸先生担任 3、本屆運動會成績由中國電影製片廠派張進德先生攝相片一套，以作誌念外並攝成電影，於八十六號新聞片中放映，日後擬來校放映，以示提倡體育興趣			

附運動會節目單

明德女子中學暨小學部幼稚園運動會體育表演節目單　三十六年五月二十八日

開會

a.小學部及幼稚園：

十二

1. 團體操……（三四五年級）
2. 牛門舞……（五六年級男生）
3. 水仙神舞……（一年級）
4. 問安舞……（二年級）
5. 割麻舞……（五六年級女生）
6. 荷蘭舞……（三四年級）
7. 幼稚生表演……（幼稚園）

乙、中學部

1. 繞場一週
2. 大會操……（全體）
3. 跳高……（初中組）
4. 韻律活動……（高一下甲）
5. 六十公尺複賽……（高中組）
6. 鉛球……（高中組）
7. 壘球擲遠……（初中組）
8. 體操……（初二上）
9. 跳高……（高中組）
10. 競技遊戲……（初一上）
11. 六十公尺複賽……（初中組）
12. 五月竿舞……（初一乙）
13. 跳遠……（高中組）
14. 鉛球……（初中組）
15. 鴛鴦步舞……（初二下甲）
17. 百公尺複賽……（初中組）
18. 割麻舞……（高一乙）
19. 跳遠……（初中組）
20. 百公尺複賽……（高中組）
21. 壘球擲遠……（高中組）
22. 疊羅漢……（初二下乙）
23. 幼女舞……（初一下甲）
24. 六十公尺決賽……（高中組）
25. 體操……（高二甲）
26. 西班牙舞……（初三上）
27. 百公尺決賽……（高初中組）
28. 六十公尺決賽……（初中組）
29. 勤夫脫泰夫脫舞……（高三）
30. 堆砌……（高二乙 初三甲）

校歌・歡呼・散會・

3、考核成績：學期結束考試，係以每月舉行之進步測驗，體高體重之測量、體育道德等作比例支配，以日常考查及大考成績核給該生應得之學分。

4、暑期補習：凡不及格學生，得於暑期補習班補習後補考，視其成績，給以適當之等第。

5、暑期訓練：凡本屆預擬選拔之選手，均令於暑期內來校訓練，以資參加全市運動會。

6、編著教材：編製二年體育教學進度教材標準。

E、女童子軍訓練概況

本學期女童子軍訓練概況如左表

項目	進行程序	備註
(1)目標	(一)培養作事能力。(二)養成良好習慣。(三)灌輸日常生活常識。(四)發揚親愛助人品德。(五)培植勇敢、謹慎、守法精神。	
(2)方法	(一)根據女童軍誓詞規律銘言扶道實踐。(二)根據小隊編製運用小隊制度發揚自覺自動自治精神。(三)根據兒童興趣利用故事遊戲方式灌輸童子軍常識。(四)根據兒童生理心理生活上之需要發揮天賦能力培養領袖才具。(五)在野外生活和社會服務當中指導兒童在工作中學習生活技能等。(六)運用比賽方法促進兒童競爭好勝之榮譽觀念。	

(3)内容	根據中國童子軍總會頒佈三級訓練合格標準因時因地選擇教材	
(4)本學期重要童軍活動	(一)本校已登記為中國女童軍第五五團。 (二)五月四日至七日初三下甲乙、初三上三班學生在玄武湖露營。 (三)六月二三兩日初二甲在校内露營。 (四)小隊編成以每週一次之小隊集合推動小隊工作。 (五)初二初一各班先後炊事實習。 (六)初中全體檢閲預習一次。 (七)六月十一日初二初一舉行女童軍基本常識測驗。 (八)小隊長訓練一次。	
(5)本學期購置用具	見前A行政概況項内增修設備、種類統計表童軍用具一欄	

F 事務處工作概況

本學期事務處工作可分下列各項如左表

項目	實際工作
1、建築	建築、修繕、購置詳細情形見A行政概況項内增修設備種類統計表
2、修繕	
3、購置	

4、保管	關於保管工作則分：㈠校產㈡文具㈢用具㈣學生簿本等及其他屬於事務處一切應保管事宜
5、清潔	校舍清潔派有專人負責每日督促工友清潔校舍及草地校園等
6、採辦	每日定時派員購買學校、學生、教員用品
7、發信	每日定時派遣工友出外送信

G 宗教事工概況

本學期關於宗教事工分列如左表

項目	進行程序	備考
1、課程	以聖經為課本各級均繼續上學期教材各卷授畢。	
2、聚會	a晨更——學生自由參加每日平均參加者約四五十人。 b晚禱——住讀生分組輪流參加，有查經、見證、解答疑難等各種聚會。 c中午崇拜——每星期三次全體學生參加。 d學生禱告會——每星期一次、由學生主領、為學校教會、國家代禱。 e教員禱告會——每星期一次、自由參加。	

習工人禮拜——每星期一次，全体工友參加，專傳福音。
3、領洗人數	春季參加入漢中堂者高中三十三人初中一人，夏季加入者高中三十四人，初中一人
4、靈性情形	多數同學對上帝救恩有所認識，故自漠不關心而轉為愛所道受讚者的信徒，雖然尚未領洗，但在他們的見證中，確知主在心中，惟靈性尚幼稚，信心亦多搖動，請求諸公多代禱

H校工夜校概況

本學期校工夜校仍繼續舉辦，其概況如左表

分組	課程	教師	上課時間	成績
甲組	1、國文	由學生自治會學術股選派同學担任教學	每日下午七時三十分至八時三十分	能識字識數其中程度高者能自行繕寫書信
乙組	2、算術			
丙組	3、英 四組英			
備註	所有書籍及用品，均由本校供給，實行強迫教育以掃除校工之文盲			

乙、附屬小學部概況．

本學期小學部概況分別如左表

項別	概況	備考
組織	校長之下設主任一人，秉承校長綜理一切及教導事宜，級任六人分級管教	
教職員	主任一人，級任六人，科任二人，兼任教員一人，教務兼事務員一人，共十一人，	
編制	遵照部令為六四二制，即初級四年畢業，高級二年畢業，	
學級	初小四級，高小二級，均為秋季始業，	
學生數	初小：男 92，女 85，合 177 人；高小：男 40，女 49，合 89 人；全校：男 132 人，女 134 人，合計 266 人	
教導目標	本學期仍以德智體三育並重為教導目標	
課程	各級課程分配，均遵照部頒課程標準實施外，並加意薰陶民主精神，自治組織，及課外活動，此外宗教，仍為規定課程，且有定期聚會，以改進兒童之品德，輔助訓導之成效	

十五

學業競賽	本學期曾舉行(1)作文(2)書法(3)速算(4)美術(5)滾鐵環等競賽及歌詠、體育、游藝等表演，以發展兒童天才，並提高其對於學藝之興趣。
各種會議	本學期曾舉行(1)校務會議(2)教務會議(3)各科教學研究會議(4)座談會。此外同仁又分組參加南京市小學教師各科研究會。
教具	本學期除舊有標本圖表之外，有教員自製國常科及算術等教學用具。
參觀	各同仁曾參觀各階段國語公開教學，以資借鏡。
健康教育	本學期對於兒童之健康注重其身心平均發展，除體育有日常訓練外，並定期檢查身體、螢光照肺，每日又供給飲用牛奶。
聯絡家庭	(1)個別訪問家庭。 (2)懇親會——在學期結束曾舉行懇親會，報告本學期教導實施概況，及今後改進計劃，與會家長百餘人，同時展覽成績，舉行游藝會，各家長對於各種措施，尚爲滿意。

	訪問家庭、冀知兒童個性與環境，設懇親會，務使家長知學校情形。
畢業生概況	本學期畢業生計三十五名，除保送三名免試升金陵大學附屬中學外，查能多數繼續升學。

附參加校外情形如左表

項目	時間	主辦機關	成績	優勝學生
童子軍演講比賽	三月間	童子軍理事會	第一名	李鴻鷗
兒童節各種活動比賽	四月四日	市教育局	均獲優勝	
第五區國民學校講演比賽	四月間	第五區	中級代表冠軍 高級代表第二名	李鴻泉 李鴻謀
南京市小學演講比賽	四月間	市教育局	第三名	李鴻謀
歌詠表演	四月間	市教育局	獨歌及鋼琴獨奏均被選在電台廣播及赴滬唱片公司錄音	李鴻鷗 陳碩才
兒童美術競賽	五月間	市教育局	兒童作品當選為優良成績公共展覽	邵澤成 （紙刻梅花）

十六

丙 幼稚園概況

本學期幼稚園概況如左表

項別	概況
組織	校長之下設主任一人，秉承校長綜理本園一切及教導保育事宜，另設助理二人。
編制	本園設大班小班兩級
課程	每日上午有(一)早事(二)圖畫或手工(三)常識(四)點心靜息(五)戶外活動(六)音樂律動(七)故事兒歌(八)遊戲(九)放學。下午有(一)午睡(二)識字識數(三)謎語和兒童自述故事(四)唱歌(五)寫字(六)放學。(除固定課程外得隨時視兒童興趣有所更改)
教材	本園所有教材係按季節和需要編定(一)手工和圖畫(二)兒歌(三)謎語(四)唱遊(五)識數其中只有兒歌謎語識數三項用大圖畫紙加以彩色圖畫及最淺之文字懸掛教室，至學期結束照樣印發給兒童每人一份，手工和圖畫每生有一手工口袋，裝放全學期之手工作業，和自由畫到學期終了發給學生
兒童活動	本學期兒童活動(一)開懇親會，展覽成績，報告兒童在園概況準備組織家長會(二)兒童表演節目十餘種並參加本校運動會(三)春季旅行(四)兒童節慶祝會

家庭訪問	本學期在開懇親會之前，即經訪問全體兒童家庭，藉以聯絡感情，一方面調查家庭環境，對於兒童個性發展至爲重要，同時得與家長商討教學的改善，以求合理之進步，此種工作在學期結束仍在繼續進行中。
兒童保健	(一)每日檢查兒童清潔 (二)每學期開始有體格檢查 (三)按季打防預針或種牛痘 (四)量身長和磅體重

南京市私立明德女中暨附屬小學幼稚園免費生統計表

三十五年度　　第二學期

部別		免費人數				免費金額				
		全免	半免	免⅓	合計	學費	生活補助費	雜費	設備費	合計
中學部	初中	7	9	36	52	820,000.00	3640,000.00			4460,000.00
	高中	4	6	20	30	650,000.00	2290,000.00			2940,000.00
	合計	11	15	56	82	1470,000.00	5930,000.00			7400,000.00
小學部		12	10	1	23	520,000.00	1385,000.00			1,905,000.00
幼稚園		7			7	175,000.00	420,000.00	420,000.00	140,000.00	1,155,000.00
總計		30	25	57	112	2165,000.00	7,735,000.00	420,000.00	140,000.00	10,465,000.00

南京市私立明德女中暨附屬小學部幼稚園
收支決算總表

三十五年度　第二學期　第1頁

摘要	金額					
	小計		合計		總計	
收項						
上期結存					38,860,553	69
本期收入					307,933,078	10
學雜費收入			258,755,600	00		
中學部	206,774,600	00				
小學部	40,363,000	00				
幼稚園	11,618,000	00				
捐款收入			4,599,800	00		
長老會捐助	4,367,000	00				
陸女士捐金洋20元兑國幣	232,800	00				
利息收入			24,208,921	10		
中學部	22,553,969	60				
小學部	1,173,648	60				
幼稚園	481,302	90				
其他收入（園地生產損失賠償等）			20,368,757	00		
中學部	18,838,437	00				
小學部	1,470,320	00				
幼稚園	60,000	00				
總計					346,793,631	79
付項						
本期支出					330,707,481	00
行政			215,252,647	00		
中學部	178,342,975	00				
小學部	29,049,872	00				
幼稚園	7,859,800	00				
教育			32,782,900	00		
中學部	30,896,320	00				
小學部	493,200	00				
幼稚園	1,393,380	00				
修理			11,801,614	00		
中學部	10,497,070	00				
過次頁						

南京市私立明德女中 中學部

收支決算表

三十五年度　　第二學期　　第1頁

摘要	金額					
	小計		合計		總計	
收項						
上期結存					38,860,553	69
本期收入					252,766,806	60
學雜費收入			206,774,600	00		
學費	25,970,000	00				
雜費	25,440,000	00				
生活補助費	97,830,000	00				
圖書費	3,180,000	00				
體育費	3,180,000	00				
實驗費	5,750,000	00				
衛生費	6,360,000	00				
設備費	12,720,000	00				
宿費	12,550,000	00				
牀費	1,225,000	00				
椅費	2,700,000	00				
琴費	8,500,000	00				
補習費	640,000	00				
招生費	729,600	00				
捐款收入			4,599,800	00		
長老會捐助	4,367,000	00				
陸女士捐金洋20元兑國	232,800	00				
利息收入			22,553,969	60		
其他收入(園地生產損失賠償等)			18,838,437	00		
總計					291,627,360	29
付項						
本期支付					290,343,585	00
行政			178,342,975	00		
薪金	135,957,250	00				
工資	13,680,500	00				
膳宿	8,483,600	00				
文具	3,011,300	00				
過次頁						

南京市私立明德女中 中學部

收支决算表

三十五年度　　第二學期　　第2頁

摘要	金額					
	小計		合計		總計	
承前頁						
郵　電	259,200	00				
消　耗	3,615,185	00				
印　刷	4,885,000	00				
旅　運	1,308,800	00				
招　生	226,900	00				
捐　款	500,000	00				
交　際	3,036,830	00				
雜　支	3,378,410	00				
教育			30,896,320	00		
書　報	5,523,620	00				
體　育	3,210,100	00				
實　驗	21,118,400	00				
衛　生	744,200	00				
租　琴	300,000	00				
修理			10,497,070	00		
購置			51,214,720	00		
教室用具	13,720,000	00				
禮堂用具	10,818,000	00				
膳廁用具	1,949,500	00				
理化室用具	12,475,000	00				
童軍用具	6,796,920	00				
其他用具	5,047,300	00				
牲　畜	408,000	00				
建築			19,392,500	00		
本期結存					1,283,775	29
總計					291,627,360	29

南京市私立明德女中小學部
收支決算表
三十五年度　第二學期

摘要	金額					
	小計		金額		總計	
收項						
學雜費收入			40,363,000	00		
學費	7,490,000	00				
雜費	10,680,000	00				
生活補助費	19,975,000	00				
琴費	1,940,000	00				
報名費	278,000	00				
利息收入			1,173,648	60		
其他收入			1,470,320	00		
總計					43,006,968	60
付項						
本期支出					30,366,132	00
行政			29,049,872	00		
薪金	26,193,500	00				
工資	1,070,000	00				
膳宿	715,400	00				
文具	263,300	00				
消耗	345,872	00				
印刷	138,000	00				
旅運	51,800	00				
交際	194,200	00				
雜支	77,800	00				
教育			493,200	00		
修理			625,960	00		
購置			197,100	00		
本期結存					12,640,836	60
總計					43,006,968	60

南京市私立明德女中 幼稚園

收支決算表

三十五年度 第二學期

摘要	金額 小計		合計		總計	
收項						
學雜費收入			11,618,000	00		
學費	1,300,000	00				
雜費	3,120,000	00				
生活補助費	3,120,000	00				
設備費	1,040,000	00				
美工點心費	2,950,000	00				
報名費	88,000	00				
利息收入			481,302	90		
其他收入			60.000	00		
總計					12,159,302	90
付項						
本期支出					9,997,764	00
行政			7,859,800	00		
薪金	7,040,000	00				
工資	340,000	00				
膳宿	252,300	00				
文具	33,200	00				
郵電	200	00				
消耗	101,700	00				
印刷	40,000	00				
雜支	52,400	00				
教育			1,393,380	00		
書報	35,460	00				
玩具	265,500	00				
美工	319,100	00				
點心	773,320	00				
修理			678,584	00		
購置			66,000	00		
本期結存					2,161,538	90
總計					12,159,302	90

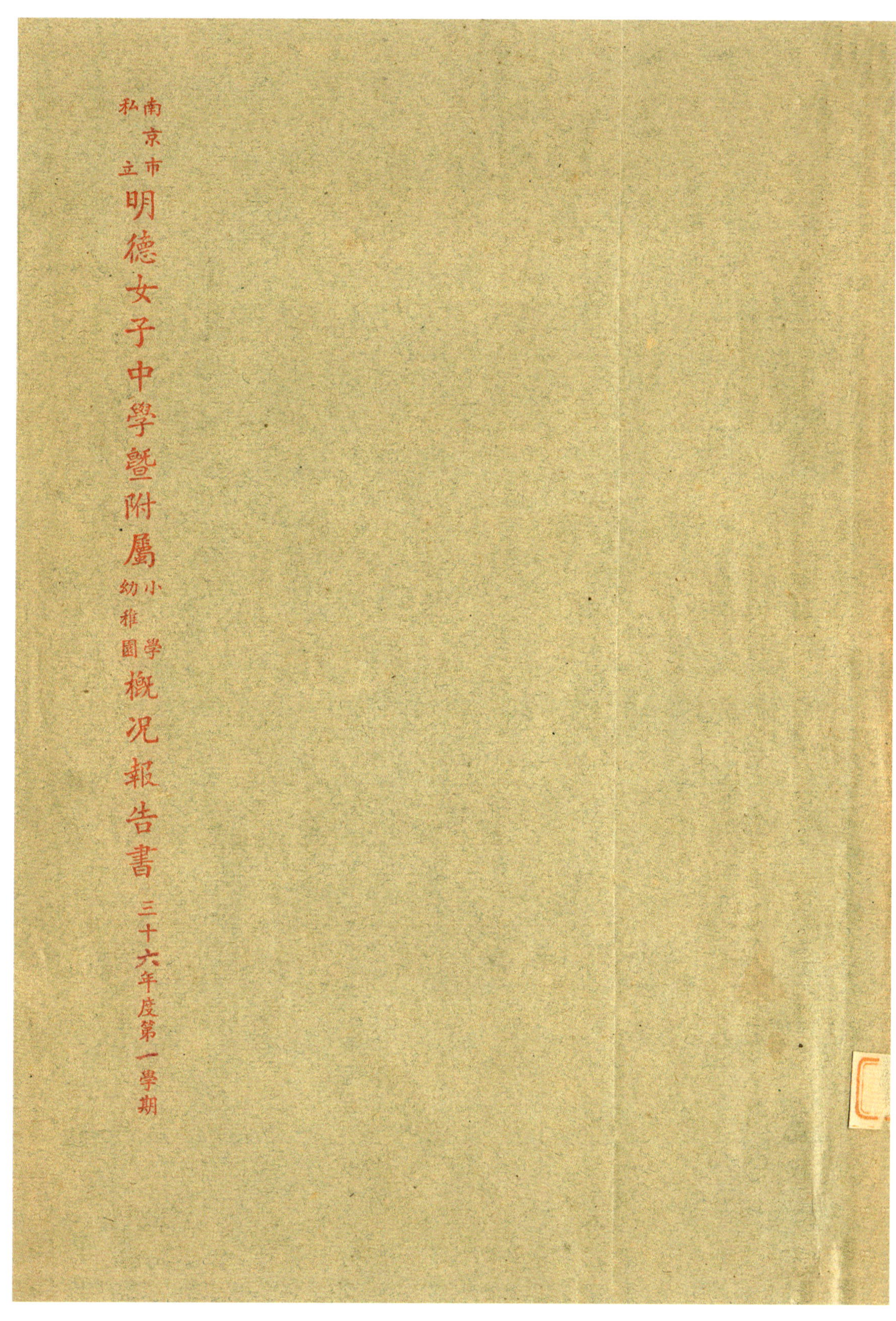
南京市私立明德女子中學暨附屬小學幼稚園概況報告書
三十六年度第一學期

南京市私立明德女子中學暨附屬小學、幼稚園一九四七年度第一學期概況報告書
（一九四八年一月）·節選
檔號：1009-1-1303

一 中學部

1 行政概況

(a) 全校教職員人數統計表

部别			中學部	小學部	幼稚園	統計	備註
教員	專任	男	11	1		12	小學部除專任教員九人外另有英文體育宗教美勞及事務員七人均係中學部教員所兼任
		女	22	8	3	33	
	兼任	男	1			1	
		女	4			4	
職員	專任	男	2			2	
		女	12		1	13	
	兼任	男	0				
		女	0				
總數			52	9	4	65	

(b) 全校學生人數統計表

部别	中學部		小學部			幼稚園			統計
組别	高中	初中	高級	中級	低級	大班	中班	小班	
女生	243	471	43	47	34	9	7	7	861
男生			47	31	58	14	15	8	173
共計	714		260			60			1034

(c) 全校工友人數統計表

部别		中學部	小學部	幼稚園	統計	備註
性别	男	25	1		26	臨時散工不計在内
	女	3	1	1	5	
共計		28	2	1	31	

(d)本學期全校免費生統計表

部別		免費人數					免費金額							
		全免([illegible])	全免	半免	免三	合計	學費	生活補助	雜費	設備費	衛生費	損失賠償	合計	
中學部	初中	2	6	22	40	70	3,880,000	13,770,000		120,000			17,770,000	00
	高中	5	4	19	22	50	3,875,000	11,810,000		300,000			15,985,000	00
	合計	7	10	41	62	120	7,755,000	25,580,000		420,000			33,755,000	00
小學部		9	1	13	4	27	1,440,000	3,210,000					4,650,000	00
幼稚園		7				7	560,000	1,260,000	700,000	700,000	140,000	140,000	3,500,000	00
總計		23	11	54	66	154	9,755,000	30,050,000	700,000	1,120,000	140,000	140,000	41,905,000	00

(e)本學期週會一覽表

月	日	事項	備攷
9	15	開學典禮	
	22	中央婦女運動委員會主任委員劉蘅靜女士演講	民主政治與教育
	29	秋節放假	
10	6	本校史地教員曹[illegible]公先生演講	談談常識
	13	本校史地教員汪[illegible]先生演講	關于消防的常識
	20	教訓導主任報告	
	27	本校國文教員徐仲濤先生演講	說小
11	3	遠足後停課休息	
	10	南京市參議員黃通先生演講	總理一生的事蹟
	17	江西省參議員杜隆元先生演講	運動員應有的精神
	24	本校國文教員陳道量先生演講	我們的理想
12	1	[illegible]荔汀老先生追悼會	
	8	初中部英語背誦競賽	
	15	高中部英語背誦競賽	
	22	南京市衛生局局長王祖祥先生演講	天花白喉的預防方法
	29	本校教務員邵宏錦先生演講	怎樣做人
1	5	第一次音樂會	
	12	第二次音樂會	
	19	學期考試停課複習	

(f) 本學期各週大事記要

月	日	週次	事項
9	8——14	1	(1)繳費註册(2)級任會議
	15——21	2	(1)正式上課(2)開學典禮(3)校務會議(4)教職員聚餐(5)教務會議(6)學業競賽委員會(7)學生自治會全体大會
	22——28	3	(1)各種課外活動開始(2)小學部校務會議(3)事務會議(4)國語教學研究會(5)中學部各級作文競賽(6)膳食委員會成立
10	29——5	4	(1)級任會議(2)自然社會國文教學研究會(3)小學部教導會議(4)迎新大會
	6——12	5	(1)体育衛生英語教學藝術,家事,音樂等科教學研究會(2)德育宗教會議(3)級任會議(4)行政會議(5)初一學生參加童軍宣誓典禮(6)初一學生李鴻鶴得中等學校演講競賽冠軍(7)清潔大掃除
	13——19	6	(1)清寒助學金審查會(2)膳食委員會(3)臨時行政會議(4)募得清寒助學金835萬元送市教育局(5)常識測驗(6)校友會
	20——26	7	(1)第一次期中測驗(2)市衛生局健康比賽學生六人參加均得奬(3)初一下同樂會(4)小商店開始營業
11	27——2	8	(1)初三上及初二下童軍出發玄武湖露營(2)教職員會議(3)校長出席世界女青年會及中華基督教教育協會(4)校慶紀念會(5)秋季遠足(采石磯組歷險記)
	3——9	9	(1)膳食委員會(2)初一學生李鴻鶴參加婦運會演講競賽得冠軍(3)小音樂會
	10——16	10	(1)組織全校青年團契(2)參加京市第八屆運動會(3)董事會(4)小學秋季運動會
	17——23	11	(1)為參加市運會運動員攝影留念(2)訓育,宗教,德育聯席會議(3)國語,自然,數學,英語教學研究會
	24——30	12	(1)擴大行政會議(2)組織初中宗教團契(3)初中國語演講競賽(4)高中國語演講競賽(5)音樂教學研究會(6)由市教育局領到中學部補助費1220萬元小學部500萬元
12	1——7	13	(1)第二次期中考試(2)陳裕訂老先生追悼會(3)初三下懇親會(4)小音樂會
	8——14	14	(1)初中英語背誦競賽(2)領得南京市清寒助學金1065萬元分配71名清寒學生每名得15萬元(3)教務會議(4)師生籃球友誼賽
	15——21	15	(1)高中英語競賽(2)評定運動成績標準討論會(3)為工讀生勸募助學金公演聖誕劇(4)初二上甲懇親會
	22——28	16	(1)教職員聚餐(2)聖誕遊藝會(3)美援華會中學組發給救濟金640萬元分配40名學生每名得16萬元(4)小學幼稚園慶祝聖誕遊藝會(5)聖誕節放假二天
1	29——4	17	(1)膳食委員會(2)級任會議(3)放映教育電影(4)學生28人考信德(5)各級大掃除(6)勸募進修金(7)新年放假二天(8)小音樂會(9)成績展覽會
	5——11	18	(1)第一次音樂會(2)成績展覽會評判結果初三甲第一(3)趙君影師母歡迎教職員進修會(4)京市十校兒童音樂會
	12——18	19	(1)第二次音樂會(2)趙君影師母為高三初三畢業生講道(3)工讀生委員會(4)教職員會議(5)行政會及膳食會聯席會議(6)教育部体育常務委員高梓,方萬邦,余晉祥三先生來校視察(7)初中畢業考試(8)清寒學生領免費申請單(9)學琴生考琴
	19——25	20	(1)學期考試(2)緬甸女青年會幹事來校參觀(3)各級分别審查清寒助學金申請書(4)寄宿生離校
	26——31	21	(1)小學部發成績報告單並給奬(2)教職員聚餐(3)音樂學科會議(4)膳食會議(5)校務會議(6)招生委員會

2 教務概況

一、教學宗旨：根據中華民國教育宗旨，本基督之信仰，以陶鎔學生健全人格，培養生活知能，完成升學及服務準備為宗旨。

二、教學實施：本校教學實施計劃，除遵照部頒課程標準規定外，並增加國文、英文、數學等主要科目教學時數，特設升學就業指導委員會，專為指導畢業各級升學及服務事宜。物理、化學、生物等自然科學，除講授外，每週高中均有實驗，初中亦有實驗或示範，使學生非但得書本智識，並有實地見習之經驗。他如体育、家事、烹飪、縫紉、音樂、鋼琴等科，均合課外自由選習，以發展各人天才。凡八十人以上之班次，俱以知能分甲乙兩組，務使程度齊一，人數均等，教材相同，而進度得因才施教。如此，對於「教」與「學」兩方面，極感便利，其效能亦因此而增加矣。

三、課程分配：本學期高中初中各年級課程及教學時數，遵照課程標準畧有增加，如左表：

三十六年度初中各年級課程分配表

年級		公民	体育	童軍	家護	國文	英語	數學	博物	生理衛生	生物	化學	歷史	地理	宗教	音樂	圖畫	勞作	物理	合計	備註
初中部一年	上	1	2	2		6	5	6	4				2	2	1	2	2	1		36	1. 本學期初中一年級博物，二年級化學，三年級物理除講授外並有實驗或示範
	下	1	2	2		6	5	6	4				2	2	1	2	2	1		36	
初中部二年	上	1	2	2		6	5	6		2		4	2	2	1	1	1	1		36	
	下	1	2	2		6	5	6		2		4	2	2	1	1	1	1		36	
初中部三年	上	1	2	2		6	5	6					2	2	1	2	2	1	4	36	
	下	1	2	2		6	5	6					2	2	1	2	2	1	4	36	

三十六年度高中各年級課程分配表

時數 科目 年級		公民	体育	童軍	家護	國文	英語	數學	博物	生理衛生	生物	化學	歷史	地理	宗教	音樂	圖畫	勞作	物理	合計	備註
高中部 一年	上	1	2		2	6	5	6			4		2	2	1	2	2			35	二、本學期高中一年級生物，二年級化學，三年級物理，均有實驗每週停二小時。
	下	1	2		2	6	5	6			5		2	2	1	2	2			36	
二年	上	1	2		2	6	5	6				5	2	2	1	2	2			36	
	下	1	2		2	6	5	6				5	2	2	1	2	2			36	
三年	上	1	2		2	6	5	6					3	2	1	1	1		5	36	
	下	1	2			6	5	6					3	2	1				5	32	

四、本學期高中部教科書目錄：

科目	書名	年級及冊數 一上	一下	二上	二下	三上	三下	編著者	出版所
公民	建國公民	一	一	二	二	三	四	應一城等	正中
國文	復興高中國文	一	二	三	四	五	六	傅東華	商務
	史記、孟子、國學常識、應用文					三年用			
英語	高中英文選	一	一	二	二	三	三	顧樹森	中華
	基本英文法					三年用		陳竹君	商務
	泰氏英文法	一、二年用							啟明
數學	斯蓋尼解析幾何					三年用		譯本	新亞
	范氏高等代數			二年用				譯本	
	復興高中平面幾何	一年用						胡敦復等	商務

科目	書名	一上	一下	二上	二下	三上	三下	編著者	出版所
	葛氏平面幾何	一年用						譯本	上海書店
歷史	復興高中本國史	一年用						楊東蓴等	商務
	新編高中本國史			二年用				金兆梓	中華
	高中外國史					三年用		孫逸殊	世界
地理	復興高中本國地理	一二年用						王成組	商務
	高中外國地理					三年用		蘇繼廎	商務
生物	復興高中生物學	一年用						陳楨	商務
化學	最新實用化學			二年用				譯本	科學儀器公司
物理	新中國高中物理學					三年用		張開圻	正中
音樂	中學音樂教材	中		下		下		音樂教育協會	

五、本學期初中部教科書目錄：

科目	書名	一上	一下	二上	二下	三上	三下	編著者	出版所
公民	初中公民	一		二		三		編譯館	七家聯合書店
國文	初中國文	一	二	三	四	五	六	編譯館	七家聯合書店
英語	英文讀本	一		二		三		林語堂	開明
數學	初中算術	上	下					孫瀚等	開明
	初中代數			上	下			劉薰宇	開明
	三S平面幾何					三年用		譯本	新亞
歷史	初中歷史	一	二	三	四			編譯館	七家聯合書店

歷史	初中外國史					上	下	傅彬然	開明
地理	初中地理	一	二	三	四			編譯館	七家聯合書店
	初中外國地理					上	下	李長傅	開明
博物	初中植物	上下						賈祖璋	開明
	初中動物		上下					賈祖璋	開明
化學	初中化學			上	下			李嘉模	正中
物理	初中物理					上	下	戴運軌	開明
生理	初中生理衛生			一年用				陳雨蒼	
童軍	新編童子軍課程							范曉天	二二五童軍用品社
音樂	中學音樂教材	上		上		中		音樂教育協會	

六、高初中各科參考書目錄：

公民科

三民主義　服務與人生

孫文學說全集　三民主義新論

做人做事及其他

國文科

初中國文法表解　日知錄　胡適文存　國學概論　楚辭中的神話

曾文正公全集　許氏說文字解　文學概論　柳河東集

渭南文集　王陽明集　飲冰室文集　戰國策　十三經注疏

國文科	詩經選讀　甲骨學文字編　實用文字學 學海堂經解正續編　修辞學發凡　詞曲通論 人間詞話　古詩源　中國詩史 經史百家雜鈔　元曲選　中國詩史 詞學叢書　諸子集成　駢体文鈔 二十五史　全上古三代秦漢三國六朝文　實用文字學 古史辨　諸子百家　古文辭類纂 中學生文庫　偽書通考
英文科	英文雜誌　英文散　英文短篇小說
數學科	初中數學　復興三角學　高中新解析幾何 高中幾何學　初中代數　幾何學講義 高中平面幾何 1. Downey: Higher Algebra 2. Hall&Knight: College Algebra 3. Dickson: First Course in Theory of Equation
生物科	生物學史　生物學實驗指導
化學科	化學通論　化學問題詳解　理化辭典
物理科	Kimball 高中物理學實驗教程：金陵大學科學教育委員會編印 1. Kimball: College Physics　2. Taylor: General Physics for Laboratory　3. Jones: Examples in Physics
生理衛生科	人類生理學

歷史科	史學通論	中國歷史研究法正續	中華通史
	中國文化史	中國史綱	中國通史
	本國文化史大綱	先秦史	金文叢考
	中國近百年史	中華民國政治史	東洋史
	中國近百年史資料正續篇	上古世界史	中古世界史
	近世世界史	四史	近百年世界史
	中世世界史	世界文化史	世界大戰全史
	第二次世界大戰史	歷代疆域形勢一覽圖	中國歷代疆域戰爭合圖
	世界史綱及各國專史	漢譯世界史綱	
地理科	中華地理新誌	中華民國省區全誌	中國沿革地理淺說
	中國地勢變遷小史	中國人文地理概要	中國經濟地理
	全國都會商埠旅行指南		中國邊疆沿革攷
	東方地理說談	世界地理談	房龍世界地理
	第二次大戰世界	政治參考地圖	世界地理教科圖
	世界形勢一覽圖	西北地理	中國分省新圖
	中華郵政輿圖	馬哥孛羅遊記	最新世界地圖集
	表解說明世界最新形勢圖		新選日本大地圖
音樂科	樂理作曲	中學歌曲選	

以上參考書係教師自備者

七、圖書室書籍：本校圖書室所藏圖書分類如下：

A、中文書籍

(一)新文藝叢書180本　(二)新中學文庫463本　(三)百科辭書18本

(四)百科全書二部3本　(五)初中學生文庫217本　(六)史類十六種49本

(七)萬有文庫586本　(八)辭典　(九)辭源

(十)韻典　(十一)中文報紙4種　(十二)中文雜誌11種

B、英文書籍

(一)英文雜誌4種

Presented by Mrs. Clarence Howard Fall, 1947

1. The National Geographic Magazine (January 1947)
2. The story of the Bible (Bowie)
3. How our Religion Began (Baxter)
4. American Government and Politics (Beard)
5. World Backgrounds (Carlson)
6. Reader's Digest (January 1947)

C、科學書籍

(一)化學史通攷　(二)高等化學通論

以上書籍目錄另表詳載

八、實驗室儀器及藥品

A、化學試驗儀器32種　B、化學藥品70種　C、生物試驗儀器10種

D、顯微鏡18架　E、物理儀器92種

以上儀器藥品細目另冊詳載

九、各科教學研究會：各科教學研究會之目的，在分科研究教學方法，規定學生作業之次數及批閱方式，使全校教學收統一之效，其分類如左表：

種類	會員
一、本國語文教學研究會	陳道量(集名) 徐仲濤 濮之珍 雷奎鳴 呂桐英
二、外國語文教學研究會	楊張鳳美(集名) 劉夢蓮 陳琳 呂文鏡 黃麗金 Miss Wall Miss Wylie
三、數學科教學研究會	汪書城(集名) 魏詩其 王亞振 關士英 尉遲定一
四、自然科學教學研究會	馮傳峻(集名) 汪書城 王亞振 張愛知 呂淑貞
五、社會科學教學研究會	曹芻公(集名) 汪濤 陳道量 徐仲濤 張愛知 呂桐英 洪趙璧 袁佑慶
六、健康教育研究會	譚先正(集名) 鄔鶴林 孫徽和 林惠勤 袁佑慶
七、德育及宗教科研究會	張梅君(集名) 黃信德 洪趙璧 應楚城 黃娘欽
八、音樂科教學研究會	沈宏璧(集名) 陳慶蘭 胡郭志超 余志望 蔣永安
九、藝術學科教學研究會	史守恂(集名) 陳蓉祚
十、家事勞作教學研究會	張麗錦(集名) 張玉芳
備註	以上各科教學研究會每學期開會二次—三次每次會議校長及教務主任出席參加

十、學藝競賽委員會：本委員會之設立，專為指導學生於課外時作各種學藝之競賽，以增加其對於「學」與「藝」之興趣，發展其對於「學」與「藝」之技能，本學期競賽項目如左表：

項目	週次	第一名 高級	第一名 中級	第一名 低級	第二名 高級	第二名 中級	第二名 低級	第三名 高級	第三名 中級	第三名 低級
中文作法	3	唐慶年	麥寶琪	汪琳	李默然	楊文琦	陳士蓁	詹家秋	潘芝華	湯利津
常識測驗	6	何霞素	彭蔚雲	楊景星	董國亶	王德陵	汪琳	劉德順	黃欽民	蕭念慈
		第一名 高	第一名 中初	第二名 中高	第二名 中初	第三名 中高	第三名 中初 中			
國語演講	12	黃紀蘩	張天美	曹琬 張蘭芝	黃慎儀	楊文琦	李本華			
英文背誦	18	陳美心	李鴻鷗	陳俊懿	王鏡遠	李慧君	周蕙			
備註	常識測驗分高、初、低三級，高級即高二、三年級，中級即高一、初三年級，低級為初一二									

十一、學生參加校外演講比賽成績如左表

主辦機關	地點	項目	時間	參加學生名次	獎品
南京市教育局	市三中	中學生科學演講比賽	國慶日	李鴻鷗 第一名	沈市長銀盾一座 獎品多件
中央婦女運動委員會	華僑招待所	首都婦女演講比賽	十一月六日	李鴻鷗 第一名	錦標一面 立軸一面 獎金叁拾萬元 書籍文具等

十二、音樂會：本學期曾舉行音樂會二次

次數	日期	地點	參加學生	精彩節目
第一次	三十七年一月五日	漢中堂	高初中選修鋼琴學生	鋼琴獨奏及歌唱
第二次	三十七年一月十二日	漢中堂	高初中選修鋼琴學生	鋼琴獨奏及歌唱
備註	本屆二次舉行音樂會未招待來賓			

十三、學業成績展覽會：本屆學業成績展覽會，非公開展覽，不招待來賓，務求真確整潔，力求經濟，不事鋪張，其目的在使學生檢討自己各科作業之良否，策勵將來之改進，故此次展覽會係收集各生平時各科習作質量並重，分級混合陳列，並使互相觀摩，藉收他山之助。

日期	三十七年一月十三日上午
地點	分級在原教室各科集中陳列
陳列保管負責人	各級正副級長、學術股長、總務股長，負責陳列保管及收集發還同學
參觀	排隊分級參觀以資觀摩
評判標準	(一)數量——以多為貴　(二)質量——以精美整潔為貴
獎勵	成績最優良一級給以獎狀（初三上甲）
收集成績表	分級別、原人數、科目作業數量、缺少數量、級長簽收、教師簽收等項
評判記分表	分級別、科目、原人數、作業數、分數、評語、備註等項
評判者	各科教師分科評判，校長為總評判

十四、各種考試：本學期舉行各種考試如左表：

試別	次數	日期	備註
新生插班生入學考試	第一次 第二次	七月二十五六日 八月二十三四日	兩次參加考試602人錄取326人
補考	一次	九月五日	
中途測驗	第一次 第二次	十月二十日—二十五日 十二月一日—六日	兩次中途測驗均有報告家長
畢業考試	一次	三十七年一月十四—十七	祇初三春季班一級舉行畢業考試參加者24人教育局曾派員監考
學期考試	一次	一月二十一日—二十四	集中大禮堂

附註

(一)本學期學生學業成績考查法及統計法，與上一學期相同，茲不贅報。

(二)本學期期終考試，將全校學生人數均分上下午集中在大禮堂及思明堂（全校七〇四人上下午各作二分之一）兩試場，較之以往，全校同時考試，便利多矣。因試場減少，辦理考試及監試人員上下午分值，不致疲乏，照料週到，考生亦多得半日複習及休息，故本屆考試較以往為佳。

試場座次表

B	A	B	A
A	B	A	B
B	A	B	A
A	B	A	B
B	A	B	A
A	B	A	B
B	A	B	A
A	B	A	B

假定「A」代表高三「B」代表初三（餘類推）則每級考試座次前後左右均非同級同學

附考試日程表

日期	上午 8:30—10:30 下午 1:00—3:00	10:40—12:00 3:10—4:30
一月二十一日（三）	數學	公民
二十二日（四）	國文	歷史
二十三日（五）	英語	地理
二十四日（六）	博物、理化、生物	
備註	表外各科提前考試	

十五、鋼琴考試：鋼琴考試辦法，係請全校鋼琴教師出席評定分數，然後統計之，其記分表如下：

三十六年度上學期鋼琴考試成績記載表

年級	姓名	技術	琴譜	耳試及識譜	手部分	總均	附註
							（成績過差學生下學期不予選習鋼琴或換先生）

年　　月　　日教員

十六、學期考試：高初中智育及三育優秀學生名單（全校三育、全校智育、高中三育、初中三育、高中智育、初中智育均各有獎金）

36年度(上)高初中智育及三育優秀學生名單

級別	姓名	智育成績	名次	姓名	三育成績	名次	備註
高三甲	顧桂芳	89.68	4	林雲英	88,99	1	全校三育第一名高三甲林云英 全校智育第一名初一甲葛元鸞 高中三育第一名高三甲林云英 高中智育第一名高三乙李慧君 初中三育第一名初一甲葛元鸞 初中智育第一名初一甲葛元鸞
高三乙	李慧君	90,69	3	李慧君	87,89	2	
高二甲	黄紀蘩	85,61	8	黄紀蘩	85,87	3	
高二乙	朱木蘭	82,36	13	李玉華	81	13	
高一甲	楊文琦	83,55	11	嵇秋明	82.57	9	
高一乙	楊文秀	80,47	14	鄧自平	79.47	14	
初三甲	彭蔚雲	90,95	2	彭蔚雲	85,32	4	
初三乙	武明珠	84,99	9	武明珠	83,66	7	
初二甲	林如	88,2	5	林如	84,07	6	
初二乙	徐瑞	83,63	10	邰珊珊	81,27	11	
初二下	王鏡遠	82,52	12	王鏡遠	81,17	12	
初一甲	葛元鸞	92,6	1	葛元鸞	85,5	5	
初一乙	王人模	86,12	7	王人模	81,70	10	
初一下	楊世韻	86,72	6	楊世韻	82,91	8	
初三下	傅京蘭	85.21	×	張海瀾	83.03	×	畢業班不排名次

十七、校務會議重要決議案：本學期校務會議，關於教務上重要決議案為本校為提高學生程度，並為教學便利起見，應嚴格執行留級，令轉學，令退學等標準，計留級者47人，令轉學者31人，令退學者7人，均已嚴格執行，不予姑息。

十八、寒假補習班：本屆舉辦寒假補助班，專為高三甲乙丙組而設，其辦法如左：

科目	大代數、物理、英文、化學、（每週各一小時）
日期	三十七年一月二十六日——二月二十一日
學費	拾萬元
補習限制	高三甲乙丙組合有十分之八以上方准開班，其有特別情形得在家補習，開學時須全体參加考試，該項分數，併入下學期各該科平時成績計算，不參加考試者，不予返校續學。
進度	本補習班所教授過之各科課程段階，下學期不重教授，故全体學生必須補習
考勤	缺席三天扣考分十分，每過一天加扣一分

十九、本處工作畧誌：本處工作人員進行如左表：

職別	人數	工作
主任	一人	秉承校長綜理全校教務事宜

股室	人數	職掌
學籍股	一人	掌理註冊、編學號、製名冊、學籍、學生轉學、退學、畢業調查、呈報、及有關教務之會議紀錄、
試務股		辦理各種考試、繕印試題、製試卷、分配試場、排考試座次等、
教務股	一人	掌理編排座次、統計學生成績、報告家長、調查教室、查閱教室日誌、檢查學生作業等、
繕印股		掌理繕印中英文講義、統計各級應用講義及保管之、
圖書室	一人	掌理圖書編目、登記、保管、出納及統計保管事宜
儀器室		掌理儀器、標本、藥品、實驗用品分配、實驗助理及保管等、
備註	本處職員平日分工合作、必要時聯合辦理之、辦公時間除學校規定外、必要時得延長之、	

十六、附本學期本處收發文件統計表

收文部份			發文部份		
來文者	文別	件數	受文者	文別	件數
市教育局	令	三五件	市教育局	呈	一七件
學生家長	函	六三件	學生家長	函	二、四一件

其他	函	七件		八九件
合計		一〇五件	合計	二三九七件

二五、附本學期招生人數統計表

級別	投考人數	錄取人數
初一上	三〇二人	一三三人
初一下	二二人	二二人
初二上	六四人	三三人
初二下	二〇人	一四人
初三上	四八人	三二人
初三下	三人	一人
高一上	九三人	五九人
高二上	四〇人	二四人
高三上	一〇人	一〇人
合計	六〇二人	三二六人

二六、附本學期高初中各級學生人數統計表

年級	人數
高三上甲組	35
高三上乙組	43
高二上甲組	35
高二上乙組	41
高一上甲組	44
高一上乙組	45
初三下	25
初三上甲組	52
初三上乙組	50
初二下	47
初二上甲組	61
初二上乙組	70
初一下	63
初一上甲組	44
初一上乙組	59
總計	714

三三、附本學期教職員資歷統計表

資歷	留學	大學畢業	大學肄業	專科畢業	專科肄業	中學畢業	其他				總計
人數	3	19	4	11		8	7				52

三四、附本學期學生家長職業調查表

職別	農	工	商	教	交通	法	政	軍	醫	其他	總計
人數	9	16	190	40	45	7	204	102	18	83	714

3 訓育概況

本學期訓育實施計劃依照部頒訓導綱要進行，茲將實施概況略述如左：

甲、組織

一、訓育處 設主任一人掌理一切有關訓導事宜，訓育員一人，輔之舍務員一人專責管理宿舍及指導寄宿生生活

二、訓育會議由校長各處主任各級導師童軍教員及宗教教員組織之，審定各項訓育計劃及實施方法

三、本學期仍採用級任導師制，舉凡學生生活習慣思想言行身心攝衛以及操行成績之考核均由級任導師負責主持，隨時隨地以身作則，以收潛移默化之效

乙、訓練

一、集體訓練

(1)週會 每星期一上午舉行週會，由校長敦請名人及在校教職員輪流演講，以灌輸各種常識，確定其正當人生觀

(2)週訓 每週以週訓為訓練中心，由主任於週會時講解其意義，使學生有所依循，本學期週訓為正始沈着勤奮整潔負責誠實儉樸堅苦準確禮讓謹慎揚善忠恕好施服務有恆自省完滿等

(3)升降旗早操 每日上午課前全體學生齊集操場舉行升旗禮，後由童軍教員率領早操，以提高國家觀念及民族意識，並培養堅苦耐勞

之精神

(4)課外活動　計分歌詠宗教團契英語圖畫縫紉烹飪戲劇書法八種
每星期一三五分組進行以發展學生之特長

(5)學生自治訓練

(A)級會　各級組織級會由級長及各股股長分別負責管理級務每星
期三下午課後舉行級會會議檢討過去策勵將來並由導師訓
話指導解決各種問題間或講故事說笑話以作餘興藉怡身心

(B)學生自治會　本學期照例組織自治會以養成自動自治自立之精神
會務由會長綜理下設(1)總務部專司文書會計事務(2)風紀部負責
維持紀律(3)衛生部督促造就整潔環境為鼓勵維持整潔及秩序
起見每週統計成績一次以作旗幟競賽並以流動錦標獎勵最優者
(4)靈修部組織團契祈禱會以修養靈性堅定信仰(5)學術部主持校
工夜校及刊行壁報每級一刊每月一期(6)體育部協助測驗体育教學之進
並及考查早操升降旗之秩序(7)遊藝部籌備遊藝會及慶祝聖誕
大會聖誕節前為籌募工讀生基金公演聖劇及話劇「沉淵」并出
賣自製卡片計共募得法幣貳仟零捌拾貳萬叁仟元除開銷外淨
得壹仟伍百壹拾玖萬伍仟元

(C)寄宿生生活　清晨六時起床整理內務畢從事晨更早自修後早餐
下午課後或自修或洗浣六時晚餐六時半由宗教教員領導晚禱七時

開始夜自修九時十五分各歸寢室九時半就寢寢室之秩序整潔均由室長管理之

(D)懇親會　各級輪流舉行懇親會使家長深切了解學校之設施及學生在校之生活狀況俾學校教育與家庭教育打成一片

(E)社會服務

1.協助勸募南京市清寒學生助學金計募得捐款捌百叁拾伍萬元

2.學生一百四十七人參加中國紅十字會南京分會為青年會員每會員納費貳仟元

3.聖誕節捐輸感恩捐款壹百萬元及寒衣鞋襪一百件分送漢中堂盲啞學校中國紅十字會南京分會另募冬季賑款叁百伍拾萬元送交冬賑委員會

二、個別指導

(1)由導師定時分約學生談話以便明瞭學生之個性及生活狀況家庭環境俾能按其需要予以指導及扶助

(2)遇有特殊問題發生時導師或訓育主任或校長隨時與之懇談以收勸善規過之效

(3)導師與學生時常接近藉生密切聯繫充分諒解以增進訓導之効率

三、家庭訪問　限於時間及空間不能遍訪學生家庭但遇有特殊情形時即走訪家長商談有關問題俾可對學生個性家庭狀況作進一步之了解

4 體育概況

本學期各級體育課程除初二及初三下由鄔鶴林先生担任外餘均由金陵大學文理學院體育系試教生陳慶慷、樂蓮琴、宮潤瑛、劉平凡、王湘貞、劉壽鎮、舒興達、等七人來校實習各級學生對于體育向感濃厚之興趣此番在天真活潑而又教材新穎教法自然之教生領導下頗多進益茲將本學期體育設備及活動分述如下：

一、設備　將本學期全部體育費曾設鞦韆架及浪木各一具購買籃球九個壘球十八個排球二十二個網球十二個及球網球拍等運動器具于高初中各班教室內備一網袋存置籃、排、壘球各一以為學生課外隨時練習之用。

二、活動

1. 全校師生于十一月一日分四組舉行秋季遠足地點為采石磯（一〇二人）燕子磯（八八人）玄武湖（一三七人）太平路國貨展覽會（二一三人）

2. 高初中運動選手十餘人于十一月十二日參加南京市第八屆全市運動會結果高中部邵平心得跳高冠軍成績一·二四公尺。陸毅民得壘球擲遠冠軍成績四〇·五五公尺。初中部跳高跳遠林振基得雙料冠軍，成績前者一·三六公尺後者四·一三公尺。校中特予攝影以留紀念。

3. 十二月十二日下午四時舉行師生籃球友誼賽結果先生隊得勝

5 衛生實施概況

項別	概況
設備方面	醫務室 藥品：各種新出之藥品及普通藥膏均已陸續增加足供二千學生之需要 器皿：凡屬內外科應用之器具均略有購備可供急救時應用。 測量體格之儀器：有磅秤二、體高架二、坐高架一。 療養室 本學期特設療養室一間 (1)遇寄宿生患病時，可遷入該室療養 (2)凡學生身體有缺點不宜過勞者即指定時間在該室內休息 (3)室內共有床鋪八張被褥全備
療養方面	休息：患有初期結核病心臟病、甲狀腺腫大等症之學生，得免上體育課，即利用該時間督促學生睡眠或休息。 營養補助：1.患結核病者每日給予定量牛奶及維他命丸 2.營養不良者分配法如前 3.體溫增高者，供牛奶一杯及半流體之飲食。
治療方面	砂眼：督促學生按時檢查及療治 其他疾病及外科換藥：按照規定時間予以治療 患急性病症者：隨時送往中央醫院診治。

預防工作	體格檢查：學期開始時請衛生局健康教育委員會醫師來校爲全体學生檢查，凡有缺點者即通知各生家長督促矯治 顯微鏡軟片：攝影驗肺：新生均須有X光証實無病者始可入學 体格測量：各學期定時測量体高体重三次，以其結果與體力相評而決定健康標準 疫苗接種： 牛痘：規定春秋二季接種。 傷寒霍亂預防針：每年春季注射一次。
衛生工作	家長個別通知單：指示學生應注意衛生事項。 健康比賽：促進學生對于健康之興趣及注意——本年秋季舉行市民健康比賽，本校推高三六位同學參加，結果均獲優勝獎
	本學期全校學生共七百十九人 患急性闌尾炎者十人——根除療治者五人（經過情形均佳）保守性療治者五人。 患初期結核病者十五人——休學療養四人。半休息一人。免運動十人。 （該）已有三人病狀完全消除，其餘病情已減輕 流行性病症：水痘 幼稚園學生三人。 感冒 普遍流行兩次。 眼結膜炎——中學部學生十二人 職員一人 小學部學生三人 工友二人

6 童子軍概況

本校童軍團次為「中國女童軍第五五五團」係於三十六年五月奉准成立，將合格之童軍服務員專任團長，並設置團部辦公地址，以利團務之推進，謹將本學期團部組織訓練活動情形及設備概況簡述於下。

一、組織訓練情形

A、組織：童軍團按各班級原有人數，並依據各隊員生活與趣，一律加入中小隊組織，本學期初中部計九班共四七三人，合編為十九個中隊，五十七個小隊，團部另設五股及其他軍樂等特種隊組織。

B、訓練：在技能方面，係採用童子軍三級課程最新合格標準實施訓練，所有高中、初三規定必修課程，均已分別教授完畢。在個人與團体方面，尤注重服務犧牲、合作、容忍精神之培養，以發揮兒童對事負責、熱情、勇敢、正義之個性。

二、活動情形

A、入伍宣誓：十月十日南京市舉行中國童子軍第二屆聯合入伍宣誓典禮，本團派初級童子軍八十五人參加。

B、舉辦露營：本團為予以兒童實際機會參加野外生活起見，特於十月二十七日至三十一日露營於南京玄武湖，參加露營班次，初三甲乙及初二下三班，人數八十八人，成績極為圓滿。

C、參加歡迎世界女童軍代表大會：世界女童軍總會代表費茲巴女士於十一月二

C、蒞京：本團派選童軍一百二十人參加歡迎大會於五台山。

D、參加童軍團長座談會：中國童子軍南京市支會及監事會，於本學期期間，先後舉行"南京市童子軍團長座談會"五次，討論有關童子軍組織改進問題，本團均派有團長出席，發表意見均被採納。

E、其他：本學期舉行團集會兩次，中隊長會議十次，小隊集會每週一次。

三、設備概況

A、原有設備：鐘式營帳四頂，屋式營帳四頂，軍棍二百一十支，炊事用具六套，雙旗七十對，大鼓四只，小鼓九只，軍笛二十一支，

B、新增設備：童軍服一百四十套，屋式營帳六頂，單旗四十面，電報書四十冊，救護繩四十根，瞭望台建築材料一套，三角鈴一支。

四、童軍課程：初中部九班每班每週二小時，會操一小時，小學五六年級每週各一小時，合計二十一小時。

事務處概況

本處分設左列四股，每股指定一人以負專責

一、督察股　每日巡視督察全校各處情形，如場地房屋之整潔修建及工人工作之勤惰等

二、保管股　登記全校校產用具文具、學生簿本及本處一切物品而負責保管之

三、購置股　負責辦理對外之一切購置事宜

四、膳食股　會同學校膳食委員會辦理全校膳食事宜

茲將本學期關于修建購置等事項列表如左

部別	類別	品名	數量	總價	所在地
中學部	修理	電燈及自來水管		8,376,500	全校
		玻璃		735,560	宿舍
		自行車		600,000	[illegible]
		火爐		800,000	辦公室
		老虎灶		1,936,800	老虎灶
		鋼琴	5架	1,150,000	音樂室
		鉄床		80,000	寢室
		銀箱		180,000	會計室
		鉛桶鉄壺		372,000	各宿舍
		校舍		35,975,800	
		陰溝		8,460,000	
		計		58,666,440	
	購置	板凳	16条	1,411,680	大禮堂
		長椅	4張	4,240,000	大禮堂
		衣櫃	10架	8,139,400	各寢室
		茶桶	1只	350,000	飯堂
		飯桶	7只	210,000	飯堂
		吊水桶	26只	950,000	各處
		磁盆碗	120份	1,300,000	飯堂
		木桶	4只	200,000	飯堂
		門鎖	48把	595,000	各課室
		熱水瓶	2只	124,000	畫書室
		白鉄壺	1把	315,000	
		雨衣	1套	135,000	信差用
		算盤	2部	90,000	會計室
		美式訂書機	1個	680,000	教務處
		體高尺	1根	200,000	醫務室
		計		18,940,080	
	體育	藍球	9只	3,150,000	體育處
		排球	20只	4,600,000	〃 〃
		排球	2只	540,000	〃 〃
		新壘球	6只	420,000	儲藏室
		舊壘球	18只	540,000	體育處
		線袋	15只	75,000	課室
		鞦韆架	1付	2,760,000	體育場
		浪橋	1座	2,950,000	體育場
		童軍營帳	6頂	10,400,000	童軍室
		計		25,360,000	
		顯微鏡	2架	12,000,000	實驗室
中學部	儀器	顯微鏡	1架	5,200,000	實驗室
		顯微鏡	1架	5,500,000	〃 〃
		科學化驗儀器	24種	4,034,000	〃 〃
		蠶蟲玻片標本	1種	30,000	〃 〃
		水螅玻片標本	5種	150,000	〃 〃
		實驗用濾紙	2合	144,000	〃 〃
		蓋杯	4只	128,000	〃 〃
		計		27,186,000	
	家事	縫紉機	5部	配給品	家政室
		家政室傢俱	11件	955,000	〃 〃
		印皮木椅	4只	180,000	〃 〃
		椅墊子	4個	96,000	〃 〃
		代作縫紉機抬板	4块	343,850	〃 〃
		計	·	1,574,850	
	圖書	中學生文庫	463本	979,300	圖書館
		中國地圖	1本	8,400	〃 〃
		世界地圖	2本	100,000	〃 〃
		高中英文選	1本	31,500	〃 〃
		新詞概論	1本	20,000	〃 〃
		童軍用書		30,500	〃 〃
		宗教用書	21本	467,000	〃 〃
		經遊記	1套	144,000	〃 〃
		計		1,780,700	
	佈置	中外名人像	1套	206,000	事務處
		科學名人像	1套	206,000	事務處
		中山像	1個	9,000	大禮堂
		主席像	1個	6,000	事務處
		六號國旗	1面	90,000	〃 〃
		四號國旗	2面	85,000	〃 〃
		黑邊鏡框	16個	1,200,000	〃 〃
		冬青樹秧		1,800,000	校園
		牡丹		600,000	校園
		計		4,202,000	
		總計		137,710,070	
小學部	修理	鬧鐘	1只	25,000	小學部
		校舍		2,216,160	粉刷和修理
		腰壺	1把	10,000	小學部
		計		2,251,160	

部別	類別	品名	數量	總價	所在地
小學部	購置	小學生文庫	66本	434,000	小學部
		面盆	1只	12,500	辦公室
		提水壺	4個	160,000	小學部
		便池蓋	6個	96,000	〃 〃
		熱水瓶	1個	50,000	辦公室
		排球	1個	460,000	小學部
		皮球	34個	576,000	〃 〃
		壘球	2只	18,000	〃 〃
		紅燈	4只	108,000	〃 〃
		白鐵壺	1把	315,000	〃 〃
		滑梯	1付	720,000	體育場
		蹺板	1座	2,603,000	〃 〃
		秋韆架	1座	757,000	〃 〃
		計		6,309,700	
		總計		8,560,860	
	修	教室		424,210	幼稚園
		鐘		22,000	〃 〃

部別	類別	品名	數量	總價	所在地
幼稚園	理				
		計		446,210	
		臉盆	1只	12,500	
		剪刀	5打	37,5000	
		教師用書	102本	195,500	
		銅鑼鼓	18個	190,000	
		皮球	6個	210,000	
		沙盤	1個	260,650	
		門鎖	2把	72,000	
		國旗	1套	50,000	
		色木珠	20合	486,000	
		滑梯	1付	7,000,000	
		蹺板	1座	265,600	
		爐圍	1只	353,125	
		裁紙刀	1把	4,000	
		計		9,474,375	
		總計		9,920,585	

附訓育處舍務概況

本學期寄宿生共有二百五十八人茲將各級及各寢室所佔人數，請假辦法與各週禁假人數分別列表于后

甲、各級寄宿生人數表

級別	高三甲	高三乙	高二甲	高二乙	高一甲	高一乙	初三甲	初三乙	初三下	初二甲	初二乙	初二下	初一甲	初一乙	初一下
人數	17	17	16	18	19	15	30	11	16	28	16	14	13	12	16
共計	258名														

乙、各寢室人數表

寢室號數	1	2	3	4	5	6	7	8	9	10	11	12	13	14
人數	40	15	42	9	9	10	10	16	16	10	16	32	22	11
級別	初一下 初二上甲乙	高三甲	初二上甲乙	高一甲	高三甲乙	高三乙	高一甲	高一甲	高一乙	高三乙 初三下 初二下	初一下 高一乙	初二乙 初二甲	初三乙 初二下	初三下

丙、寄宿生請假辦法說明

請假辦法	1、	寄宿生平日不准自由或請假外出，如有特殊情形由家長或監護人親函到校請假者，緩訓育處商准後，方能外出。
	2、	每逢例假及其他休假日，各生均按照家長或監護人申請歸宿之時間內離校，但須遵時回校，否則以禁假處懲（其次數酌情定）
	3、	如學生家長或其本身有特殊情形不能遵時回校者，須于事前或未逾規定之時間內，由家長或監護人親函申明其原因，否則均作無故遲到論
禁假理由		因寄宿生之行動，校方負有全責，如不遵時回校，則不僅違犯校規，且恐其在外遭遇不測，校方為維護寄宿生之安全，故施行禁假條例，既使其知恪守校規，並警其在外不得逗延嬉遊。

丁、本學期各週寄宿生禁假人數表

週次	3	4	5	6	7	8	9	10	11	12	13	14		15	16	17	18	19	20
人數		15	16	2	2	5	4	0	0	2	3	1		2	3	0	0	0	
備註			其中有12人為逃避晚自習	不守校規	擅自出校門		其中2人不守校規			不守校規		因家不在本京未得校方許可外宿	親戚家						

二　小學部概況

項別	概況	備考
組織	校長之下設主任一人——秉承校長綜理一切校務及教導事宜、級任六人——分別主持各級訓教事宜。	
教職員	主任一人，級任六人，科任六人，兼任教員一人，教務兼事務員一人，共十一人。	
編制	遵照部令為六「四二」制，即初級四年畢業，高級二年畢業。	
學級	計初小四級，高小二級，共六級，均為秋季始業。	
學生數	初小 男一〇五 女六五 計一七〇 高小 男四七 女四三 計九〇 全校 男一五二 女一〇八 共二六〇	
教導目標	本學期以培養兒童德智體羣四育平均發展為教導目標。	
課程	各級課程分配，除遵照部頒課程標準實施外，並加意發揚兒童民主精神，養成自治能力，注重課外活動，仍規定宗教科為正式課程，講述聖經故事，並另有定期聚會，以勗勵兒童性行，增進訓導效率，自四年級開始學習英語以應環境需要	
各種會議	本學期曾舉行(1)校務會議(2)教導會議(3)各科教學研究會議(4)座談會(5)同仁分組參加南京市小學教師各科研究會	
教具	本學期除原有標本圖表外曾購置中國全圖世界全圖及東北九省全圖各一幅又動植物掛圖各一輯自然科需用儀器均向中學部借用如須實驗則由担任教師率領至中學部化驗室實驗或參觀	

	本學期除購置排球一個、足球二個及大小皮球二十四個外，并增設鞦韆及六角形滑梯各一架，俾兒童于課間得相當活動。	
學業競賽	本學期曾舉行(1)作文(2)書法(3)速算(4)美術(5)滾鐵環(6)拍乒乓(7)跳繩等競賽及歌詠、體育、遊藝等表演，以發展兒童天才，提高學習興趣。	
健康教育	本學期除体育課外活動日常訓練外，並定期檢查体格、紫光照肺、佈種牛痘，每日供給飲用牛奶及維他命丸	
課外活動	規定每日課後半小時，共分閱書、奕棋、遊戲、運動、乒乓、遊藝等組，學生就性之所好，參加動靜各一組，每週加入各組活動二三次，同時逐日派定教員指導，故學生興趣濃厚，各組成績尚佳。	
校外活動	(A)教師——各同仁分組參觀各階段各科公開教學及中心小學成績展覽會，以資借鏡。 (B)學生——曾於十月間參加全國國貨展覽會主辦之南京市國民小學演說競賽會，結果名列第二，得獎品甚多。又於三十七年一月參加南京市十校聯合音樂會歌詠及鋼琴獨奏，成績均佳	
家庭聯絡	(1)個別訪問家庭 (2)体育表演遊藝會——曾於十月間舉行体育表演，請各家長蒞臨參觀，并於聖誕前一日（十二月二十四日）舉行兒童學業成績展覽會及遊藝會，招待家長參觀，來賓極為踴躍，對於各項成績表示讚賞。	

三 幼稚園概況

項別	概況
組織	校長之下設主任一人、秉承校長綜理本園一切教導保育事宜另設教師二人助理一人。
編制	本園設大班、中班、小班三級。
課程	上午(1)早會(2)圖畫或手工(3)常識(4)點心靜息(5)戶外活動(6)音樂律動(7)故事兒歌及謎語(8)遊戲(9)放學。 下午(1)午睡(2)識字識數(3)兒童自述故事及表演(4)唱歌(5)寫字(6)放學。(除固定課程外得隨時視兒童興趣酌予更改)
教材	本園所有教材係按季節和需要編定(1)手工和圖畫(2)兒歌(3)謎語(4)唱遊(5)識數、其中只有兒歌謎語識數三項用大圖畫紙加以彩色圖畫及最淺之文字懸掛教室至學期結束照樣印發給兒童每人一份、手工和圖畫每生有一手工口袋、裝放全學期之手工作業、和自由畫、到學期終了發給學生。
兒童活動	本學期兒童活動(1)參加小學部運動會(2)聖誕節慶祝會成績展覽(3)秋季旅行由家長協助汽車赴中山陵看菊花展覽會
家庭訪問	本學期在聖誕節前、訪問全體兒童家庭、藉以聯絡感情、一方面調查家庭環境明瞭兒童個性、一方面得與家長商討教學的改善、以求合理之

南京市私立明德女中幼稚園
收支決算表

三十六年度　　第一學期

摘要	金額		
	小計	合計	總計
收項			
上期結存			2,161,538.90
本期收入			37,757,450.00
學雜費收入		36,022,000.00	
學費	4,160,000.00		
雜費	5,200,000.00		
生活補助費	9,360,000.00		
衛生費	1,040,000.00		
設備費	5,200,000.00		
損失賠償費	1,040,000.00		
美工費	4,720,000.00		
點心費	4,720,000.00		
報名費	582,000.00		
利息		1,055,450.00	
其他收入		680,000.00	
總計			39,918,988.90
付項			
本期支出			55,491,385.00
行政		37,552,500.00	
薪金	33,500,000.00		
工資	2,024,000.00		
文具	815,000.00		
消耗	680,000.00		
旅運	216,000.00		
雜支	317,500.00		
教育		9,171,800.00	
書報	205,500.00		
美工	3,380,500.00		
玩具	1,000,000.00		
點心	4,585,800.00		
修理		424,210.00	
購置		8,342,875.00	
本期結虧			15,572,396.10

南京市私立明德女子中學教職員一覽表

三十六年度第一學期

職别	姓名	性别	年龄	籍貫	學歷	經歷	担任課目	通訊處
校長	陳黄麗明	女	41	廣東花縣	金陵女子文理學院文學士 美國維斯理大學碩士	歷任金陵女子文理學院體育系主任	兼高三甲級任	本京莫愁路六十八號
教務主任	李雪華	女	44	廣東中山	國立北京女師大畢業	曾任各中學校長教員二十四年	兼高二甲級任	本校
訓育主任	洪趙璧	女	44	福建林森	福州私立華南女子文理學院文學士	曾任福州華南附中重慶淑德女中等校教員及校長三年	兼高三乙級任	本京鼓樓四条巷三號之三
事務主任	華惠忠	女	43	江蘇太倉	蘇州聖公會聖經學院畢業	曾任上海協進女中金陵女大同仁醫院事務及上海靈糧堂傳道十三年		本校
宗教主任	張梅君	女	36	浙江鄞縣	金陵女大肄業 中華神學院畢業	曾任各教會聖經學院傳道工作六年中學宗教教員三年	高初中宗教	本校
會計	王豫英	女	27	江蘇寶山	上海私立懷久女中高中部師範科畢業	曾任江蘇省立蘇州中學會計三年		本校
教員	陳道量	男	49	浙江鄞縣	南洋公學畢業	歷任各大學中學教授	高中國文	本校
教員	徐瀾波	男	32	河北樂亭	國立北平師範大學畢業	歷任各中學教員	高中國文	本校
教員	雷奎鳴	男	34	江蘇鎮江	上海美術研究院畢業	曾任中學國文美術教員九年	初中國文	本校
教員	濮之珍	女	24	安徽蕪湖	國立女師學院國文系畢業	曾任重慶清華中學教員	高初中公民 初中國文史地	本校

教員	呂桐英	女	37	江蘇淮安	金陵女子文理學院肄業	曾任安徽各中學教員數年	初中國文、歷史	本校
教員	汪書城	男	36	南京	私立金陵大學工學士	曾任中學大學專科學校數學教授	高中物理、大代數	本校
教員	魏詩其	男	47	湖南衡陽	上海交通大學工學士	曾任上海大公職中、南京市立一職數學教員	高中解析、幾何、三角	本校
教員	尉遲定一	男	27	南京	國立四川大學法學士	財政部重慶直稅局股長、重慶藥劑士職業學校英數教員	初中數學	本校
教員	關士英	女	25	廣東南海	國立西南聯合大學化學系畢業	曾任雲南安徽各中學化學英文數學等教員	初中數學	本校
教員	馮傳峻	男	32	南京	前國立中央大學文學院肄業、金陵大學農學院畢業	曾任曉英、震旦中學理化英文教員	高中化學、生物	本市集慶路一三十號
教員	王亞振	女	27	江蘇金壇	國立中大師範專修科畢業	曾任中大實中、市女中教員	初中物理、數學	本校
教員	張愛知	女	25	河南鄧縣	國立六中畢業、齊魯大學製藥系畢業	四川新津縣女中教導主任一年、成都華美女中化學教員一年	初中化學、博物	本京上海路金銀街九號
教員	Miss hull	女	53	美國	美國以利拿大學畢業	曾任大中小學家政英文等科教員二十八年	初中英文	
教員	Miss Wylie	女	30	美國	美國鄧司脫大學文學士、加利福尼亞大學碩士	曾任美國長老會禮拜堂青年工作一年、中國宗教教員一年半、金陵神學院教授一年	初中英文	
教員	楊張鳳美	女	31	江蘇無錫	美國華汶女子學院文學士、美國密歇根大學碩士	贛省建廳專員、私立葆靈女中英文教員、救濟總署江西分署英文秘書	高初中英文	本校
教員	劉夢蓮	女	25	河南鞏縣	燕京大學英語系畢業		高初中英文	本校

教員	呂文鏡	女	23	江蘇吳縣	金陵女子文理學院畢業		初中英文	本校
教員	陳綝	男	26	江蘇儀徵	私立金陵大學肄業	曾任圖書館編輯報社記者中學英語教員後方軍部服務	高中英文	本京黃鸝巷七號
教員	史守恂	女	26	廣東番禺	國立中大藝術系繪畫組畢業	曾任中大附中文德女中音樂英文鋼琴專任教員	高中圖畫鋼琴	遊府西街文德里三號
教員	黃麗金	女	48	廣東花縣	金陵女子文理學院肄業	曾任中華女中安徽大師英文數學音樂教員	初中英文	本校
教員	曹騂公	男	54	安徽歙縣	清華大學肄業滬江大學畢業	歷任蘇皖粵贛各中等學校教職員	高初中地理歷史	本校
教員	汪濤	男	34	北平	北平中國大學畢業	歷任各中學教員	高初中地理歷史	本校
教員	袁佑慶	女	25	河北徐水	國立西北師範學院國文系畢業	曾任甘肅蘭州省立女中暨西北師院附中教員	初中歷史公民生理	水西門東[illegible]巷十二號
教員	譚先正	男	29	陝西白河	中央幹校及中央訓練團中國童子軍教導人員訓練班畢業	曾任川東中學藍田中學白河中學教員	初中童軍	本校
教員	鄔鶴林	女	28	浙江奉化	上海中國女体專畢業	曾任上海美華小學協進中小學宿縣女中金陵女大附中体育教員	初中體育	本校
教員	陳孝祚	男	30	浙江鄞縣	上海美術專科學校西洋畫系畢業	曾任中大藝術系講師	初中圖畫	本校
教員	張麗錦	女	26	安徽合肥	金陵女子文理學院畢業	曾任成都華美女中家事教員訓育主任及托兒所主任三年半	高中家事	本校
教員	張玉芳	女	23	吉林榆樹	北平私立貝滿女中高中部畢業	曾任南京匯文女中及附屬小學教員	初中勞作	本校

教員	黃信德	女	39	浙江鄞縣	中華神學院及聖約翰大學畢業	曾任教會學校教員及各教堂傳道九年半	高初中宗教	本校
教員	沈宏璧	女	23	安徽巢縣	國立臨大畢業	曾任國立師範明德女中文藻女中音樂教員二年	高初中音樂鋼琴	本校
教員	陳慶蘭	女	27	廣東汕頭	金陵神學院道學士國立上海音專肄業	曾任上海華英女中及聖德中小學教員	鋼琴	本校
教員	胡郭志超	女	46	上海	美國亞勒林大學音樂院畢業	金陵女子文理學院暨濟南大學音樂系主任	鋼琴	林森路[illegible]號
教員	余志瑩	女	27	浙江鄞縣	上海清心女中及國立音樂專科學校畢業	曾任上海南洋模範南屏清心女中及聖瑪利亞女校音樂教員	鋼琴	孝陵衛[illegible]
教員	何美结	女	28	廣東順德	國立上海音專畢業	曾任各中學音樂教員三年	鋼琴	金陵神學院
教務員	孫玉文	男	29	河北樂亭	北平師範大學畢業	曾任中學教員		本京淮海路[illegible]五號
教務員	汪徐偉英	女	30	湖南平江	私立含光女中高中畢業新運婦女指委會高幹班畢業	三十三年月國訓組組員兼女生隊長戰時兒童保育會教導主任及調查統計股股員		本校
圖書理化室管理員	呂淑貞	女	21	南京	南京市私立明德女子中學高中部畢業			南京南台巷[illegible]號
訓育員	應楚城	女	36	南京	本校高中畢業杭州廣濟產科學校畢業	曾任淮西女中初中數學教員二年廣濟醫院服務一年滙文女中訓育員半年		南京滙文里二一號
訓育員	黄娘欽	女	37	福建閩侯	上海中國女體師畢業	曾任安徽各中學教員數年		本校
事務員	胡棣殊	女	32	廣東順德	河北省立女子師範學院畢業	曾任國立藝專事務員		本校
教務員	邰宏節	男	48	安徽績溪	大夏大學畢業	歷任大中學校教職員二十餘年		本校

事務員	傅士武	男	27	北平	北平私立勵志中學高中二肄業			本京西華門四條巷十八號
事務員	李慈英	女	27	南京	南京市私立明德女子中學初中部畢業			平富路三三四號
事務員	周志英	女	47	江蘇無錫	道學院畢業	傳道十五年幼稚園助教二年		本校
書記及會計助理員	桑守真	女	21	江蘇吳縣	本校高中部畢業			中華路二八九號
護士	林惠勤	女	24	浙江鄞縣	南開高中三肄業國立中央高級護士學校畢業	國立上海醫學院附屬醫院助理護士長一年上海中山醫院助理護士長半年		
校長室書記	孫徵和	女	48	江蘇武進	前江蘇省立二女師暨上海基督教女青年會体育師範畢業	歷任中學大學体育教員及中學國文訓育等教職員二十三年		本校
試教生	教生七人	女			金陵女子文理學院体育系肄業		高初中体育	
小學部主任	何英娟	女	45	浙江諸暨	浙江省立女師畢業浙江省立醫科大學肄業			本校
教務員兼教員	周慈航	男	31	浙江紹興	天津私立震中高中畢業	天津私立培育小學校校長河南省開封河南中學國文教員河南省項城縣立中學國文教員	國語地理美術	
教員	白嵐	女	31	江蘇鎮江	私立蘇州美專畢業	曾任安徽淮西女中鎮江縣立小學鎮江女中等教員	六年級級任	本校
教員	戴樹梅	女	27	鎮江	省立鎮江師範畢業	曾任鎮江高橋北小學教導主任	專任	本校
教員	邵秀荷	女	27	浙江金華	浙江省立杭州師範畢業浙江省小教師登記合格	金華私立成美女中附小教務主任三年金華師範附小教師三年浙江省立衢州師範附小教師一年半	專任	本京林森路青石街三十三號

教员	吴蓉	女	31	江苏淮阴	江苏省立淮阴师范高中科毕业	淮阴县立康阜楼大央庄等小学中低级级任	专任	淮阴城内南巷二十号
教员	卢秀华	女	32	镇江	省立镇江师范毕业	历任各地小学教员	专任	镇江万古一人三十七号
教员	孙坤元	女	23	江苏武进	国立师范学院附师毕业	曾任重庆磁器口第一制呢厂子弟学校教员一年半	专任	常州漕桥东街
教员	蒋永安	女	23	四川绵阳	华英女中毕业私立华西协会大学肄业	成都树基儿童学园暨华英女中音乐教员成都省立幼稚师范音乐教员	专任	本市二八部街沛恩堂
幼稚园主任	郑淑民	女	31	福建古田	福建私立福州高级协和幼稚师范毕业	历任闽滇琼各处幼稚园主任暨湖头石明道学院附设幼师教员川省广汉女中训导主任成都托儿院副院长兼教务主任	专任	本市中华路[illegible]二十七号
教员	刘宏振	女	24	江苏江阴	上海私立华东联合中学毕业	曾任江阴澄江中学江阴私立明德初级中学数学教员	专任	本校
教员	杨德增	女	26	南京	中央大学教育学系毕业	曾任南京培真小学六合光明女中教员	专任	本京黄鹂巷四十二号
助理	陈慕恩	女	21	安徽灵璧	本校初中肄业		专任	本校

南京市私立明德女子中學暨附屬小學、幼稚園一九四七年度第二學期概況報告書

（一九四八年七月）·節選

檔號：1009-1-1304

1.行政概況

a.全校教職員人數統計表

部別			中學部	小學部	幼稚園	統計	備註
教員	專任	男	11	1		12	
		女	21	8	3	32	
	兼任	男					
		女	3			3	
職員	專任	男	2			2	
		女	11		2	13	
	兼任	男					
		女					
總數			48	9	5	62	

b.全校學生人數統計表

部別	中學部		小學部			幼稚園			統計
組別	高中	初中	高级	中级	低级	大班	中班	小班	
女生	240	386	43	38	38	30	32	35	
男生			52	47	65				
共計	626·		283			97			1006

c.全校工友人數統計表

部別		中學部	小學部	幼稚園	統計	備註
性別	男	24	2		26	臨時散工不計在内
	女	2	1	1	4	
共計		26	3	1	30	

d 南京市私立明德女中暨附屬幼稚園免費生統計表

三十六年度　　第二學期

部別		免費人數				免費金額					
		全免	半免	免1/3	合計	學費	生活補助費	雜費	設備費	進修金	合計
中學部	初中	16	20	24	60	20,400,000	61,200,000				81,600,000
	高中	9	14	30	53	20,300,000	51,500,000				71,800,000
	合計	25	34	54	113	40,700,000	112,700,000				153,400,000
小學部		12	10	8	30	6,780,000	11,800,000				18,580,000
幼稚園		7			7	2,450,000	4,200,000	1,400,000	2,100,000	560,000	10,710,000
總計		43	45	62	150	49,930,000	128,700,000	1,400,000	2,100,000	560,000	182,690,000

6.南京市私立明德女子中學免費生清單

三十六學年度　　第二學期

年級	姓名	免費類別	免費金額	年級	姓名	免費類別	免費金額	年級	姓名	免費類別	免費金額
	朱崇菊	全免	2,400,000	初三	張華鑄	全免	2,400,000	高	許藝華	1/3免	900,000
	李拉鋕	〃	2400,000	上	彭字逑	〃	2,400,000	一	王秀芬	〃	900,000
	牛秋華	〃	2,400,000		黃開斌	〃	2,400,000		黃鉄民	〃	900,000
初	魏桂蓉	〃	2,400,000		黃愛珠	〃	2,400,000		邵平心	全免	2,800,000
	李美麟	〃	2,400,000		洪篇	〃	2,400,000		徐恩賜	〃	2,800,000
	房正蓉	半免	1,200,000		陳若璧	〃	2,400,000	高	黃濬	〃	2,800,000
	李鴻鷗	〃	1,200,000	初	龔維玲	半免	1,200,000		黃紀繁	半免	1,400,000
	張怡如	〃	1,200,000		張月梅	〃	1,200,000		謝傳貽	〃	1,400,000
一	周娟	〃	1,200,000		劉璧予	〃	1,200,000		李路得	〃	1,400,000
	王玉珍	〃	1,200,000		楊秀珍	〃	1,200,000		王子真	〃	1,400,000
	王彬若	〃	1200,000		項瑞芬	〃	1,200,000		梁仲雅	〃	1,400,000
	黃玉冰	1/3免	800,000		張崇竣	〃	1,200,000		王洽珍	1/3免	900,000
	顧英	〃	800,000		鄒傳皎	〃	1,200,000	二	顧貞	〃	900,000
	李聰嵐	〃	800,000		朱桂生	〃	1,200,000		王祿芳	〃	900,000
	范翠華	〃	800,000		劉才璋	〃	1,200,000		劉克萍	〃	900,000
初二上	張任穎	半免	1,200,000	三	池慶申	1/3免	800,000		黃敬宜	〃	900,000
	鮑佩恩	全免	2,400,000		周泰徐	〃	800,000		王文珍	〃	900,000
	龔華芬	〃	2,400,000		劉美音	〃	800,000		馬北璞	全免	2800,000
	陳士楣	〃	2,400,000		王劍虬	〃	800,000		曹琬	〃	2,800,000
	崔崇珍	半免	1,200,000		羅淑勤	〃	800,000	高	余秀珍	半免	1,400,000
初	林如	〃	1,200,000		江尔和	〃	800,000		王藝	〃	1,400,000
	張玉蘭	〃	1,200,000		蔣慶華	〃	800,000		董國鳳	〃	1,400,000
	龍素文	〃	1,200,000		蕭京月	〃	800,000		朱雲鳳	〃	1,400,000
	王芸芝	1/3免	800,000		邵文哲	全免	2,800,000		李慧君	〃	1,400,000
	胡光潔	〃	800,000		陳俊懿	〃	2,800,000		張佳玲	〃	1,400,000
	楊若莉	〃	800,000		洪蓍	〃	2,800,000		李美生	1/3免	900,000
	楊佳星	〃	800,000	高	楊文秀	〃	2,800,000		鄧靜娟	〃	900,000
	薛詠玉	〃	800,000		鄒傳潔	半免	1,400,000		劉明娟		900,000 900,000
二	王英若	〃	800,000		黃紀莊	〃	1,400,000	三	吳立德		900,000
	管萷修	〃	800,000		包天真	〃	1,400,000		吳金蓉		900,000
	蕭念慈	〃	800,000		楊文琦	1/3免	900,000		黃錫安		900,000
	王筱玉	〃	800,000	一	徐如	〃	900,000		周濟時		900,000
	李家琳	〃	800,000		許敏	〃	900,000		卓素培		900,000 900,000
	凌永康	〃	800,000		凌永齡	〃	900,000		梁袁琴		900,000 900,000
初	黃其瑩	1/3免	800,000		謝傳純	〃	900,000		李遠芬		900,000
三	王鏡遠	全免	2,400,000		黃蘭	〃	900,000		陳煒彤		900,000
上	哈承懷	〃	2,400,000		嵇秋明	〃	900,000	合計	免費113名		153,400,000

（高中部）　南京市私立明德女中教育局助學金名單　36學年第2學期

年級	姓名	助學金額	備註	年級	姓名	助學金額	備註
高三	蔡寯華	750,000		高三	陳瑞明	500,000	
	劉多音	500,000			朱美琴	500,000	
	馬北璦	1,500,000			卓素培	500,000	
	王蘩	1,500,000		高二	謝傳銘	1,500,000	
	李遼芬	1,500,000			楊儀芳	1,500,000	
	謝孟嫒	1,500,000			梁仲雅	1,500,000	
	董曉珊	750,000			李馥馨	1,500,000	
	王立德	750,000			蔣鳳英	750,000	
	曹琬	750,000			王祿芳	750,000	
	張佳玲	750,000			戴大明	500,000	
	劉智芳	750,000		高一	黄蘭	1,500,000	
	李美生	500,000			蔣佑潤	1,500,000	
	吳紹英	500,000			黄鉄民	1,500,000	
	何霞素	500,000			郜文哲	750,000	
	董國鳳	500,000			包天真	750,000	
	余秀珍	500,000			錢慧禧	750,000	
	王金蓉	500,000			徐如	500,000	
	卓允培	500,000			凌永齡	500,000	
	黄錫安	500,000			金燊楠	500,000	
	郭荷珍	500,000			謝傳純	500,000	
	衛國明	500,000			王秀芬	500,000	
（初中部）							
初三下	劉才璋	1,500,000		初三上	陳宝鳳	750,000	
	程素琴	750,000			詹葉瑞	500,000	
	胡美琳	750,000			張棠聆	500,000	
	周秦徐	750,000			沈士洪	375,000	
	黄開斌	750,000		初二下	林如	1,500,000	
	陳瑛	750,000			李桂蘭	1,500,000	
	龔麗文	750,000			高慶華	1,500,000	
	張曉蘭	750,000			陳士慕	750,000	
	徐淑玉	500,000			周秦極	750,000	
	劉美音	500,000			龍素文	750,000	
	張月梅	500,000			璩年	500,000	
	張棠綬	500,000			周永珠	500,000	
初三上	蘇棠華	1,500,000			張伯玲	500,000	
	楊月霞	1,125,000			陳士恂	500,000	

年级	姓名	救濟金		年级	姓名	救濟金	
初二下	陶嘉琪	500,000		初一	魏桂蓉	750,000	
	張秀珍	500,000			韓愛秀	750,000	
	王筱玉	500,000			張怡如	1,500,000	
初二上	邢宝定	750,000			王玉珍	1,500,000	
	楊一鳳	750,000			戴惠珠	500,000	
	張任領	750,000		初三上	劉景蓮	500,000	
	張華胤	750,000					
	徐恩楣	500,000		合計	84名	67,500,000	

南京市私立明德女中美國援華會救濟金名單

36年度第2學期

年级	姓名	救濟金	年级	姓名	救濟金	年级	姓名	救濟金	年级	姓名	救濟金
高三	曾琬	750,000	高二	李馥馨	750,000	初三下	俞幼英	750,000	初二上	龍秉文	750,000
	吳蘩	750,000		李路得	750,000		龔麗文	750,000		張華胤	750,000
	馬北瑗	750,000	高一	葛益淳	750,000	初三上	劉景蓮	750,000		伍惠鸞	750,000
	顧桂芳	750,000		許敏	750,000		黃景星	750,000		徐恩楣	750,000
	郭荷珍	750,000		凌永齡	750,000		仇玉琴	750,000		陶嘉琪	750,000
	劉智芳	750,000		李汝敏	750,000		顧瓊玫	750,000		楊一鳳	750,000
	朱雲鳳	750,000		邰文哲	750,000		武立君	750,000		周涓	750,000
高二	徐恩賜	750,000		張艷霞	750,000		孫文霞	750,000		蕭林珍	750,000
	邰平心	750,000		周秦徐	750,000		楊若莉	750,000		魏桂蓉	750,000
	黃紀蘩	750,000	初三下	楊秀珍	750,000	初二下	薛詠玉	750,000		姚家鳳	750,000
	謝傳銘	750,000		張曉蘭	750,000		許以瑋	750,000		談瑞先	750,000
	梁仲雅	750,000		王蘊清	750,000		詹前修	750,000		陳偉民	750,000
	李順和	750,000		王玉珍	750,000		張怡如	750,000	合計	51名	38,250,000

南京市私立明德女中優秀學生得奬名單

36年度第2學期

年级	姓名	得奬項目	名次	奬金數額	備註
初一	萬元鸞	全校智育	1	G.Y. 10.00	
初一	萬元鸞	初中德·智·體育	1	G.Y. 10.00	
高二	黃紀蘩	高中德·智·體育	1	G.Y. 10.00	
高二	章淑卿	高中智育	1	G.Y. 10.00	
合計	4名			G.Y. 40.00	

8. 南京市私立明德女中附屬小學及幼稚園免費生清單 36年第2學期

年級	姓名	免費類別	免費金額	年級	姓名	免費類別	免費金額	年級	姓名	免費類別	免費金額
幼稚園	鮑慶云	全免	1,530,000	三年級	劉小棠	全免	950,000	六年級	李智麟	全免	950,000
	陳俊杰	〃	1,530,000		崔忠良	半免	470,000		汪淑珍	〃	950,000
	陳思來	〃	1,530,000		蔣光川	〃	470,000		方正	半免	470,000
	楊大仁	〃	1,530,000		張守林	1/3免	310,000		鄔傳明	〃	470,000
	楊大勇	〃	1,530,000	四年級	徐文中	全免	950,000		崔耀珍	〃	470,000
	汪佩佩	〃	1,530,000		蔣光華	半免	470,000		蔣光麟	〃	470,000
	徐盛汪	〃	1,530,000		余成義	半免	470,000		胡麒	1/3免	310,000
一年級	汪元元	〃	950,000		林克光	1/3免	310,000		張叔鏵	〃	310,000
	楊大智	〃	950,000		胡遠	〃	310,000		謝廸孫	〃	310,000
	陳恩中	〃	950,000	五年級	鄔傳輝	半免	470,000				
二年級	雷明明	〃	950,000		李鴻泉	〃	470,000				
	孫定初	〃	950,000		武月琴	全免	950,000				
	張季蘭	1/3免	310,000		凌永麗	1/3免	310,000	合計	幼稚園全免7名		10,710,000
三年級	鄔鶴清	全免	950,000	六年級	史軼人	全免	950,000		小學部免費30名		18,580,000

9. 南京市私立明德女中安徽旅京救鄉會捐助皖籍學生救濟金名單 36年度第2學期

年級	姓名	金額	年級	姓名	金額	年級	姓名	金額
	曹琥	240,000		鄔文超	240,000		陳蕊芳	240,000
	吳銘英	240,000		程淑安	240,000		陳士蓁	240,000
	黃錫安	240,000		凌永齡	240,000		楊若莉	240,000
	馬兆華	240,000		宋振麗	240,000		汪琳	240,000
	呂俊馥	240,000		郭華平	240,000		張瑞靈	240,000
	崔瑞蓮	240,000		潘芝華	240,000		房正容	240,000
	張蘭芝	240,000		汪光慧	240,000		詹葉瑞	240,000
	朱木蘭	240,000		鄔友馨	240,000		查振青	240,000
	陸毅民	240,000		楊若芬	240,000		謝緯典	240,000
	祁光琳	240,000		王薇安	240,000			
	黃敬宜	240,000		潘瑜生	240,000			
	張文怡	240,000		鄧珏	240,000			
	甯光儀	240,000		湯絢	240,000			
	馬慶蘭	240,000		吳銘琳	240,000			
	王巧雲	240,000		陳士恂	240,000			
	裴匡麗	240,000		洪琬瑛	240,000			
	周家齡	240,000		凌永康	240,000			
	楊文錡	240,000		高慶華	240,000			
	金駿楠	240,000		馬琴如	240,000	合計	47名	11,280,000

九、本學期各週大事記要

月	日	週次	事項
3	1—7	1	1.開學典礼 2.小學部部務會議 3.級任會議 4.各級開始級會 5.童軍團參加「三五」童軍節紀念大會 6.第一次訓育會議 7.第一次膳食會議 8.學生自治會全体大會
	8—14	2	1.參加「三八」婦女節紀念大會 2.膳食委員會各股新職員接手辦事 3.全体師生分组赴結核病防治院照螢光片驗肺 4.幼稚園劉生患急性腦膜炎，停課一週 5.第一次教務會議 6.發教職員進修金
	15—21	3	1.附小全体師生赴結核病防治院照螢光片驗肺 2.第二次膳食會議 3.小學部教導會議 4.上學期成績不及格者補考
	22—28	4	1.第一次教職員退修會 2.高二三學生辯論會 3.教職員聯誼會
4	29—4	5	1.高三學生赴玄武湖舉行同樂会 2.領四月份專案米 3.春季遠足籌備會 4.放映兒童電影 5.發教職員五月份薪金
	5—11	6	1.小學部李鴻全參加南京市兒童節國民學校演說競賽得冠軍 2.捐助大常孤兒院63,6800元 3.第一次期中測驗 4.放春假一天半
	12—18	7	1.領到秋潭助學金高中三名，初中五名 2.領到南京市清寒學生助學金6750萬元分配清寒學生四十五名每名一百五十萬元 3.購買石鼓路倣家橋塘地以二億八千萬元成交 4.第二次教職員退修會 5.小組董事談話會 6.校長赴滬參加中華基督教會、中華教育委員會 7.音樂教學研究會 8.本校師生捐募救助金750萬元 9.幼稚生又患急性腦膜炎停課三天消毒 10.初二學生林振基被選為全運會女子田徑組南京代表
	19—25	8	1.舉行蔣主席被選為總統慶祝典礼 2.第一次緊急集合訓練 3.舉行第二十一屆董事會 4.發第一次期中測驗成績單
5	26—2	9	1.國語教學研究會 2.升學指導委員會會議 3.分發各級用球 4.領五月份專案米 4.小學部學生注射霍乱傷寒預防針 5.附小學生十餘人赴中央廣播電台廣播音樂節目 6.第三次教職員退修會 7.高三學生升學指導演講 8.健康教育委員會會議 9.改用夏令時間
	3—9	10	1.校長赴滬出席全國運動會開幕典礼 2.露營童軍炊事比賽 3.級际藍、壘球比賽
	10—16	11	1.高初中國語演講競賽 2.第三次膳食委員會會議 3.高三學生舉行升學測驗 4.第二次訓育會議 5.第四次教職員退修會 6.接洽建築下水道 7.津市教育參观團來校參观 8.春季運動會籌備會 9.第一次音樂会 10.第二次緊急集合練習 11.發六月份教職員薪金 12.幼稚園開懇親會 13.保送高三學生投考金大
	17—23	12	1.中小學第二次期中測驗 2.歌劇表演討論會 3.小學部部務會議 4.小學國語演講競賽 5.總統就職停課慶祝 6.領市教育局補助費中學6622萬元小學800萬元 7.領取美援物資 8.高二學生參观衛生署
	24—30	13	1.勸募中小學教員補助費 2.領五月份專案米 3.第四次膳委会議 4.高一學生參观衛生署營養標準 5.市教育局卑督察來校視察 6.第三次緊急集合練習
6	31—6	14	1.第二次教務会議 2.高二學生參观硫酸錏廠 3.各级學生赴明故宫參观文物展覽會 4.致函保送高三學生投考金女大 5.發教職員補助費兩月 6.歌劇預演 7.保送金大學生參加投考 8.歌劇表演招待來賓

	7—13	15	1.由教育局領補助費四十二百萬元 2.高二學生黄紀藻初一學生黄慎儀、王家湘参加禁烟演講競賽結果黄紀藻第一名黄慎儀第六名 3.運動会預賽 4.歌劇演員赴美軍大厦重演一次 4.舊曆端午節下午放假半日
	14—20	16	1.第二次音樂会 2.第五次膳委会議 3.舉行第三屆全校運動會 4.學琴生考琴 5.五區兒童音樂會假本校大礼堂舉行預演 6.在圖書館開美勞展覽會 7.學生30人考信德 8.伙食部分發膳餘物資（藍士林布） 9.市五區小學假本校大礼堂開音樂會
	21—27	17	1.高初中三年级畢業考試 2.小學部部務会議 3.朱継昌牧師与Miss Wyli（Wylie）開始來校查賬 4.全体董事暨校長校友座談会 5.清寒學生領助學金申請書 6.招生委員會會議 7.高初中三年级畢業生由市衛生局派員各區分發七八九三月自來水券 8.畢業生成績審查會
7	28—4	18	1.高三畢業生談話會 2.開始學期考試 3.高初中畢業生代表参加聯合中學畢業典礼 4.發教職員七月份薪金 5.高三畢業生舉行師生聯欢会 6.高初中小學及幼稚園畢業訓詞会 7.畢業生攝影 8.教職員攝影互聚餐 9.畢業生同樂會 10.送别會 11.致送中學部教職員草約
	5—11	19	1.小學部休業式發成績報告單 2.致送小學部及幼稚園教職員草約 3.召開行政會議 4.第三次教務會議 5.清寒學生免費申請書審查會 6.開始新生報名 7.中學部第一次新生入學試驗
	12—18	20	1.開招生委員會討論録取新生名額 2.録取新生揭曉 3.暑期伙食会議 4.為建築下水道向工務局接洽
	19—25	21	1.油漆宿舍大樓 2.排定教職員寢室
8	26—1	22	1.聘定下學期宗教教員暨初中博物數學教員 2.朱牧師及衛女士继續來校查賬

i. 本學期週會一覽表

月	日	事項	講題	備註
3	1	開學典禮		
	8	“三八”婦女節放假一天		
	15	本校高中國文教員徐仲濤先生演講	請弗等待	
	22	改行礼拜王鎮牧師講道	要保守心	
	29	革命先烈紀念日放假一天		
4	5	金陵女大教授劉恩蘭博士演講	美國學生生活及婦人生活情形	
	12	金陵女大音樂系教授馮太太演奏鋼琴		
	19	陶希聖先生演講	國際問題	
	26	本校史地教員汪濤先生演講	通俗讀物在歷史上之價值	
5	3	金陵大学文理学院院長倪青源先生演講	道德新標準	
	10	高初中國語演講競賽		
	17	舉行第二次期中測驗		
	24	本校高中數理教員汪畫城先生演講	科學方法与人生関係	
	31	中央大學体育系教授高梓女士演講	本屆全運会之經过	
6	7	基督教会總幹事鄧裕三先生演講	遊美雜感	
	14	舉行第二次音樂會		
	21	高級中三年級開始畢業考試		
	28	開始學期考試		
7	5	休業式發成績報告單並給奬		

2. 教務概況

a. 教學實施——本學期高初中教學實施概況與上學期相同，所有課程及時數之支配，亦無變更，秋季始業各級，均按智力分為甲乙兩組，唯初一初二英文一科，則分甲乙丙三組，至春季始業初二上初三上兩級以人數不多，不另分組，茲將本學期學級數及學生數表列於左：

本校三十六年度第二學期高初中學級數及學生數

項目		秋組 級別	秋組 人數	春組 級別	春組 人數
高中部	高三下	甲	三七	無	
		乙	四三		
	高二下	甲	三四	無	
		乙	三八		
	高一下	甲	四三	無	
		乙	四五		
初中部	初三下	甲	四七	初三上 不分組	三八
		乙	四二		
	初二下	甲	五二	初二上 不分組	五六
		乙	四九		
	初一下	甲	四四	無	
		乙	五八		
備註	秋組高中二四〇人 初中二九二人 春組初中九四人 總計六二六人				

b. 教科用書及參考用書——本學期課程與各科用書及參考用書，均與上學期相同。

c. 圖書室書籍——本學期圖書略有增加，茲將現有圖書分列於左：

本學期圖書室書籍統計略表

1. 中文書籍共計 2183冊 另雜誌13種 報章3份
2. 英文書籍共計 1048冊 (內有Mrs. S. N. Nichols贈書105冊
3. 日文書籍共計 636冊

詳細目錄詳載本室細目內

d. 實驗室設備——本學期對於實驗室及儀器藥品之設備，亟欲儘量增加，尤以物理與生物合用一室，諸多不便，故即設計增設生物實驗室，使物理、化學、生物各室分別為用，以便教學。茲將各室設備分列如左表：

本學期實驗室分配表

室別	設備	儀器	藥品
化學實驗室	洋鐵面實驗桌子十六張，每桌裝有自來水管、電器開關、玻璃櫥等	舊有化學儀器二十二種，新添化學儀器十八種	化學藥品舊有七十種，新添二種
物理實驗室	實驗用桌子、櫈子、玻璃櫥，內設暗室	物理儀器九十二種	
生物實驗室	設有日光燈、玻璃櫥、漏斗、實驗用桌子、櫈子	顯微鏡十八架，生物實驗儀器十一種，細胞片八盒，標本三十六種	藥品二十種
備註	生物實驗室及室內一切設備可在本年暑期中完成。		

e. 各科教學研究會——各科教學研究會，大致與上學期相同。

f. 學藝競賽——學藝競賽，設有左列數種，並將成績附列如下：

項別	日期	題目	第一名 高中	第一名 初中	第二名 高中	第二名 初中	第三名 高中	第三名 初中
辯論會	三月二十四日							
國語演講比賽	五月十日		王鵬仁（高一甲）	黃慎宜（初一甲）	賴玉清（高二甲）	葉德明（初二乙）	無	張茵（初一乙）

g.學生參加校外演講比賽成績如左表

主辦機關	地點	時間	題目	參加學生名次	獎品
南京市教育局	茶樓	六月八日	禁煙國語演講競賽	高三甲黃紀蘩 第一名	內政部錦旗一面 毛巾二条
				初一甲黃慎儀 第六名	顏色一盒 礶頭一聽

h.學生作文應徵獲選——上海勤奮書局為出版高初中作文精華一書，徵求全國中學生作品，本校應徵學生有高三甲曹琬、劉德順、初三甲包琬芬、初二甲麥寶琪每生獲選一篇，登載該書，並各贈書一冊，以資紀念。

i.學生遠足及參觀記載表

項別	日期	參加學生	地點	備註
春季遠足	四月五日	各級學生自由參加	采石磯 燕子磯 玄武湖	
參觀永利工業公司錏廠	六月一日	高二甲乙丙組	浦口	馮傳峻先生率領前往
國立北平博物院 中央博物院籌備處合辦博物展覽會	六月一日	全校各級學生	明故宮	級任導師率領
參觀中央衛署	五月廿三日 六月十三日	高二甲乙 高一甲乙	黃浦路	張麗錦先生率領為家事教員參觀營養標本

j. 林振基參加全運會——初三甲學生林振基被選為本市田徑賽運動員，參加全國第七屆運動大會，本校給予獎金壹佰萬元以資鼓勵，結果該生跳高為第五名，跳遠為第四名，共得五分，領得全運會獎狀二張。

k. 成績考查——與上學期同。

l. 美勞展覽——六月十七日舉行美勞展覽會，地點在圖書館。

m. 考試——本學期除招生考試舉行二次外，有中途測驗二次，學期考試一次，畢業考試一次。

n. 各級優秀學生——本學期優秀學生如下表：

36年度(下)高初中智育及三育優秀學生名單

級別	姓名	智育成績	名次	姓名	三育成績	名次
高三甲	吳絨英	91.54		林雲英	88.80	
高三乙	李慧君	87.91		李慧君	85.97	
高二甲	章淑卿	87.71	5	黃紀繁	86.85	1
高二乙	黃敬宜	86.252	6	張賢才	82.228	7
高一甲	嵇秋明	84.586	9	張作權	83.6	5
高一乙	蔣洪續	88.604	4	孔憲徽	81.744	8
初三甲	彭蔚雲	90.88		彭蔚雲	89.29	
初三乙	朱桂生	84.25		項瑞芬	81.80	
初二下	莫嘉鄉	86.00	7	楊一鳳	81.55	9
初二甲	林如	88.79	3	林如	85.26	4
初二乙	湯珣	85.952	8	龔華芬	83.51	6
初一甲	萬元鸞	92.23	1	萬元鸞	85.41	3
初一乙	王人模	90.027	2	王人模	85.666	2
備註	全校三育第一名高二甲黃紀繁。 全校智育第一名初一甲萬元鸞。 高中三育第一名高二甲黃紀繁，智育第一名章淑卿。 初中三育第一名王人模，智育第一名萬元鸞。(畢業班不列名次)					

O、畢業生概況

高中部

(一)本屆高中畢業生保送投考金陵大學者計劉東梅、沈增華、林雲英、顧桂芳、吳紹英、錢文采、劉德順、李美生、劉多音、余秀珍、李慧君、呂俊馥等十二名，計錄取者九名。

(二)本屆高中畢業生保送投考金陵女子文理學院者計劉東梅、李美生、林雲英、吳紹瑛、陳湘雯、劉德順、錢文采、邵寧寧、顧桂芳、李慧君、朱美琴、呂俊馥、劉恩華等十三名。

(三)本屆高中畢業生留學美國者計有林雲英、余穗文、錢文采、謝孟媛四名。

(四)本屆高中畢業生除升入本京中央大學、金陵大學、金陵女子文理學院者外，考取各地大學者甚多，惟確數尚待調查統計。

初中部

(一)本校初中畢業生直升高中辦法：

1、凡本校初中畢業生直升高中免予入學試驗者，依左列規定辦理：

甲、身體健全者

乙、操行成績在中等以上者

丙、學業成績總平均在七十分以上，而國文、英語、數學等主要科目均在六十五分以上者

丁、體育成績及格者

戊、平常努力學業缺課甚少者

己、平常服務勤勞、並能恪守校規者

二、凡合上項規定由教務處通知得免入學試驗直升本校高中一年級上學期肄業，但須依照規定時間來校辦理入學手續，否則取消其直升資格。

3、其他入學手續概依規定辦理。

附本屆直升高中學生名單

彭蔚雲	劉田	洪篇	龔維玲	劉璧予
黄開斌	羅淑勤	崔浣華	張天美	盧瑋琮
李本芳	江玉君	陳啟慧	陳愛美	徐晶瑩
侯寄雄	周泰徐	劉異音	崔雪華	張才憲
徐淑玉	潘恩黎	張月梅	王後安	王劍虬
尉遲培德	項瑞芬	朱桂生	武明珠	蔣慶華
池慶申	張崇綬	王藕清	施益安	陳明俊
王馥廷	李玉珍	鄒傳皎	陳詠	宋盛榮
姜漢儷	江爾和等四十二名			

(二)本屆初中畢業生除升入本校高中及京内外各地高中外更有考取各地高級護士學校及職業學校等校者。

(一) 本學期寄宿生人數統計表

項別	高三甲	高三乙	高二甲	高二乙	高一甲	初六乙	初三甲	初三乙	初二甲	初二乙	初二下	初一甲	初一乙	統計
人數	一七人	一九人	一八人	二四人	二五人	二〇人	一四人	一七人	一二人	六人	一一人	一六人	六人	二〇五人

(二) 本學期寄宿生各室人數統計表

室別	第一寢室	第二寢室	第三寢室	第四寢室	第五寢室	第六寢室	第七寢室	第八寢室	第九寢室	第十寢室	第十一寢室	統計
人數	五〇人	一五人	四二人	一〇人	九人	一〇人	一〇人	一六人	一六人	一〇人	一七人	二〇五人
備註	初一甲乙初二甲乙高一、二、三、	高三甲	初三甲乙初二下	高一甲乙	高三乙	高三乙	高一高二	高二甲乙	高二乙	高一甲乙	高一甲乙	

4、事務處概況

茲將本學期本處辦理事務概况報告如下：

a、關于修建方面——本學期除修理籃球場、排球場、網球場及鞦韆架盪船等外，在暑假期間建築全校下水道修理油漆中學部課室大樓宿舍大樓及幼稚園小學部全部房屋之門窗地板。

b、關于校具之添置——

1、本學期增設生物實驗室一間室內添置玻璃櫥三架配裝日光燈兩只以供學生實驗之用。

2、化學實驗室添置玻璃櫥二架及添配儀器用品多種。

3、家政室内建造櫥灶一具以供學生實習烹飪之用。

4、體育方面添購運動用具

c、關于工友工作之支配——本校共有工友三十人分配中學部十八人小學部三人幼稚園一人伙食部八人各部工友工作之勤惰本處均有巡查之紀錄及功過之賞罰。

d、關于學生伙食之處理——本處會同學生組織伙食委員會推選主席、保管、採辦、監廚、會計等職員各部由學生負責辦理教職員負責協助指導之責。

部別	類別	品名	數量	總價	用途	所在地	增修時間
中學部購置	農具	竹籬笆	1個	6,100,000	曬衣被用	院子裡	36年第2學期
		鋤頭	2把	240,000	墾植校園	儲藏室	〃
		鐮刀	〃	200,000	〃	〃	〃
		鏟子	〃	120,000	〃	〃	〃
		鋸條子	1根	520,000	〃	〃	〃
		釜子	1把	465,000	〃	〃	〃
		木糞桶	2只	420,000	〃	〃	〃
		糞勺	1只	130,000	〃	〃	〃
		桑樹扁擔	1根	310,000	〃	〃	〃
		竹扁擔	〃	30,000	〃	〃	〃
		大木盆	1只	550,000	工人洗澡用	〃	〃
		蔴袋	40只	9,200,000	運專業來用	〃	〃
		合計		18,285,000			
	點綴校園	月季花	17株	1,360,000	點綴校園	學校園	〃
		芍藥	12株	960,000	〃	〃	〃
		牡丹	2株	160,000	〃	〃	〃
		梅貴	4株	320,000	〃	〃	〃
		刺梅	20株	1,600,000	〃	〃	〃

部别	類别	品名	數量	總價	用途	所在地	增修時間
中學部購置	點綴校園	紫玉蘭	2棵	400,000	點綴校園	學校園	36年第2學期
		蒼蘭	70棵	300,000	〃	〃	〃
		大礼花	2棵	140,000	〃	〃	〃
		合計		5,240,000			
	衛生用品	西藥	9種	3,560,000	醫葯用	醫務處	〃
		牙抒	5盒	150,000	〃	〃	〃
		華陀膏	15盒	1,500,000	〃	〃	〃
		松節油	1磅	250,000	〃	〃	〃
		傷寒霍乱混合苗	60瓶 1盒	3,141,000 950,000	〃	〃	〃
		合計		9,551,000			
	實驗用品	碘化鉀	半磅	1,625,000	化驗用	實驗室	〃
		溴化鉀	半磅	250,000	〃	〃	〃
		蟻酸	1磅	550,000	〃	〃	〃
		酒精灯	5只	360,000	〃	〃	〃
		研砵	5瓶	900,000	〃	〃	〃
		螺絲拑	1把	350,000	〃	〃	〃
		玻璃螺絲批	2支	144,000	〃	〃	〃
		磁坩堝	5個	3,000,000	〃	〃	〃
		濾紙	2盒	560,000	〃	〃	〃
		試紙	6支	240,000	〃	〃	〃
		鉄水槽	12只	200,000	〃	〃	〃
		電燈插頭	2只	60,000	〃	〃	〃
		玻璃多絲批	1把	60,000	〃	〃	〃
		合計		8,299,000			
	童軍用具	菜籮	4只	524,000	露营野餐用	童軍室	〃
		鉄鍋	〃	520,000	露营野餐用	童軍室	〃
		鋼精鍋	〃	1,400,000	〃	〃	〃
		鉄鏟	4把	260,000	露營用	〃	〃
		小隊旗	15面	1,200,000	〃	〃	〃
		鉄管	1只	80,000	〃	〃	〃
		熟鉄鍋	2套	340,000	野餐用	〃	〃
		救護繩	30根	1,200,000	露營用	〃	〃
		營帳立棒	2根	170,000	〃	〃	〃
		童軍露營照片	1套	360,000	留校紀念	校長室	〃
		合計		6,054,000			
	書籍	宗教書籍	5種	7,570,000	參考書	圖書館	〃
		英文雜誌		1,549,000	〃	〃	
		代數(上)	1本	58,000	教科書	教務處	〃

部别	類别	品名	數量	總價	用途	所在地	增修時間
中學部購置	書籍	代數(下)	1本	29,000	教科書	教務處	36年第2學期
		化學(下)	1本	64,000	〃	〃	〃
		高中作文精華	3本	400,000	閱讀用	圖書館	〃
		初中作文精華	3本	400,000	〃	〃	〃
		合計		10.070.000			
	其他	白鉄招牌	4个	160,000	寫禁止招貼	校外圍牆上	〃
		鋼板	2块	2,700,000	寫講義	教務處	〃
		鏈子	1个	150,000	定書本	事務處	〃
		相框	4只	1.964.000	2只國父像2只錦標	大禮堂	〃
		1948畢業生照像片	6張	8,400.000	留校紀念	校長室	〃
		厚白鉄腰子壺	1把			洗臉房	〃
		名牌盒	1架	2,703,000		訓育處	〃
		葉子銅鎖	3把	1.150,000		儲藏室	〃
		404鉄鎖	2打	580,000		貨房	〃
		灰皮跳鞋	1雙	1,990,000	參加會運代表用	儲藏室	〃
		橡皮之嗘	1只	170,000			〃
		合計		20,763,000			
	修理	厚皮鉄腰壺	4把	200,000		廚房	〃
		螺絲鉄肖子		800.000	修門用	宿舍	〃
		水管		3.430,000		宿舍廚房	〃
		老虎窗	2堂	10,028,000		大課堂	〃
		大廚房		5,149,000	工料費	大廚房	〃
		校舍		9,496,800	〃	中學部	〃
		玻璃	7塊	894,000	〃	宿舍	〃
		圍牆補天花		4,424,750		校舍	〃
		水工碎修		8,828,220	修理費	〃	〃
		水電電燈		3.190,000	修理費	中學部	〃
		汽燈	7只	1,540,000		事務處	〃
		鋁桶	15把	350.000		宿舍	〃
		自來水蓋頭	1个	355,000		廚房	〃
		自由車		5,620,000		門房	〃
		水壺	1把	20,000		大樓後廊	〃
		腰子壺	8把	90,000		各宿舍	〃
		木盆	1只	280,000		工人宿舍	〃
		剪刀	2把	100,000		事務處會計室	〃
		膠木双連開関	4个	215,000		廚房	〃
		壘球	1个	30,000		体育室	〃
		鋼琴	7架	10,000,000		音樂室	〃
		推草機	2架	1.910,000		儲藏室	〃

中學部	修理	鋤頭	2把	240,000	修理費	儲藏室	36年第2學期
		門鎖	5把	370,000	〃	洗臉室竹籬笆	〃
		龍頭皮	2塊	20,000	〃	廚房	〃
		鉄門扣	6付	600,000	〃	教員宿舍	〃
		藤床面	1張	1,100,000	〃	〃	〃
		鑰匙門鎖	4把	260,000	〃	〃	〃
		門上零件	2件	100,000	〃	〃	〃
		門鎖上彈簧	3根	80,000	〃	〃	〃
		兩路磁接頭	6个	240,000	〃	廚房	〃
		鉄螺絲	4只	2,175,000	〃	〃	〃
		配鎖亭		65,000	〃	事務處	〃
		合計		72,000,770			
		總計		150,266,770			
小學部	購置	宗教教材	4種	2,200,000	參考用	小學辦公室	36年第2學期
		課鐘	1只	450,000	看時計	〃	〃
		木欄柵	1个	5,900,000		小學校门口	〃
		竹簾	2个	1,290,000		小學辦公室	〃
		小學升學指導	1本	240,000	參考用	〃	〃
		小學活用英語	1本	35,000	〃	〃	〃
		合計		10,115,000			
	修理	水管電燈	[illegible]	190,000	教員宿舍	小學部	〃
		玻璃	10块	1,510,140	教室及教員宿舍	〃	〃
		校舍	[illegible]	1,927,000	粉刷補天花等	〃	〃
		漏斗	1只	300,000	倒靜水	〃	〃
		白鉄鉛桶	6只	380,000	儲沸水	〃	〃
		圍牆		1,220,000	補窟窿	小學校門口	〃
		大門		1,460,000	油漆及工料	小學校校门	〃
		合計		6,987,140			
		總計		17,102,140			
幼稚園	購置	玩具	7種	1,049,000	計數和遊戲	幼稚園	〃
		磁杯	41只	420,000	喝沸水	〃	〃
		課桌	3張	3,339,000		〃	〃
		收球器		75,000	遊戲用	〃	〃
		A哨子	4只	140,000	〃	〃	〃
		合計		5,023,000			
	修理	鉛桶	4只	230,000	儲水用	〃	〃
		腰子腰	1把	150,000	〃	〃	〃
		合計		380,000			
		總計		5,403,000			

5. 體育概況

本學期體育概況分兩項略述于后：

a、體育課程——初中二年級係鄔鶴林先生所担任，其餘各級由金陵女子文理學院體專教生張一鵬劉平凡王湘貞舒央達四人分担每班每週上課二小時，有田徑運動、球類運動及體操舞蹈等活動。

b、體育活動

1、級際球類比賽——于五月上旬舉行高初中球類級際比賽初中賽排球高中賽壘球由高三學生担任評判興趣極為濃厚

2、運動會——六月十五日下午一時半起在本校大操場開第三屆全校運動會分競技運動及團體表演附表如左：

① 團體表演

部別	級別	表演名稱
中學部	高三甲	法國宮殿舞
	高三乙	丹麦舞
	高二甲	華尔滋舞
	高二乙	五月竿舞
	高一甲	紗巾舞
	高一乙	疊羅漢
	初三甲	從軍樂
	初三乙	上山舞 德國兒童舞
	初三上	採豆舞
	初二甲	墨索加舞
	初二乙	海盜舞
	初二上	體操
	初一甲	可爱的凱特舞
	初一乙	功力拳
小學部	一年級	城門舞
	二年級	兒童舞
	三年級	遊戲
	四年級	收割舞
	高級女生	團舞
	高級男生	形意拳
	三五四六年級	團體操
幼稚園	大班.中班	唱歌 遊戲

②

競技運動			
六十公尺	壘球擲遠	跳高	跳遠

③

運動會结果				
項目	組別	名次	單位	得分
團體總分	高中	1	高二甲	48分
		2	高一甲	18分
		3	高一乙	11分
	初中	1	初三甲	31分
		2	初三乙	11分
		3	初二乙	8分
		3	初二上	8分
	小學	1	高级女生	
		2	二年级	
		3	四年级	
個人總分	高中	1	許敏	10分
		2	陸毅民	8分
		3	張作權	5分
		3	黃濬	5分
	初中	1	林振基	10分
		2	高蓮芳	6分
		3	徐端	5分

6、童子軍概况

一、組織：

本學期初中八班計三八六人合編為十六個中隊、四十八個小隊、小學五六年級實施童軍訓練、男女分編為二個中隊十二個小隊

二、訓練

訓練時數每週為二小時、一般的訓練係按照中國童子軍三級訓練標準實施、此外、本團對於技能與紀律訓練另予加强、其他如緊急集合消防訓練等、均較以前、各學期進步。

三、活動

1、參加大露營：京市童軍聯合大露營於五月五日在五台山舉行、本校計有初三上初二下甲乙三班合為一二四人參加、於露營期間表現特別良好、頗得社會人士之好評。

2、創辦三能週刊：本學期為促進童軍智能訓練、特創辦三能週刊一種、計出刊五期。

3、舉行炊事實習：本學期曾於大禮堂後面空地建灶十二座、作為各班炊事實習用、計有中小學五班、合為十個中隊參加、成績極為良好。

四、設備

本學期除原有設備外、新增炊事用具四套、小隊旗十五面、所缺用具尚多須

設法逐項添置。

7、衛生實施概況

一、預防接種：

a、本學期自三月一日起為全校教職員學生工役共一千餘人按名次強廹實施牛痘接種，並予漢中堂義務小學生八十九人也受接種。

b、自四月十五日起至五月二十四日止在每天下午上副課時間到各教室按名冊次序強廹學生實施傷寒副傷寒霍亂混合液注射劑量按國際標準分三次注射。

二、體格檢查：

a 自三月十九日起至二十六日止，為全校師生員工及眷屬肺部攝片總檢查每星期一三上午指定二百人前往衛生部南京結核病防治院參加拍攝顯微鏡軟片及結核菌素試驗

攝片結果如下：共一二六人參加檢查其中二十三人係患有活動性初期肺結核。內有教師二人、工人二人、(均須半日休息)學生高中部五人(二人須休學療養，三人應停止一切運動) 初中部五人(二人須休學療養，三人應停止運動)小學部三人(一人須休學療養二人半日休息) 幼稚園四人均患初期肺門結核(應臥床休息待三月後復查)漢中堂義務小學九十四人全受免費檢查，其中四人已染有結核病均須臥床休息 待三月後復查。

b、每月按期測量學生體高、體重。

三、矯治缺點

a、沙眼——本學期參加矯治者有壹佰伍拾人，至指定時間內來本室矯治，完全治癒者達二十人。

b、扁桃體截除者三人經過良好。

四、一般疾病的流行及處理：

a、流行性感冒——普遍流行兩次。

b、流行性感冒炎——患者均係幼稚園學生，送往傳染病院注射盤尼西林經過情形良好。

c、流行性眼結核膜炎——五人用百分之一硝酸銀治療痊癒。

d、結核性淋巴腺眼炎——一人注射結核菌素治療中。

e、腸套疊——患者係幼稚園學生，經行手術後復健。

二、小學部概況

項別	概況
組織	校長之下設主任一人，秉承校長，綜理一切校務及教導事宜，級任六人，分別主持各級教學訓導事宜
職教員	主任一人、級任六人、專任一人、兼任五人、教務員一人。
編制	遵照部令為六「四二」制，即初級四年畢業，高級二年畢業
學級	初小一至四年級四個學級，高小五至六年級，兩個學級，共計六個學級，均為秋季始業。
學生數	初高六級兒童共計二百八十三人。
教導目標	依據部頒小學法之規定，注重發展兒童身心，培養基本知能，以德、智、體、群四育為教導目標。
課程	初小除照部頒課程標準，授以國語、常識、算術、唱遊、工作等科，高小授以國算、史地、自然、公民、音樂、童體、美勞等科外，復加授宗教一科，以培養其信仰心，自四年級起，並添授英語，適應環境需要。
各種會議	本學期每月舉行校務會議一次，商決重要校務，每半月舉行教導會議一次，解決有關實際問題，餘如各種研究會、座談會等，均視需要，擇期舉行之。

教具	除原有圖書運動器具外，復添置兒童基本文庫一套、新兒童基本文庫中高級各一套、小學分年補充讀本一套、高級小朋友文庫一套、初級小朋友文庫一套、小學生文庫一套，供各級兒童課外閱讀之用。
學藝競賽	本學期曾舉行書法、作文、圖畫、講演、各種競賽，以提高學習興趣
健康教育	舉行全校兒童螢光照肺，注射傷寒副傷寒霍亂預防劑，佈種牛痘。
課外活動	每日於正課外，加半小時課外活動，其種類分乒乓、遊戲、閱書、弈棋、運動五項，每生限定參加動門與靜門活動各一種
校外活動	兒童方面：參加本市兒童節各項競賽，獲得講演比賽冠軍，參加本市五區音樂會，參觀五台山童軍營地及古物展覽會，遠足玄武湖。 教師方面：參觀本市小學中級國語公開教學，加入京市各校教學研究會、及五區各項有關國教研究會。
家庭聯絡	舉行家長談話會：為了解問題兒童家庭狀況起見，曾函邀家長到校談話。 舉行懇親會：於學期終了時舉行，同時表演遊藝、展覽成績
	本學期畢業生計四十六人，除直升本校初中一年級十名外，查多數均能繼續升學

三、幼稚園概況

項別	概況
組織	本園隸屬於明德中學，園置主任一人主管園務，教師四人分任教課，本期學生共計九十七人，分大、中、小三班。
課程	(一)早事、工作、常識、早點、户外活動、音樂律動、故事、兒歌、謎語、遊戲、認字、午睡、 (二)時間：上午九時至十一時半、下午一時半至三時半。
設施	(一)學期開始舉行體格檢查、磅體重、測体高、按季打預防針、種牛痘、每日檢查清潔 (二)每日以牛奶餅乾作為早點、 (三)本期赴玄武公園遠足、參加全校運動會及畢業典禮、 (四)本期舉行懇親會一次、並於平日隨時個别訪問家庭，兼作兒童身心調查，取得家長之協助，庶使學校家庭融洽無間，進而謀改善以往之缺點，求得合理之進展。
設備	(一)玩具——添置積木、木珠、彩色板。 (二)用具——添置腊筆、彩色紙。

南京市私立明德女子中學暨附屬小學幼稚園
收支决算總表

三十六學年度　　第二學期　　第一頁

摘要	金額 小計	金額 合計	金額 總計
收項			
上期結存			6.688.295 04
中學部		23.256.068 54	
小學部		995.377 40	
幼稚園		15.572.396 10	
本期收入			6.120.763.160 00
學雜費收入		2.794.550.000 00	
中學部	2292.700.000 00		
小學部	324.960.000 00		
幼稚園	176.890.000 00		
捐款收入		570.833.340 00	
中學部	285.733.340 00		
小學部	145.980.000 00		
幼稚園	139.120.000 00		
教育局補助費		116,220,000 00	
中學部	108,220,000 00		
小學部	8,000,000 00		
利息收入		218.675.120 00	
中學部	203.343.070 00		
小學部	8,866,350 00		
幼稚園	6,465,700 00		
其他收入		2,420,484,700 00	
中學部	1,950,737,500 00		
小學部	356,412,200 00		
幼稚園	113,335,000 00		
總計			6,127,451,455 04
付項			
本期支出			5,679,438,612 04
行政		5,325,224,402 04	
中學部	4,292,016,651 54		
小學部	751,783,749 60		
幼稚園	281,424,000 90		
教育		201,326,300 00	
過次頁			

南京市私立明德女子中學暨附屬小學幼稚園

收支決算總表

三十六學年度　　第二學期　　第二頁

摘要	金額 小計	金額 合計	金額 總計
承前頁			
中學部	183,831,300.00		
小學部	3,924,000.00		
幼稚園	13,571,000.00		
修理		90,886,310.00	
中學部	83,798,670.00		
小學部	6,207,640.00		
幼稚園	880,000.00		
購置		62,001,600.00	
中學部	50,222,000.00		
小學部	8,020,000.00		
幼稚園	3,759,600.00		
本期結存			448,012,843.00
中學部		254,121,357.00	
小學部		73,287,783.00	
幼稚園		120,603,703.00	
總計			6,127,451,455.04

南京市私立明德女子中學中學部
收支決算表

三十六學年度　　第二學期　　第一頁

摘要	金額 小計	金額 合計	金額 總計
收項			
上項結存			23,256,068.54
本期收入			4,840,733,910.00
學雜費收入		2,292,700,000.00	
學費	382,900,000.00		
雜費	125,800,000.00		
生活補助費	1,062,100,000.00		
實驗費	86,600,000.00		
設備費	312,500,000.00		
宿費	135,000,000.00		
琴費	105,500,000.00		
報名費	82,300,000.00		
捐款收入		285,733,340.00	
長老會費	10,000,000.00		
長老會捐宗教補助費	12,300,000.00		
長老會捐奬學金	22,000,000.00		
長老會捐設備費	8,000,000.00		
長老會捐	23,333,340.00		
學生家長捐補助費	210,100,000.00		
教育局補助費		108,220,000.00	
利息收入		203,343,070.00	
其他收入		1,950,737,500.00	
物資盈利	1,804,560,000.00		
代辦盈餘園地生產等	146,177,500.00		
總計			4,863,989,978.54
付項			
本期支出			4,609,868,621.54
行政		4,292,016,651.54	
薪金	3,111,704,000.00		
米貼	308,648,500.00		
工資	237,549,000.00		
文具	161,856,500.00		
郵電	12,951,000.00		
過次頁			

南京市私立明德女子中學 中學部
收支決算表

三十六學年度　　第二學期　　第二頁

摘要	金額 小計	金額 合計	金額 總計
承前頁			
消耗	190,664,150.00		
印刷	20,050,000.00		
旅運	37,788,000.00		
招生	34,919,000.00		
捐款	4,500,000.00		
交際	81,544,000.00		
雜支	89,842,501.54		
教育		183,831,300.00	
書報	41,081,300.00		
體育	3,490,000.00		
實驗	124,564,000.00		
衛生	8,696,000.00		
租琴	6,000,000.00		
修理		83,798,670.00	
購置		50,222,000.00	
宿舍用具	2,703,000.00		
童軍用具	7,110,000.00		
花木	6,330,000.00		
其他	34,079,000.00		
本期結存			254,121,357.00
總計			4,863,989,978.54

南京市私立明德女子中學小學部
收支決算表

三十六學年度　　第二學期　　第一頁

摘要	金額 小計	金額 合計	金額 總計
收項			
本期收入			844,218,550.00
學雜費收入		324,960,000.00	
學費	94,370,000.00		
生活補助費	161,000,000.00		
設備費	43,200,000.00		
琴費	5,000,000.00		
報名費	21,390,000.00		
捐款收入		145,980,000.00	
長老會捐	10,000,000.00		
學生家長捐補助費	135,980,000.00		
教育局補助費		8,000,000.00	
利息收入		8,866,350.00	
其他收入		356,412,200.00	
物資盈利	338,355,000.00		
代辦盈餘等	18,057,200.00		
總計			844,218,550.00
付項			
上期結虧			995,377.40
本期支出			769,935,389.60
行政		751,783,749.60	
薪金	589,939,000.00		
米貼	60,165,000.00		
工資	36,265,000.00		
文具	49,803,000.00		
消耗	11,077,749.00		
旅運	1,170,000.00		
交際	100,000.00		
招生	186,000.00		
雜支	3,078,000.60		
教育		3,924,000.00	
書報	3,709,000.00		
體育	215,000.00		
過次頁			

南京市私立明德女子中學小學部
收支決算表

三十六學年度　第二學期　第二頁

摘要	金額 小計	金額 合計	金額 總計
承前頁			
修理		6,207,640.00	
購置		8,020,000.00	
本期結存			73,287,783.00
總計			844,218,550.00

南京市私立明德女子中學幼稚園
收支決算表

三十六學年度　　第二學期　　第一頁

摘要	金額 小計	金額 合計	金額 總計
收項			
本期收入			435,810,700.00
學雜費收入		176,890,000.00	
學費	30,800,000.00		
雜費	17,600,000.00		
生活補助費	52,800,000.00		
設備費	26,400,000.00		
美工費	20,900,000.00		
點心費	19,000,000.00		
報名費	9,390,000.00		
捐款收入（學生家長經手捐）		139,120,000.00	
利息收入		6,465,700.00	
其他收入		113,335,000.00	
物資盈利	112,785,000.00		
未退留額金	550,000.00		
總計			435,810,700.00
付項			
上期結虧			15,572,396.10
本期支出			299,634,600.90
行政		281,424,000.90	
薪金	234,520,000.00		
米貼	26,740,000.00		
工資	10,785,000.00		
文具	3,415,000.00		
印刷	680,000.00		
招生	133,000.00		
旅運	1,444,000.00		
交際	1,616,000.00		
雜支	2,091,000.90		
教育		13,571,000.00	
書報	255,000.00		
玩具	750,000.00		
美工	2,306,000.00		
過次頁			

南京市私立明德女子中學幼稚園收支決算表

三十六學年度　　第二學期　　第二頁

摘要	金額		
	小計	合計	總計
承前頁			
點心	10,260,000 00		
修理		880,000 00	
購置		3,759,600 00	
本期結存			120,603,703 00
總計			135,810,700 00

南京市私立明德女中暨附屬小學幼稚園教師進修金收支對照表

三十六年度第二學期

收	入	支	出
教師進修金 高中241人 初中388人	74,950,000	發教職員59人 [illegible]1,750,000	103,250,000
教師進修金附小289人	24,120,000	餘額轉教職員聯誼會	1,860,000
教師進修金幼稚園88人	7,040,000		
合計	105,110,000	合計	105,110,000

五、本學期教職員一覽表

本學期教職員除尉遲定一、陳琳、陳慶蘭、何美結、胡棣殊、李慈英五位先生離校並新聘毛宗傑陸守貞兩先生外，餘均無更動茲將本學期教職員名單暨新聘教職員履歷表列后：

陳黃麗明	馮傳峻	譚先正	呂淑貞	郎秀荷
李雪華	王亞振	鄔鶴林	應楚城	吳蓉
趙璧	張愛知	陳孝祚	黃娘歆	盧秀華
華惠忠	楊張鳳美	張麗錦	傅士武	孫坤元
王豫英	劉夢蓮	張玉芳	陸守貞	蔣永安
陳道量	呂文鏡	張梅君	崔祥徵	鄭淑民
徐潤波	miss null	黃信德	桑守真	劉宏振
雷鑫鳴	miss Wylie	沈宏璧	林惠勤	楊德增
濮之珍	史守恂	毛宗傑	孫徵和	陳慕恩
呂桐英	黃麗金	胡郭志超	張何英娟	
汪書城	曹騂公	余志瑩	周慈航	
魏詩其	汪濤	孫玉文	白嵐	
關士英	袁佑慶	汪徐偉英	戴樹梅	

南京市私立明德女子中學新聘教職員一覽表

三十六年度第二學期

職別	姓名	性別	年齡	籍貫	學歷	經歷	擔任課目	通訊處
教員	毛宗傑	男	35	浙江奉化	東吳大學文學士	曾任教師導師教官教校等職	鋼琴	
事務員	陸宇貞	女	28	江蘇太倉	農村師範畢業	曾任本縣小學校長教員十年		

南京市私立明德女子中學暨附屬小學、幼稚園一九四八年度第一學期概况報告書
（一九四九年一月）·節選
檔號：1009-1-1305

一、中學部

1. 行政概況

a. 本學期全校教職員學生工友人數統計表

人數 \ 部別 \ 項目			中學部		小學部			幼稚園			總計
教員	專任	男	10								65
		女	25		9			4			
	兼任	男									
		女	2								
職員	專任	男	2		1						
		女	11		1						
	兼任	男									
		女									
共計			50		11			4			
學生			高中	初中	高級	中級	低級	大班	中班	小班	
	男				49	54	55	9	10	13	1017
	女		280	358	51	44	53	16	14	11	
共計			638		306			73			
工友	男		20		2						26
	女		2		1			1			
共計			22		3			1			1108

備註：

(1) 小學部除專任教職員十一位外另有英語美勞童軍体育等科由中學部六位教員所兼任

(2) 表內工友人數一欄均係固定常工臨時散工不計在內

6.南京市私立明德女中暨附屬小學幼稚園免費生統計表

三十七學年度　第一學期

部別		免費人數					免費金額				
		特免	全免	半免	免1/3	合計	學費	雜費	建設費	實驗費	合計
中學部	初中	1	4	17	23	45	G.Y.799.-	G.Y.10.-	G.Y.10.-	G.Y.4.-	G.Y.823.-
	高中	1	14	21	15	51	G.Y.1327.50		G.Y.10.-		G.Y.1337.50
	合計	2	18	38	38	96	G.Y.2126.50	G.Y.10.-	G.Y.20.-	G.Y.4.-	G.Y.2160.50
小學部		6	8	10	4	28	G.Y.324.-	G.Y.16.-	G.Y.60.-		G.Y.400.-
幼稚園			3			3	G.Y.60.-	G.Y.30.-	G.Y.30.-		G.Y.120.-
總計		8	29	48	42	127	G.Y.2510.50	G.Y.56.-	G.Y.110.-	G.Y.4.-	G.Y.2680.50

(南)京市私立明德女子中學校免費生清單　　三十七學年度第一學期

年級	姓名	免費類別	免費金圓	備註
高三甲	徐恩賜	全免	G.Y. 45	
	郜平心	〃	45	
	黄瀋	〃	45	
	顧貞	免1/2	22.50	
	王治珍	〃	22.50	
	黄化繁	〃	22.50	
	劉克萍	免1/3	15	
	楊儀芳	〃	15	
	龔華莉	〃	15	
	黄敬宜	〃	15	
	陳啟華	〃	15	
	謝傳紹	免1/2	22.50	
高三乙	霍素真	全免	45	
	王祿芳	免1/2	22.50	
	梁仲雅	〃	22.50	
	李路得	〃	22.50	
高二甲	洪籌	全免	45	
	郜文哲	〃	45	
	陳俊懿	〃	45	
	張艷霞	〃	45	
	魏鳳翎	免1/2	22.50	
	鄒傳潔	〃	22.50	
	嵇秋明	〃	22.50	
	李汝敏	〃	22.50	
	謝傳純	〃	22.50	
	徐如	免1/3	15	
	許敏	〃	15	
	凌永齡	〃	15	
	黄蘭	〃	15	
高二乙	包天真	免1/2	22.50	
	孔憲徽	〃	22.50	
	黄紀莊	〃	22.50	
	錢慧�韶	〃	22.50	
	俞適	免1/3	15	
	黄鉄民	〃	15	
	華俊馥	免建設費	10	
高一甲	黄開斌	全免	45	
	洪崙	〃	45	

年級	姓名	免費類別	免費金圓	備註
高一甲	徐福珍	全免	G.Y. 45	
	尉遲培德	〃	45	
	任俞	〃	45	
	劉璧予	免1/2	22.50	
	鄒傳皎	〃	22.50	
	劉美音	〃	22.50	
	胡美林	〃	22.50	
	潘恩黎	免1/3	15	
	張崇綏	〃	15	
	羅淑勤	〃	15	
高一乙	陳若璧	全免	45	
	楊杏珍	免1/2	22.50	
	蕭京月	〃1/3	15	
初三甲	龔華芬	全免	40	
	王英若	免1/2	20	
	王苹芝	〃	20	
	林如	〃	20	
	胡光潔	免1/3	13	
	蕭念慈	〃	13	
	周森樞	〃	13	
	楊經星	〃	13	
	曾麗麗	〃	13	
	俞權	〃	13	
	曾前修	〃	13	
	薛詠玉	〃	13	
初三乙	楊如珍	免1/3	13	
	凌永康	〃	13	
	徐端	〃	13	
	龍佩文	〃	13	
	李家琳	〃	13	
	陳中琴	〃	13	
	王筱玉	〃	13	
	龍素文	〃	13	
初二下	邢寶定	免1/2	20	
	楊一鳳	〃	20	
	朱秋霖	〃	20	
	張任碩	免1/3	13	
	徐恩楣	〃	13	

年級	姓名	免費類別	免費金圓	備註	年級	姓名	免費類別	免費金圓	備註
初二甲	周涓	免1/2	G.Y. 20		初二乙	李拉結	免1/2	G.Y. 20	
	萬元鸞	〃	20			牛秋華	〃	20	
	李林綺	〃	20			房正容	〃	20	
	韓愛秀	〃	20			張怡如	〃	20	
	王彬若	〃	20			薛漢梅	免1/3	13	
	黄玉冰	免1/3	13			江之英	〃	13	
	周月勤	〃	13		初一甲	史軼人	全免	40	
	顧英	〃	13			汪淑貞	〃	40	
初二乙	朱榮莉	全免	40			馮傳芳	免1/2	20	
	陳若娜	免1/2	20			鮑佩恩	完全免	64	
合計96名		共免G.Y.2,160.50					會計室製表		

d、南京市私立明德女中附屬[illegible]學免費生清單

三十七年度　第一學期

年級	姓名	免費類別	免費金圓	備註	年級	姓名	免費類別	免費金圓	備註
六年級	武月琴	全免	G.Y.16.-		四年級	蔣先川	免1/2	G.Y. 8.-	
	鄒傳輝	免1/2	8.-		三年級	孫定初	全免	16.-	
	李鴻泉	〃	8.-			雷明明	〃	16.-	
	凌永麗	免1/3	5.-			張季蘭	免1/3	5.-	
	韓壽山	〃	5.-		二年級	陳恩中	全免	16.-	
五年級	徐文中	特免	30.-			汪元元	〃	16.-	
	董樹銀	〃	26.-			鮑慶雲	特免	30.-	
	張建生	全免	16.-			夏洪沛	〃	30.-	
	余成義	免1/2	8.-			許宗唐	全免	16.-	
	蔣先華	〃	8.-			劉禎祥	特免	26.-	
	俞衛國	〃	8.-			徐盛沃	全免	16.-	
	俞明	〃	8.-						
	周月川	〃	8.-		合計28名			共免G.Y400.-	
	林克光	免1/3	5.-		幼稚園	陳俊杰	全免	40.-	
四年級	鮑佩勤	特免	30.-			汪佩佩	〃	40.-	
	李訥	免1/2	8.-			陳思來	〃	40.-	
	馮小慧	〃	8.-		合計3名			共免G.Y.120.-	

e、南京市私立明德女中　教育局助學金名單

三十七學年度　第一學期

年級	姓名	助學金額	年級	姓名	助學金額	年級	姓名	助學金額
高三	張賢才	G.Y. 5.	高三	王禄芳	G.Y. 5.	高三	陳啟華	G.Y. 5.
	謝傳綸	5.		黄敬宜	5.		易友	5.
	梁仲雅	5.		楊儀芳	5.		黄紀蘩	5.
	鄒平心	5.		龔華莉	5.		楊安琪	5.
	王治玲	5.		蔣鳳英	5.		孔憲嶶	10.
	徐恩賜	5.		呂安娥	5.		張艷霞	10.

年級	姓名	金額	年級	姓名	金額	年級	姓名	金額
高二	錢慧禧	G.Y. 10.	高一	劉恩文	G.Y. 10.	初三	陳中琴	G.Y. 5.
	魏鳳翔	5.		胡美琳	5.		凌年	5.
	謝傳純	5.		劉嘉音	5.	初二	張惜如	10.
	黃鉄民	5.		金正芳	5.		王實珠	5.
	王玉琴	5.		徐福珍	5.		江之壽	5.
	凌永齡	5.		劉璧予	5.		孟桂蘭	10.
	宋清華	5.		陳綏華	5.	初二下	張華鳳	5.
	俞遹	5.		張慧珍	5.		張一鳳	10.
	馬驍	5.	初三	王筱玉	5.		徐思媚	5
	包天真	5.		李桂蘭	10.		張任嶺	10.
	許月英	5.		薛詠玉	10.		朱秋霞	5.
	金發楠	5.		周泰極	10.		任惠蕙	5.
	孟靜蘭	5.		高慶華	10.	初一	汪淑珍	10.
	李汶敏	10.		陳嘉玉	5.		舒桂珍	10.
	鄒文哲	5.		龔華芬	5.		嚴曼怡	10.
高一	孫月淇	10.		楊景星	5.		馮傳芳	10.
	張華鑄	10.		李家琳	5.		史軼人	5.
	黃開斌	10.		王守卿	5.			
	楊秀珍	10.		楊月霞	5.	共計73名	共計G.Y. 470.	

6 本學期週會「禮拜」一覽表

月	日	會别	講員	講題
9	17	(礼拜)	校長講道	耶稣的神蹟
	20	(週会)	本校高中國文教員徐仲濤先生演講	中 ·
	22	(礼拜)	本校宗教教員曹貴恩先生講道	十字架的愛
	24	(〃〃)	沛恩堂羅牧師講道	
	27	(週会)	立法委員程其保先生演講	國外新消息與青年學生之[illegible]
	29	(礼拜)	小學部任主任講道	個人的見証
10	1	(〃〃)	趙君影牧師講道	認罪悔改
	4	(週会)	金女大教授杭陳越梅女士来校演講	健美與体育的関係
	6	(礼拜)	張郁南先生講道	
	13	(〃〃)	艾迪夫人演講	聯合國機構及狀況
	20	(〃〃)	美國長老會西差會幹事傅樂伊女士(Miss Florg)	講道
	25	(〃〃)	金陵神學院教授管翠珍女士講道	基督化家庭
	27	(〃〃)	美國長老會差會幹事 Dr Scherer 講道	耶稣的光
	29	(〃〃)	美國長老會差會幹事 Dr Stimson 講道	
11	1	(〃〃)	曹貴恩先生講道	重生
	3	(週会)	高梓女士演講	遊美观感
	8	(〃〃)	本校史地教員汪 濤先生演講	紅顏薄命
	10	(礼拜)	校長講道 曹醫公先生精神講話	
	12	[illegible]	曹貴恩先生講道	
	15	(週会)	本校理化教員馮傳峻先生演講	健康與科學
	17	(礼拜)	校長講道	
	22	(週会)	本校初中國文教員雷釜鳴先生演講	韻為美

9、本學期各週大事記要

月	日	週次	事項
8	1—7		1、學期開始 2、第一次招考新生 3、第二次招生報名 4、修理校舍
	8—14		1、第二次招生考試 2、訂定教科用書 3、編配教員任課表
	15—21		1、招生委員會會議 2、住校教職員遊覽玄武湖並舉行野餐
	22—28		1、分配教室 2、排課程表 3、英語國語數學分別舉行第一次教學研究會選定教本 4、中學部課程時數調整會議 5、校長暨教職員代表參加孔廟祭典
9	29—4		1、籌備開學事宜 2、英文分組會議
	5—11	1	1、第三次招生考試 2、辦理新舊生繳費註冊事宜 3、分發清寒學生助學金申請書 4、編排課外活動
	12—18	2	1、發教職員八、九、十三個月薪金 2、寄宿生入舍 3、開始上課 4、開學典禮 5、新生訓練 6、發動勸募助學金 7、級任導師會議 8、各級組織級會 9、工人禮拜開始
	19—25	3	1、康樂服務團大會 2、校務會議 3、課外活動開始 4、審核清寒學生助學金申請書 5、英文教學研究會第二次會議 6、音樂教學研究會第一次會議 7、小學部部務會議 8、級會 9、導師會議 10、小學部幼稚園開始上課 11、膳食會議
10	26—2	4	1、幼稚園部務會議 2、膳食会議 3、數學教學研究會第二次会議 4、健康教育研究會第一次會議 5、行政會議 6、改行冬令時間 7、級會 8、導師会議
	3—9	5	1、購地談話會 2、教職員禱告會 3、國文暨社會學科聯席研究會議 4、級任導師會議 5、自然科學研究會第一次會議
	10—16	6	1、教務會議 2、級會 3、校慶紀念會感恩禮拜表演遊藝暨校董校友及教職員聚餐 4、中學部遠足清涼山小學部遠足中山陵 5、寄發對保証書 6、音樂教學研究會第二次会議 7、美勞家事聯席會議 8、級導師会議 9、級會 10、工人夜班開始
	17—23	7	1、中文正誤測驗 2、幼稚園部務会議 3、級會 4、住宿小學部教職員談話會 5、第一次期中測驗 6、音樂家事美勞教學聯席會議 7、小學部故事演講比賽 8、膳委會會議 9、初二學生三班出發玄武湖露營 10、級會 11、級導師會議
	24—30	8	1、露營童軍返校 2、級導師會議 3、級會 4、排球級際賽開始 5、教職員參加南京基督教會私立教會中學教職員退修會
11	31—6	9	1、幼稚園部務会議 2、發第一次期中測驗成績單 3、教職員禱告会 4、級會 5、体育表演團体操預演 6、小學部教導會議 7、中小學學生參加南京市第二屆体育表演會
	7—13	10	1、膳委會會議 2、英語教學研究会第三次會議 3、英語背誦競賽 4、行政會議 5、臨時教職員會議 6、課外活動停止
	14—20	11	1、臨時教職員會議 2、四門副科停授 3、非常時期維持委員会會議 4、膳委会會議 5、物資配給証抽籤 6、舉行二十二屆董事会会議 7、各級童軍聯歡会 8、各處文件存弄保管
	21—27	12	1、領取中小學學生參加体育表演獎品 2、級會 3、教育問題研究會 4、美勞作品展覽會 5、臨時教職員会議 6、填報住校員生及工役人數調查表
12	28—4	13	1、第一次音樂會 2、教務会議 3、領到小學部校鈴及董事鈐記 4、公佈學期考試日程表 5、舉行學期考試 6、小學部部務会議 7、寄宿生離校 8、陳爾昌先生來校查賬 9、領到中學部董事會鈐記
	5—11	14	1、留校教職員會議 2、董事會執行委員會 3、發成績報告單 4、留京學生繼續上課 5、領到教会津貼之款項 6、留校教職員小組伙食會議 7、各處準備結束 8、羅牧師陳爾昌先生先後來校查賬
	12—18	15	1、住校教職員聚餐 2、留校教職員膳食會議 3、羅牧師來校查賬 4、事務主任會計及校長相继離校

二、教務概況

一、教學実施——本學期教學狀況，関於課程時數分配，除英語一課，高初中各級各增加一小時外，其餘各科均與三十六年度下學期相同。高初中各級英語教學方法，均以智力分甲、乙、丙、三組教授。又為簡化課程，高初中一年級設地理四小時，歷史設在二年級教授。高一二、初一二不設公民，三年級則教公民二小時。

二、教課用書——所有各課教科用書，除初中英語改用「直接法英語讀本」（文幼章編，中華書局出版），高中化學改用「英東兩氏高中化學」（吳冶民、朱昊飛編，世界書局出版）外，其他仍用原定教本。

三、教學設備——実驗室業已完成化學、物理、生物、三室分用。各室所有設備詳上學期実驗室表內。

四、圖書方面——本學期中西文書籍比去年畧有增加。

五、教學研究會——各科教學研究會均照去年办法分科舉行二次或三次。

六、學藝競賽——學藝競賽曾舉办兩種成績如下

項目 \ 週次	第一名			第二名			第三名		
中文個別成績 6	高級組 高三甲 徐曉蝶	中級組 初二下 孔昭遐	低級組 初一甲 謝迎孫	高級組 高三甲 賴玉清	中級組 高一甲 任俞	低級組 初二甲 許友欽	高級組 高三甲 靳倩怡	中級組 高一甲 徐瀚玲	低級組 初一甲 張彥文
正誤團体成績	高三甲			初三甲			初二甲		

英文背誦			
10			
高中組	第一名	高二乙	陳俊懿
	第二名	高三甲	黄濬
	第三名	高三乙	董克京
初中組	第一名	初一甲	史軼人
	第二名	初二甲	徐華東
	第三名	初三乙	唐淑怡
		初三丙	楊慧中

七、美勞展覽——十二月二十四日（星期三）下午在圖書室舉行美勞展覽，計勞作出品壹百餘件，高初精美圖畫方面各級均有代表作品

八、音樂會——十二月廿九日上午十一時在大禮堂舉行音樂會，其節目如下

INFORMAL RECITAL

Program

1. Beyer 謝悏
2. Slumber 汪宜慧
3. Little Robin's Funeral March 易友
4. Waltz 范愛珠
5. 秋日懷舊 初二下
6. Sonatina in C Major 張天美
7. Spanish Dance 凌永齡
8. Sonatina in F Major 陳碩才
9. 夜涼似水 野玫瑰 李鴻鷗
10. Inquietude 鮑佩恩
11. Minuet in G 沈天行
12. Sonatina in G 袁郊
13. 踏莎行 初三
14. Sonatina in C Major 程淑安
15. The Marionette 史軼人
16. Rustic Dance 黄濬
17. 傲霜操 Solvejg Song 程淑安
18. Ecossais 陳俊懿

九、參加市教育局論文寫作比賽——十月廿四日（國慶日）派高三甲黃紀繁、初三乙汪琳參加市教育局爲聯合國日舉辦論文寫作競賽

十、考試——本學期考試計分左列數種：

試別	日期	備註
第一次招生	七月十二日	
第二次招生	八月九、十日	
第三次招生	九月十日	
舊生補考	十月二日	
中途測驗	十月廿二、三日	
學期考試	十二月二、三日	

十一、學生數與班級數：

高中部		初中部		備註	
高三甲	39	初三甲	46	復學生	3
高三乙	40	初三乙	57	新生	196
高二甲	43	初二甲	47	插班生	65
高二乙	44	初二乙	47	舊生	358
高一甲	54	初二丙	47	總計	622
高一乙	58	初一甲	50		
		初一乙	56	住讀生	205

小計	278		344	走讀生	417
總計			622	總計	622

三六、本處職員工作報告——本處職員工作狀況與去年度相同

三七、附收發文件統計表

收文部份		
來文者	文別	件數
市教育局	令	一五
學生家長	函	一七八
其他		三
合計		一九六

發文部份		
受文者	文別	件數
市教育局	呈	九
學生家長	函	一五三七
其他		四七
合計		一五九三

教務概況補誌

本報告書在三十七年十二月初間付梓，但本學期尚未結束，茲再將十二月至一月本處工作續誌於后：

一、提前考試原因——本學期考試原定一月內舉行，後以時局影響，政府遣散公務員，人心惶惶，學生隨家屬他徙者日多，教職員中亦有少數離校者，在此情形之下，各校不得不提前考試，本校亦提前在十二月二三日舉行大考，教員趕速閱卷，八日即發成績報告單。

二、繼續上課——自大考完畢即行放假，其對於不離京學生，不免有荒學業，因此本校即於十二月九日起繼續上課，教授主要科目，至三十八年一月七日停止，八日開始招收插班生。

三、本學期畢業生——高中部補考及格准予畢業者計有張佳玲、王玲、蔣佑禎、黃君儀、陶秀如、孫文雲、衛國明、季巽、陳月華等九名，初中部（春組）借讀滙文女中考試及格准予畢業者計有蘇榮華、哈承懷、周文、武立君、查振清、朱琳、劉景連、韓清琪等八名。

四、辦理証件——自時局動盪，京畿曾經兩度緊張，人心朝不保夕，本校除發成績單外，每生更發肄業証明書一紙，俾資轉學。其後學生方面，恐發生事變，再請發給轉學証書及借讀証者，幾佔十分之七八。本屆所發証件約兩仟份。（每人有取三四件者）

3.訓育概況

本學期訓育工作仍繼續上學期實施方針進行積極訓練學生養成民主自治精神陶鎔健全人格茲將概況畧述于後：

甲、組織

一、訓育處　設主任一人訓育員一人掌理一切有關訓導事宜舍監一人專責管理宿舍及指導寄宿生生活。

二、訓育會議每學期舉行兩次由校長各處主任各級導師及童軍教員組織之審定各項訓導計劃及實施方法。

三、本校採用級任導師制各導師負責指導各該級學生生活習慣思想言行身心攝衛並考核操行成績。

四、導師會議每星期舉行一次討論並解决各種問題。

乙、訓練

一、集体訓練

1.週會及朝會：每星期一上午第四節舉行週會星期三及星期五上午第四節舉行禮拜由校長敦請名人來校演講或由校長或本校教員主持演講以灌輸各種常識及道德標準。

2.週訓：每週以週訓為訓練中心由級任導師於級會時講解其意義使學生依循週訓訓練自己。

3、升降旗及早操：每日上午課前舉行升旗禮畢由体育教員率領早操下午課後又行降旗禮。

4、課外活動：每日課後舉行課外活動由專門教師指導分組進行工作以發展學生之特長活動種類計分歌詠、体育、縫級、美術、烹飪五種。

5、學生自治訓練：

A、級會：各級組織級會由級長各股股長分別負責管理級務每星期三下午第三節課舉行級會會議檢討過去策勵將來并由導師指導解決各種問題或講故事說笑林以作餘興藉怡身心。

B、組織學生服務團以養成自治自立服務之精神團務由團長綜理下設總務風紀衛生學術体育遊藝靈修七部分別負責各種工作。

C、寄宿生生活：本學期共有寄宿生二百零五人清晨六時起床整理内務畢或自修或早禱六時五十分升旗早操七時十分早膳十二時午膳後或自修或入縫級室裁縫或作球類運動下午課後自修或洗澡六時晚膳六時半基督徒學生晚禱七時全体寄宿生開始入教室自修九時十五分各歸寢室九時半熄燈就寢每室有正副室長兩人在舍監指導下負責管理各有關事項寄宿生除星期六下午星期日例假及休假日外不得離校凡假日出校均須於當日下午六時前到校如逾時到校者受禁假處分一次寄宿生欲於假日歸宿者須由家長填具歸宿申請書然後准予歸宿。

D、社會服務：(1)學生組織夜課班輪流教本校工友識字讀書有國文、數學、常識三科(2)全体學生發動勸募助學金(3)部份學生參加紅十字會南京分會為會員。

二、個別指導

1、由導師定時分約學生談話以便明瞭學生之個性及生活狀況家庭環境俾能按其需要予以指導及扶助

2、遇有特殊問題發生時導師或訓育主任或校長隨時与之懇談以收勸善規過之功。

3、導師与學生時常接近藉生密切聯系充分諒解以增進訓導之效率。

4、家庭訪問：走訪家長商談有關問題以便對學生個性家庭狀況作進一步之了解。

三、附舍務概況

（一）本學期寄宿生人數統計表

項別	高三甲	高三乙	高二甲	高二乙	高一甲	高一乙	初三甲	初三乙	初二甲	初二乙	初二下	初一甲	初一乙	統計
人數	一七人	一九人	一八人	二四人	二五人	二〇人	一四人	一七人	一二人	六人	一一人	一六人	六人	二〇五人

（二）本學期寄宿生各室人數統計表

室別	第一寢室	第二寢室	第三寢室	第四寢室	第五寢室	第六寢室	第七寢室	第八寢室	第九寢室	第十寢室	第十一寢室	統計
人數	五〇人	一五人	四二人	一〇人	九人	一〇人	一〇人	一六人	一六人	一〇人	一七人	二〇五人
備註	初二一甲乙 高一二三	高三甲	初三甲乙 二下	高一甲乙	高三乙	高三乙	高一二	高二甲乙	高二乙	高一甲乙	高一甲乙	

4.事務處概況

茲將本學期本處辦理事務概況報告如下：

a.修建情形——本學期除修理校舍及鋼琴、鉄床、課桌、課椅等各種傢俱外，並修建家政室內一切之設備，

b.增置校具——本學期增設生物實驗室儀器櫥五架、新購儀器多種及方形水槽六只

c.支配工友情形：

1.本校工友共二十八人，計中學部十七人、小學部二人、幼稚園一人、伙食部八人，工友賞罰，全憑其工作勤惰而定，

2.每星期日晚七時假漢中堂佈道所舉行工友禮拜，本校全体工友，均往參加，

3.本學期由工友組織小商店一所，其盈餘除津貼工友家屬一部份伙食費外，概充公益事宜

4.本學期舉辦工人識字班，每晚由學生担任，按程度分設甲、乙、丙三班，

d.組織伙食委員會——本處會同全体會員（參加伙食教職員及學生）辦理全校伙食事宜，推選主席、保管、採辦、會計等職員各組由學生負責辦理，教職員加以協助與指導。

部別	類別	品名	數量	総價	所在地	備註
中學部	購置	弹子鎖	2把	7.20	會計處事務處	鎖门用
		油印机	1架	24.99	教務處	印刷文件用
		掛鎖	2把	7.00	儲藏室	鎖门
		〃	6〃	3.00	〃	〃
		热水瓶	2只	6.30	会計處訓育處	
		仪器橱	3具	386.10	生物实驗室	
		〃	2〃	171.60	〃	
		玻璃灯	2打	8.00	教職員宿舍	
		便桶	4只	16.00	厕所	
		水檜	1只	9.20	生物实驗室	
		方鎖	4把	2.40	儲藏室	
		大同鎖	1把	25.00	後门	
		鉄鍋	1口	1.90	家政室	
		鉄坑箱	2只	44.00	〃	
		合計				
	修理	自行車		28.09		
		水電		109.05	校舍	
		茶桶		2.50	走廊	
		水斗	1只	5.33	課室三楼	

中學部	修理	水壺	4只	33.12	課室三楼	
		炉灶		13.70	家政室	
		鉄床	11只	45.75	宿舍	
	修理	水斗	1只	12.095	二楼	
		鉛鉄桶	16只	43.00	各宿舍處	
		[illegible]桌	1张	.70	職員宿舍	
		插鎖	1只	.50	事務處	
		校舍木、土、油工		1411.16	全校各處室舍	
		宿舍樓水管		112.50	課室樓上	
		便桶	13只	7.00	厕所	
		長盆	2只	1.00	澡房	
		修各鋼琴風琴	6架	115.00	各琴间	
		合計				
	实驗	仪器十一種		39.49	实驗室	
		实驗用切片		124.59	〃	
		仪器二十四種		542.83	〃	
		研钵	5只	1.50	〃	
		元形水槽	6只	82.06	〃	
		合計				
	体育童軍	羽毛球	1打	2.40		
		羽毛球拍	2付	18.00		
		小隊旗	4面	5.00		
		九尺跳布	1塊	70.00		
		合計				
	圖書	抗战建國画史	1部	20.00	圖書館	
		中國当代名人傳	1部	12.00	〃	
		今昔蒲劍	1本	3.30	〃	
		青銅時代	1本	2.20	〃	
		南冠草	1本	1.70	〃	
		棠棣之花	1本	1.50	〃	
		开明青年叢書	1部	29.41	〃	
		闻一多全集	1部	15.30	〃	
		健康生活	1本	4.40	〃	
		人類救星	1本	4.40	〃	
		中國民族女英雄傳	1本	.39	〃	
		合計				
		總計				
	修理	裝修樓梯踏板		17.33	校舍	
		校舍		311.49	〃	
		鉛皮		4.00	教職員宿舍	

小學部	修理	鬧鐘	1只	5.00	修造室	
		合　　計				
	購置	鉛壺	1把	7.50		
		鎖	2〃	1.80		
		旗桿	1根	25.00		
		合　　計				
	体育	六寸皮球	2个	4.00	办公室	
		皮鼓	1〃	4.00	〃	
		乒乓球拍	1付	.60	〃	
		跳繩		1.65	〃	
		合　　計				
		總　　計				
幼稚園	購置	四寸瑞士背鬧鐘	1架	28.00	課室	
		鉛壺	1把	7.50	〃	
		木盆	1只	3.00	〃	
		鎖	2把	1.30	〃	
		小鑼	2面	2.00	〃	
		鈴	1只	1.00	〃	
		銅鈸	4付	2.00	〃	
		合　　計				
	修理	鉛壺水桶		2.00	課室	
		配玻璃		4.08	〃	
		木、土工修校舍		7.50	校舍	
		合　　計				
		總　　計				

5、體育概況

日期	工作要項
九月廿日	編製本年度体育教學大剛
九月卅日	舉行体育童軍衛生研究會（地址：校長公館）
十月一日	訂定本年度体育課規章、舉行本期第一次排球師生友誼賽
十月三日	參加南京市第二屆中小學体育表演會籌備會（地址：白下路民教館）
十月七日	參加南京市第二屆中小學体育表演會籌備會商討女子團体操準備事宜
十月十二日	請杭陳越梅女士講演：題目、健美的身体
十月十六日	秋季遠足：參加者為全校師生項目有爬山比賽及尋物比賽、地址：清涼山
十月十四日	舉行第二次師生排球友誼賽
十月廿日	班級排球賽開始（因月考未按時舉行）
十月廿九日	呈繳南京市第二屆中小學体育表演會報名單及教案
十一月二日	參加南京市第二屆中小學体育表演會籌備會、地址：金女大附中
十一月四日	學生二百一十人往中央大學參加第二屆中小學体育表演會團体操預演會
十一月五日	參加南京市第二屆中小學体育表演會領隊會議 地址：市立三中學
十一月六日	學生二百五十六人參加第二屆中小學体育表演會參加項目：女子團体大会操二百十八人、風舞由初三甲全班學生四十六人担任 地址：公園路市立体育場比賽成績為甲等
十一月卅日	結束体育課程 評定体育成績

6、童軍概況

甲、組織方面：

本學期童軍團之組織、除原有中小隊編制外、另在中隊之上設一總隊、以便於訓練和管理。初中七班合設七個總隊、十四個中隊、四十二個小隊、共為三四四人、小學兩班、設二個總隊、十二個小隊、各級隊長均自下而上運用民主選舉方式產生。

乙、訓練方面：

A、訓練時數：平均每週為二小時、一小時以總隊為單位單獨訓練、另一小時以年級為單位、實施聯合訓練。

B、訓練中心：以發展雙手萬能、學期日常生活基本的技能為中心、並採取教學做合一方式、由於同學學習興趣濃厚、故訓練情形極為良好。

丙、活動方面：

A、參加社會服務：南京市第二屆公務員運動會於本年雙十節舉行、本團奉派童軍一中隊担任會場救護、傳令、糾察等服務工作。

B、舉行露營：本團於十月下旬於玄武湖翠虹亭、舉行露營訓練、曆時四日、計初二下、初二甲、初二乙三班合為一百人參加。

C、出席訓練會議：中國童子軍總會及南京市支會、於本學期期

間先後召集活動与課程修訂會議數次、本團負責人均参与討論

D.舉行聯歡會：本學期期中、以時局嚴重、同學紛作轉學準備、為示惜別及聯誼起見、一三年級曾舉行聯誼會各一次、並表演餘興節目三十餘種。

丁、設備：除原有設備外、本學期新購跳布一塊、並修理舊有担架牀六具。

六、小學部概況

本學期因修理校舍、油漆未乾、不得已延期於九月二十二日始行開學上課，茲將半年來教學情形、及兒童活動狀況、分項畧述如下：

(一)招生——八月九日、招考一上年級新生、及各級插班生、計錄取男女生一百二十一人

(二)編級及學生人數——自一年級至六年級分編六個單式學級、六

年級	男生數	女生數	共計
一年級	三〇人	二五人	五五人
二年級	二五	二八	五三
三年級	三三	一九	五二
四年級	二一	二五	四六
五年級	二八	一九	四七
六年級	二一	三二	五三
總計	一五八	一四八	三〇六

(三)教職員——

總人數	籍貫		年齡		服務年數		資歷
	省名	人數	年齡	人數	年數	人數	
	江蘇	八	二〇以下	二	五年以下	七	高中幼稚及後期師範學校畢業 七人
	安徽	一	二〇至三五	六	五年以上	六	

男四人 女十三人						
浙江	二	二六至三〇	三	十年以上	三	教員養成所及師資訓練班畢業 一人
山西	一	三一至三五	三	二十五年以上	一	
四川	一	三六至四〇	一	三十年以上		普通專科以上學校畢業 五人
陝西	一	四一至四五		三十五年以上		
廣東	一	四六至五〇	二	四十年以上		高級中學畢業服務三年 四人
吉林	一					
南京市	一					

(四)補充設備——除原有設備外，復添置運動器具如皮球、蔴繩、豆囊、乒乓、球拍等以供兒童課外活動之用，圖書方面曾購置國常副課外一套，作教師參考及選作補充讀物之用。

(五)舊生補考——上課二週舉行舊生補考，凡上期知識科不及格各生均經補考，除六上俞小川、侯善麟二生補考算術仍不及格准其隨班附讀外，餘均及格，准予升級。

(六)暑期作業展覽——暑期作業成績，相當豐富，為鼓勵起見，乃將各級優良成績選出展覽，計二上級鄒依依、周英倫，三上級屠月川、孫定初，四上級王鳳儀、樹華，五上級湯滬青、徐文申、華文魁，六上級朱慧娟、宋揚佩、許守慈、王君蕙等最優。

(七)開始常規訓練——以禮貌、整潔、秩序三個德目為常規訓練目標，每週實行整潔、秩序兩種級際比賽，得第一者給予錦標懸諸教室本期總計三年級整潔第一、四年級秩序第一。

(八)寫發兒童接送名牌——幼小兒童或離校較遠兒童，需要家人接送者，依據家長來函，發給小木質名牌一枚，作為進出校門憑證，另一枚則掛於校中板上，若該生業已離校，則名牌反掛，到校正掛。

(九)組訓巡察團、成立級會——為培養兒童自治能力，學習團体生活起見，組訓巡察團，由三年以上各級，選出代表十人至二十四人，組織巡察團，劃分全校各處為八個崗區，每日課前課後，由團員輪流站崗，遇放學或集會時，則全体出動服務，維持秩序，保護安全，檢查公共場所整潔，本團團長為六上武明美、五上徐文申，頗能盡職。三年級以上成立級會，為自治機構，每週一次，由級長任主席，負責推進本級學藝、風紀、衛生、清潔等活動。

(十)選定中心訓練德目——本期選定：「服從」「整潔」「勤儉」「助人」「信義」「學問」為中心訓練德目。在週會時提出德目，解釋意義，分發信條，由各級任老師督導實行，並考查結果。

(十一)課外活動——利用現成設備，就兒童興趣，分設弈棋、閱書、娛樂遊戲、運動、乒乓等組，由兒童自由參加，(但每人每週至少參加動的与靜的各一項)每人以三十分鐘為限，并由各科担任教師負指導之責。

(十二)校慶紀念——十月十五日，是本校六十五週年校慶紀念，上午照常上課、下午第二節課後、高級生及全体老師、整隊至中學禮堂、參加慶祝儀式、 表演紅人舞、以娛嘉賓、同時編寫特刊、以示慶祝。

(十三)呈報各項報表——奉本市教育局訓令、呈報本校本期、概況表、教職員一覽表、教職員統計表、日課表、行事曆等件各三份、當即一一遵辦、呈請備查。

(十四)體体檢查——新生入學時舉行瑩光透視、開學後、新舊生一律檢查体格、結果發現肺門結核者一人、即二上黃先榮小友、當經家長同意、退學修養。

(十五)秋季遠足——十月十六日禮拜六、天氣晴朗、本校舉行秋季遠足地點譚墓靈谷寺中高級兒童一百二十四人、分乘公共汽車二輛、由任張、劉戴、吳等老師率領、於上午八時半出發、至下午二時許返校、有球戲、探索運動等助興、師生感情、至為融洽愉快。

(十六)調閱兒童作業課卷——為明瞭兒童作業狀況及教師批改情形、由教導處調閱中、低年級、作文、算術、週記、抄書等簿本、並將應行改進各點、用書面通知各科担任教師。

(十七)各種會議——本期例行會議：如教導、事務、部務等、依據需要定期舉行外、並於每禮拜五、舉行工作檢討會一次、費時雖僅三十分鐘、然各種事工之推進與事後得失之檢討、効力至大、所有行事曆預定事項、除因時局關係、不能舉辦者外、大多均按時實行。

(十八)宗教活動——為使兒童對 神有認識有信仰起見、利用宗教課介

給　神的存在与作為、利用集會時間述說屬靈的經歷、与得救的見証兩月來一般年齡較長兒童、對　神漸有認識、亦能定時禱告讀經、年齡較小兒童、則對聖經故事頗感興趣。

(九)參觀本市優良學校——中央大學附屬小學、為歷史悠久設備完善之首都首屈一指之小學、力學小學創立年餘、以主持人之熱忱毅力已為本市較近理想之兒童樂園、筆者乃抽暇前去參觀、承該二校當局殷殷招待、詳告近狀、獲益匪淺、曾將參觀心得、撰要提供同人參考。

(十)學藝競賽——十月二十三日舉行故事講演會。各級推選代表三人、分高、中、低三組比賽、請中學部孫徽和、曹貴恩、朱青川三先生為評判員、結果李鴻泉小友獲全校總成績第一、高級組李鴻泉王小潤武明美、中級組賈耀輝、丁立、周湞玉、低級組李羅、胡博立、劉德麗分得第一二三名。十一月十三日、舉行寫字比賽、自一年級至六年級、成績最優者為沈津立、胡博立、俞釗、柏振華、孔德詡、許守懿等六名。十二月四日舉行跳繩比賽、團体賽以五年級之接力、六年級單繩接力最為精彩、個人賽、則以五上湯灌青獲獎最多。

(十一)參加本市二屆体育表演會——十一月六日本市中小學在市立体育場舉行二屆体育表演會。本校四、五、六年級女生選手四十二名、表演鬥牛舞由張一鵬先生領導、獲得獎狀、獎旗、獎詞各一、小皮球一打。

(二二)響應獻金勞軍運動——自十一月初戰事逼近徐州、京沪震動，以陸空將士之用命，捷報頻傳，人心轉安，報界倡導獻金勞軍運動，本校小友，向有當仁不讓，見義勇為之精神，乃於一週內，積聚糖果費三百八十一元，寫就慰勞信四封，一併交由中央日報社轉送前方將士，藉表慰勞之意。

(二三)期中測驗與學期考試——十月二十八日起，舉行第一次月考三天，填發報告單，除三數頑皮兒童成績不及格，通知家長加意督導外，餘均及格，十一月二十五日，舉行第二次月考，以時局關係，學生多數離校，乃變通辦法，即以此次考試，算為期考成績。

(二四)趕課與結束——自十一月十五日起，時局漸行緊張，學生多有請假或轉學者，為免學業荒廢起見，乃加緊授課，每週一、三、五，三次集會，及中高年級勞作，均改授知識科，俾於一月內完全教完，十二月六日起，全校學生，僅到五十七人，不得不併班上課，遂改編一二、三四、五六年級為三個複式年級，另排臨時上課時間表，由留校各教職員分任國算、常、音、体、英各科，每日上課四節，上午八時二十分昇旗後，即齊集二年級教室，唱詩、讀經、講道、敬拜 神，半小時後，即令各生回本教室上課，下午無課，教導處即利用時間，整理曆年缺欠工作——填寫學籍片，若無其他變化，必可維持至十二月二十日，如此則各科課本必可教完。

三、幼稚園概况

本園隸屬於明德中學園置主任一人主管園務教師三人分任教課本期學生共計七十三人分大中小三班、(大)、男生九人女生十六人(中)男生十人女生十四人(小)男生十三人女生十一人)

教導目的

(一)注意体格訓練、養成兒童健康之身心

(二)培養兒童之本能天才使盡量發展其特長

(三)訓練兒童遵守團体生活应有之礼讓

課程

(一)工作、談話、早点、户外活動、音樂律動、文學欣賞(故事謎語認字兒歌)午睡

(二)時間(上午九時至十一時半 下午一時半至三時半)

設施

(一)學期開始舉行体格檢查、磅体重、測高度、每日檢查清潔、

(二)平日隨時個別訪問家庭兼作兒童身心調查取得家長之協助庶使學校家庭融洽無间進而謀改善以往之缺点以求得合理之進展

設備

(一)玩具—添置六面畫、白雪公主、構造積木、

(二)用具—添置、小朋友文庫、低級副課本、花瓶、枱布、榻榻眠(午睡用)方草

墊、腊筆

附幼稚園名單

大班		中班		小班	
1	陳俊杰	1	余睦文	1	汪珮珮
2	朱宛中	2	羅　凱	2	胡克立
3	聶　仁	3	謝大磬	3	羅渝科
4	孟建衡	4	謝秋涵	4	張祥玲
5	陳思丰	5	徐逹仲	5	翁祖傑
6	孫毛毛	6	師黎達	6	衛修昆
7	洪文川	7	馬筱泉	7	官世雄
8	余美丽	8	周　廸	8	孟黔兴
9	黄慧娟	9	艾志理	9	聶　勇
10	葉　芊	10	武自助	10	周根宝
11	王文輝	11	丘輝瑶	11	柳美丽
12	許紀明	12	俞　云	12	吳文凱
13	江之垣	13	柳美美	13	湯嘉猗
14	包瑜娟	14	葉　苹	14	朱偉光
15	張鍾戀	15	周　鎮	15	許世光
16	凌容容	16	湯惟寧	16	徐孝平
17	項思蜀	17	屈玫玫	17	鄭玲玲
18	刘玉銘	18	魏　稠	18	林渝燕
19	朱慧栖	19	蕭大成	19	呂　娟
20	李達丽	20	貝渝戈	20	黄　登
21	鄭　豪	21	臧嘉蔭	21	黄齊英
22	毛文安	22	馮耀華	22	楊慶鴻
23	丘輝英	23	刘家宜	23	張保如
24	林衡一	24	刘燕琴	24	詹道明
25	白正光				

南京市私立明德女中附屬小學幼稚園
收支決算總表

三十七學年度　第一學期　第一頁

摘要	金額 小計	合計	總計
收項			
上期结存			149.34
中學部		84.71	
小學部		24.43	
幼稚園		40.20	
本期收入			135,981.60
學雜費收入		59,534.30	
中學部	47,150.30		
小學部	8,971.97		
幼稚園	3,412.03		
捐款收入(中學部)		71,928.00	
利息收入		2,747.17	
中學部	2,746.83		
小學部	.17		
幼稚園	.17		
其他收入		1,772.13	
中學部	1,602.18		
小學部	124.55		
幼稚園	45.40		
總計			136,130.94
付項			
本期支出			100,755.52
行政		90,315.08	
中學部	69,410.09		
小學部	15,516.03		
幼稚園	5,388.96		
教育		1,942.61	
中學部	1,877.14		
小學部	32.00		
幼稚園	33.47		
修理		2,531.31	
中學部	2,161.13		
小學部	356.60		
過次頁			

南京市私立明德女中暨附屬小學、幼稚園收支決算總表

三十七學年度　　第一學期　　第二頁

摘　要						
承　前　頁						
幼稚園	13	58				
購　置			900	52		
中學部	867	22				
小學部	52	30				
幼稚園	47	00				
建築材料（中學部）			5,000	00		
本期結存					35,375	42
中學部			44,156	44		
小學部			6,835	81		
幼稚園			1,985	21		
總　計					136,130	64

南京市私立明德女中中學部
收支決算表

三十七學年度　　第一學期　　第一頁

摘要	金額 小計	金額 合計	金額 總計
收項			
上期結存			84 71
本期收入			123.427 31
學雜費收入		47.150 30	
學費	24.068 50		
雜費	6.210 00		
建設費	6.200 00		
實驗費	3.600 00		
宿費	5.175 00		
琴費	1.700 00		
報名費	196 80		
捐款收入		71.928 00	
長老會捐經常費美金1000元折金圓	36.000 00		
長老會捐教育費美金150元折金圓	5.400 00		
長老會捐獎學金美金275元折金圓	9.900 00		
長老會捐獎學金美金270元折金圓	9.720 00		
Miss Wright 捐美金10元兑金圓	360 00		
pearl. k null 捐美金10元兑金圓	360 00		
Argyle Women's Association Edat Jeherson 捐美金13元折金圓	468 00		
Miriam Emuel 捐修水道美金270元兑金圓	9.720 00		
利息收入		2.746 83	
其他收入		1.602 18	
園地菜金等	1.080 36		
物資盈餘	521 82		
總計			123.512 02
付項			
本期支出			79.315 53
行政		69.410 09	
薪金	61.773 32		
工資	3.134 83		
文具	79 49		
郵電	65 88		
過次頁			

南京市私立明德女中中學部

收支决算表

三十七學年度　　第一學期　　第二頁

摘要	金額 小計	金額 合計	金額 總計
承前頁			
消耗	933.79		
印刷	2.13		
旅運	471.95		
招生	204.08		
捐款	20.00		
交際	1,544.11		
雜支	1,180.51		
教育		1,877.14	
書報	958.89		
体育	19.10		
實驗	793.47		
衛生	45.68		
租琴	60.00		
修理		2,161.13	
購置		867.22	
建築材料		5,000.00	
本期結存			44,196.44
總計			123,512.02

南京市私立明德女中 小學部

收支決算表

三十七學年度　　第一學期

摘要	金額 小計	合計	
收項			
上期結存			24.43
本期收入			9,096.69
學雜費收入		8,971.97	
學費	4,652.00		
雜費	1,232.00		
建築費	3,050.00		
報名費	39.97		
利息收入		.17	
其他收入		124.55	
總計			9,121.12
付項			
本期支出			15,956.93
行政		15,516.03	
薪金	14,799.60		
工資	427.08		
文具	72.99		
消耗	147.86		
旅運	10.46		
交際	10.00		
雜支	48.04		
教育		32.00	
書報	21.75		
体育	10.25		
修理		356.60	
購置		52.30	
本期結虧			6,835.81

南京市私立明德女中幼稚園
收支决算表

三十七學年度　　第一學期

摘要	金額 小計	合計	總計
收項			
上期結存			40.20
本期收入			3,457.60
學雜費收入		3,412.03	
學費	1,340.00		
雜費	680.00		
建設費	670.00		
義工費	355.00		
點心費	355.00		
報名費	12.03		
利息收入		.17	
其他收入(未退留額金)		45.40	
總計			3,497.80
付項			
本期支出			5,483.01
行政		5,388.96	
薪金	5,202.00		
工資	127.03		
文具	21.56		
旅運	3.96		
雜支	34.41		
教育		33.47	
書報	4.55		
玩具	7.50		
點心	21.42		
修理		13.58	
購置		47.00	
本期結虧			1,985.21

五、本學期教職員一覽表

本學期教職員除少數離校外大多均無更動茲將本學期教職員名單暨新聘教職員履歷表列后

陳黃麗明　尹宝玉　余志望　張漢霞　戴樹梅
李雪華　呂文鏡　王晴華　任桐君　白嵐
洪趙璧　周季南　沈宏璧　孫徽和　鄒秀椅
華惠忠　徐予珍　曾黃恩　林嘉勤　吳蕗
王豫英　Miss Wylie　張玉芳　桑守真　孫坤元
徐仲濤　Miss Irwin　張麗錦　周志英　竇麗芳
姚隆甲　Miss Hilsher　朱清川　陸守貞　刘宏振
朱繹裕　史守恂　陳存祚　傅士武　蔣永安
雷鑫鳴　黃麗金　張一鵬　黃煖欽　吳瑩引
呂桐英　舒兴達　吳亭鶴　应楚誠　張嘉麗
汪書城　譚先正　馮傳峻　呂淑貞　楊德增
尉遲華章　汪濤　張愛知　汪徐偉英　張吳奐
王亞振　曹翼公　張嚴棻　孫玉文　陳其璇

南京市私立明德女子中學新聘教職員一覽表

三十七年度第一學期

職別	姓名	性別	年齡	籍貫	學歷	經歷	担任課目	通訊處
教員	姚隆甲	男	30	江西九江	國立社會教育學院	曾任社教學院附屬中學教員兼文書組長	國文歷史	
〃	朱偉裕	女	25	四川資陽	國立女子師範學院國文系	四川資陽國華女中教導主任一年私立勵實中學教員	國文歷史	
〃	尉遲華章	男	58	南京	江西九江南偉列大學	歷任九江同文中學濬公博學中學四川南開中學數學教員	數學	
〃	吳亭鶴	女	24	遼寧義縣	民國三十七年畢業於南京中央大學外文系		數學博物	
〃	張嚴蓁	女	40	浙江桐鄉	民國二十二年北平燕京大學畢業	歷任河南焦作中學英文教員焦作工學院英文講師	英文	
〃	尹寶玉	女	30	江西九江	國立中正大學師範專修科理化組畢業	上海私立新建中學九江省立九江中學及私立儒勵女中教員	數學物理	
〃	周季南	女	28	湖南寧鄉	金陵女子文理學院英文系畢業	湖南寧鄉私立鷺山中學教員一年上海紡織管理委員會	英文	
〃	徐予珍	女	39	江西九江	民國二十二年南京金陵大學畢業	南開中學藝術教員國立女師學院英語系副教授		
〃	舒興達	女	21	湖南漢壽	民國三十七年畢業於南京私立金陵女子文理學院體育專修科		體育	
〃	張一鵬	女	21	江蘇松江	民國三十七年畢業於南京私立金陵女子文理學院體育專修科		體育	

教員	Miss Irwin	女	55	美國	美國芝加哥[illegible]學校（一九二四—二五）紐約神學院（一九三七—三八）畢業		英文	
	Miss Wilcher	女		美國				
教員	朱青川	男	24	南京	民國三十七年畢業於杭州國立藝術專科學校		圖畫	
〃	曹貴恩	女	41	哈爾濱	民國二十二年畢業於北平中國大學		宗教	
〃	王晴華	女	21	四川	民國三十七年畢業於南京金陵女子文理學院音樂系		鋼琴	
小學主任	任桐君	女	49	江苏宜兴	前江苏省立第一女子師範學校本科畢業	曾任中小學教職員二十餘年	鋼琴	本校
教務員	張漢霞	男	36	安徽太和	皖太縣立師範畢業 皖太師講班畢業 皖幹訓團教育組二期畢業			
教員	竇麗芳	女	20	山西平定	山西省立女子師範			
〃	吳引瑩	女	25	江苏淮陰	淮陰漁濱中學高中畢業	曾任淮陰縣立漁濱鎮中心國民學校高級主任南京淮文附小中級主任		本校
幼稚園主任	張嘉麗	女	35	浙江天台	苏州景海女子師範畢業	上海中西女中幼稚園主任十二年		
教員	張美英	女	27	湖北漢口	湖北省立第一女師幼稚師範科畢業 四川省立教育學院教育系畢業	曾任湖北省立實驗幼稚園 四川廣漢女[illegible] 湖南私立貞信女中等校教員		
〃	陳其敏	女	20	江苏苏州	苏州景海幼稚師範畢業			苏州獅[illegible]巷[illegible]号

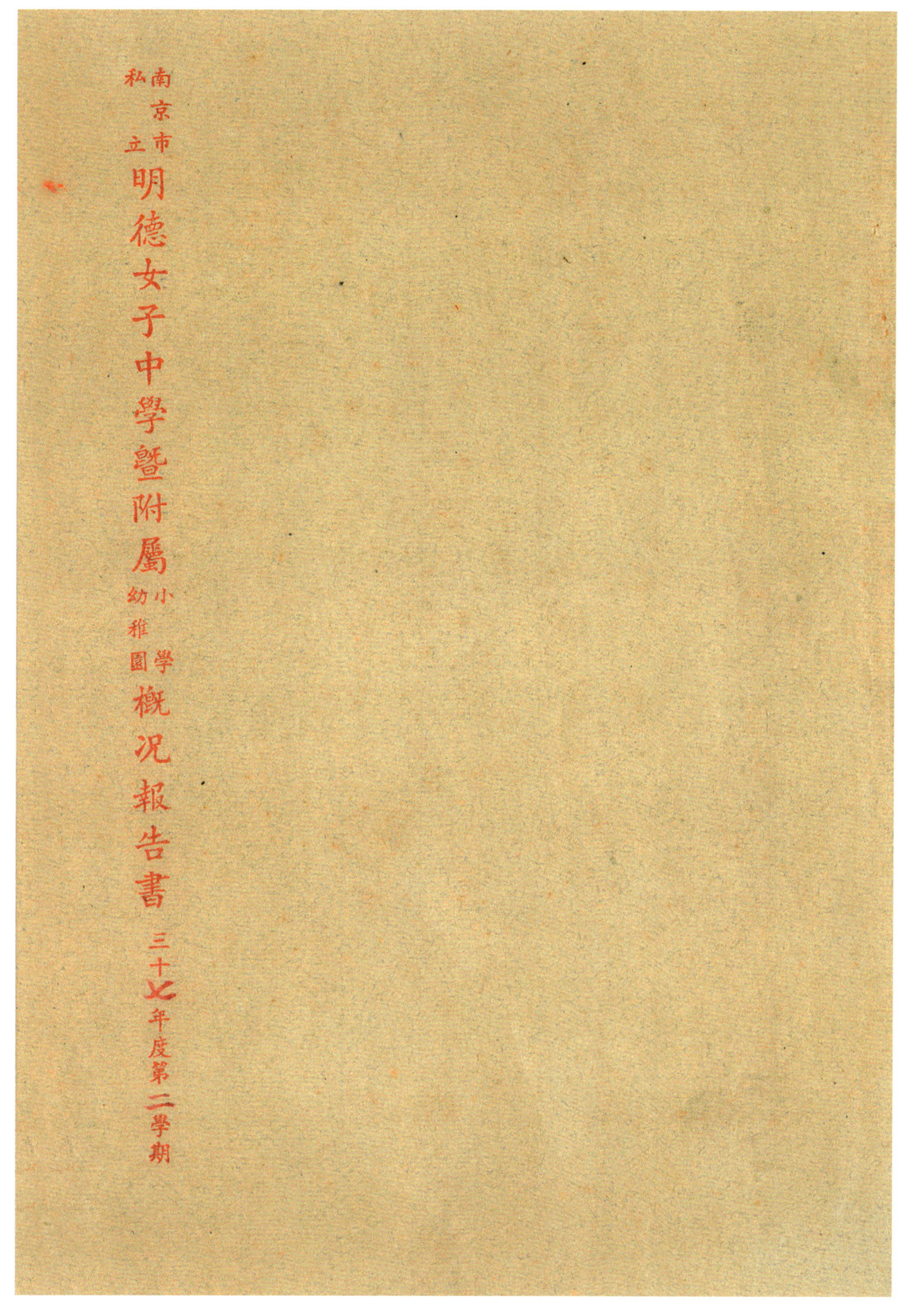

南京市私立明德女子中學暨附屬小學幼稚園概況報告書

三十七年度第二學期

南京市私立明德女子中學暨附屬小學、幼稚園一九四八年度第二學期概況報告書

（一九四九年七月）·節選

檔號：1009–1–1298

一、中學部

1. 行政概況

（甲）本學期全校教職員學生工友人數統計表

人數項目 \ 部別			中學		小學			幼稚園	總計	備註
教員	專任	男	9						35	1. 本校小學除專任教職員十人外，另有美勞、音、軍、体育等科由中學教員兼任。
		女	8		9					
	兼任	男								
		女	1							
職員	專任	男	2		1					
		女	5							
	兼任	男								
		女								
共計			25		10					
學生			高中	初中	高級	中級	低級		365	2. 本學期因時局影响，幼稚生人數過少，故暫停開班。
	男				25	22	33			
	女		95	118	20	25	27			
共計			213		152					
工友	男		13		2				18	
	女		2		1					
共計			15		3				418	

（乙）本學期「週會」「禮拜」一覽表

月	日	會別	講員	講題
2	21	週會	由各級級任導師率領在各級舉行級會	
	23	禮拜	校長講道	彼得的故事（你愛我嗎？）
	25	〃	南京教會郎弟兄傳福音	信耶穌得永生
	28	週會	本校高初中史地教員曹驥公先生訓話	寒假以來的經過
3	2	禮拜	黃泥崗教會傳道員楊德澤女士講道	
	4	〃	羅育文牧師	上帝的國和祂的義
	7	週會	補行開學典禮	
	9	禮拜	校長講道	友愛合作
	11	〃	南京教會雷弟兄講道	十字架的意義
	14	週會	南京女青年會總幹事查鄭汝銓女士演講	遊美觀感
	16	禮拜	本校康樂服務團職員就職典禮及曹驥公先生報告時事	
	18	〃	中華女中校長陳熙仁先生講道	聖經的功用
	21	週會	本校高中數理教員葉曉岑先生演講	假使地面上沒有大氣
	23	禮拜	漢中堂張秉文先生講道	主是好牧人
	25	〃	遠東佈道會幹事崔牧師講道	肉身成道跟隨基督
	28	週會	本校高中英文教員呂文鏡先生演說	Too Dear

3	30	禮拜	來復會堂楊紹誠牧師講道	只有耶穌
4	1	〃	舉行各級國語演講競賽	
	4	週會	全体學生赴金陵大學听龔斯德博士講道	人生的意義
	6	禮拜	本校宗教教員馬樹賢先生講道	基督復活與人生的關係
	13	〃	漢中堂張東文先生講道	信神
	15	〃	本校訓育員應楚城先生講道	耶穌受難
	18	週會	金陵女子文理學院包志立女士演講	陝西
	22	禮拜	各級舉行級會	
	25	週會	本校教務主任李雪華先生演講	家庭娛樂
	27	禮拜	校長講道	因信而得恩
	29	〃	本校教務員朱青川先生講道	人與神的關係
5	2	週會	本校高中國文教員徐仲濤先生演講	集體生活
	4	禮拜	華東基督教教育協會總幹事馬鴻綱先生講道	歷史上基督教與共產主義
	6	〃	校長講道	耶穌的革命
	9	週會	本校徐仲濤先生演講	新民主主義
	11	禮拜	楊紹棠牧師講道	堅心依靠耶和華
	13	〃	楊紹棠牧師講道	趕鬼入豬群
	16	週會	高一二學生辯論會	中學是否應實行男女同學
	18	禮拜	陳仁炳博士演講	新民主主義
	20	〃	楊紹棠牧師講道	認罪悔過倚靠耶和華
	23	週會	金陵女大國文系主任陳鍾凡先生演講	中國民主革命的歷史
	25	禮拜	校長講道	
	27	〃	校長講道	神的愛
	30	週會	舉行全校音樂會	
6	1	禮拜	練唱畢業典禮歌	

(丙)本學期各週大事記要

月	日	週次	事項
2	13—19	1	1.舉行第二次新生入學考試、2.第一次校務會議 3.三十七年度第二學期開學辦理繳費註冊事宜 4.舉行清寒學生申請助學金審查會
	20—26	2	1.開始上課 2.第二次校務會議 3.發給二三四三月教職員薪金,4.伙食部職員談話會 5.大伙食團開始.員工生集体用膳 6.員生伙食會議 7.私中校長座談會
3	27—5	3	1.私中校長會議 2.領二月份專業米 3.新舊伙食委員辦理移交手續 4.私立教会中學校長会議
	6—12	4	1.補行開學典礼 2.舉行第一次工作檢討會 3.参加三八婦女節纪念大会 4.高中三级赴玄武湖举行聯歡會 5.開教職員聯誼會補發第一期薪金並聚餐 6.校長赴市教育局出席私中校長會議 7.寒假中勤工友给奬 8.初一、二學生赴清涼山参加植樹節典礼 9.所購侯家橋地皮辦清產權証明及簽字蓋章手續
	1[illegible]—19	5	1.私立教會中學校長會議 2.私中校校長會議 3.康樂服務團職員举行就職典礼 4.各级開级會 5.第二次工作檢討會 6.初一、二學生排球级际賽结果2:1.初二勝.
	20—26	6	1.舉行膳委會議 2.各级開级會 3.發動全校整潔運動 4.美劳家事研究會 5.教務會議 7.會計李德心先生與任桐君先生辦理移交手續
4	27—2	7	1.革命先烈纪念日放假一天 2.初三二学生赴玄武湖開级會 3.市教育局唐鐸督學來校考查 4.第三次工作檢討會
	3—9	8	1.高初中各级國語演講競賽结果高中第一名張小英,初中第一名史軼人,二.初一童軍在高國樑先生住宅草地露营 3.初一童軍赴玄武湖野外活動 4.初一童軍拔营返校 5.師生籃球友誼賽 5.放春假三日
	10—16	9	1.辦理第二次繳費手續 2.第二期開始上課 3.請李美筠博士為高二.三學生家事演講 4.各级開级會 5.領洗學生14人赴漢中堂考信德 6.第四次工作檢討會 7.舉行第二次教職員聯誼會並發第二期薪金
	17—23	10	1.全体學生赴金大聽道 2.各级開级會 3.各级學生勞動服務(拔草) 4.高一學生赴玄武湖開级會 5.全体教職員會議
	24—30	11	1.南京解放 2.員生工友代表赴中大開會 3.臨時教職員會議 4.中大歌詠隊指導全体學生唱歌 5.各级学生组织宣傳隊出發宣傳 6.教職員代表出席私中教職員聯誼會
5	1—7	12	1.各级學生出發宣傳 2.第五次工作檢討會 3.舉行第二十三届董事會 4.教職員代表出席市私立中學教職員聯誼會 5.開新教學研究會籌備會
	8—14	13	1.第六次工作檢討會 2.组織工友會 3.各级開级會 4.請湯銘新女士為高二、三學生家事演講 5.私立教會中學校長會議 6.教職員代表曹⋯⋯先生出席市私立中學新教學研究會 7.基督徒教職員禱告會 8.初二、三排球级际賽,结果2:1初二勝 9.基督徒教職員參加南京基督教協進會同工退修會校長並出席宗教组討論會
	15—21	14	1.高一、二學生辯論會(中等學校是否應男女同校)结果第一名高二楊澄89.5第二名高一瞿美英87.5第三名葉琳娜85.5(反辯勝) 2.第七次工作檢討會 3.市衛生局派員來校為全体員生注射防疫針 4.全体住校師生膳食會議 5.舉行學生晚會 6.師生排球友誼賽结果3:1學生勝
	22—28	15	1.第八次工作檢討會 2.高三高一排球级际賽结果2:1高三勝 3.私立教會中學校長團体拜訪市教育局鄭康先生及齊局長 4.第四次校務會議 5.初二高一排球级際賽结果2:1高一勝 6.私立教会中學校長會議 7.初中校隊與先生隊賽排球结果2:1先生隊勝 8.教職員代表赴市三女中出席新教學研究會 9.寄宿生與導師談話會 10.生產消費合作社籌備委員會

6	29—4	16	1.全校音樂會 2.第九次工作檢討會 3.全体教職員會議 4.高三初三畢業班停課温書 5.臨時教務會議
	5—11	17	1.高三初三畢業班舉行畢業考試 2.私立教會中學校長會議 3.師生各組組長学習新民主主義預備會 4.私立中學校長會議 5.教師節放假一天 6.教師節赴人民大会堂参加教師節紀念大會 7.初一二及高一二學生赴人民大會堂開會
	12—18	18	1.高二學生出發宣傳 2.第十次工作檢討會 3.高三初三補上國英數三要科 4.高一學生出發宣傳 5.工友談話會 6.各级学生出發宣傳 7.初三畢業生同樂會 8.學生自治會職員工作報告書 9.第五次校務會議 10.各级学生停課温書
	19—25	19	1.各级開始學期大考 2.第十一次工作檢討會 3.高三畢業生茶話會 4.高初中小學舉行畢業典礼 5.第六次校務會議 6.全体教職員聚餐
7	26—2	20	1.各處室辦理结束事宜 2.招生委員會會議 3.高初中小學畢業生攝影 4.校長與任主任持學校登記表格送市教育局辦理登記事宜 5.暑假住校教職員伙食談話會 6.發各级學生成绩報告單 7.第十二次工作檢討會 8.舉行研討學校组织系统座談會及生活輔導委員會會議 9.擬定各種規則草案
	3—9	21	1.下學期伙食及勞動生產與地皮分配討論會 2.教職員代表五人赴[illegible]文化会堂出席「七七」大會籌備會 3.校務會議預備會 4.私立教會中學校長會議 5.教職員参加「慶祝解放」「紀念七七」大遊行 6.教職員四人赴暑期講習會報到
	10—16	22	1.曹先生出席地理研究會 2.校長與李主任出席婦聯會

(丁)本學期免費生清單　　三十七年度第二學期

年級	姓名	免費比率	免費金額	共計	備註
初一	沃淑珍	全免	782,000	3,728,900	
	史軼人	〃	782,000		
	寇景義	1/2	391,000		
	闔月英	〃	391,000		
	陳延正	1/3	328,900		
	宗荔		562,000		
	劉庭琇		431,000		
	張靜儒		61,000		
初二	王寶珠	全免	782,000	2,624,000	
	韓愛秀	全免	531,000		
	朱榮菊	全免	345,000		
	寇景仁	1/2	391,000		
	李拉結	全免	575,000		
初三	楊月霞	1/3	328,900	2,159,700	
	陳中琴	2/3	598,000		
	管麗麗	1/3	328,900		
	王筱玉	全免	575,000		
	管前修	1/3	328,900		
高一	瞿美英	全免	563,500	1,955,000	
	李玉珍	〃	563,500		
	黃開斌	〃	563,500		
	楊秀珍	1/3	264,500		
高二	邰文哲	全免	793,500	1,898,000	
	金發楠	1/2	333,500		
	凌永齡		486,000		
	朱小曼		285,000		
高三	邰平心	全免	563,500	1,495,000	
	黃敬宜	1/2	333,500		
	霍素真	〃	333,500		
	李路得	1/3	264,500		
總計	30人			138,606,000	

2、教務概況

一、教學實施——本學期教學實施，大致與上學期相同，惟高中家事學程另訂實施計劃：

A、家事特別教室有三（一）縫紉室——內設洋机八架，裁縫桌二張、（二）烹飪實驗室——內設儉柴炉灶、餐桌、碗櫥、餐具、炊具、洗菜盆、自來水等，（三）新闢家庭生活實習室，專供高中二年級實地練習家庭生活之用，如佈置、清潔、整理等，計該級為二十八人，分為七組，每組四人，每週輪流值住，並由級任導師與家事教員指導及評判成績，作為家事成績之一部份。

B、特設家事講座——為使高中二、三年級學生對於家事提高興趣起見，每隔一週特請專家演講關於家事方面之各項問題，如基督化家庭、社交礼節、育兒、家庭衛生、醫藥常識、看護等。

C、派員參加基督化家庭研究班——中華基督教協進會在金女大家政系附設基督教家庭研究班，自四月九日起計講習八星期，校長親自率領張玉芳、陸守震、李華等前往參加研究，冀學成返校有新教材教授學生。

二、增設地理教室——本學期以減少班次，將剩餘教室，增闢地理教室，内懸掛中外大地圖及學生所製作地圖，另設各地特産標本（在徵集中）櫥俾資教學之參攷。

三、增設圖畫教室——將前教務處訓育處聯合辦公室，分設他處，而以該室作為圖畫教室專供静物寫生之用，内有畫架數十個，及黑板與静物儲藏櫃等。

四、課程略有改變——初高中各年級課程，除大致與上學期相同外，均不授「公民」童子軍訓練亦改為球類活動——英語除高一分為甲乙兩組教授外，其餘不分組。

五、改良考試方法——各級學業成績考查，改用不定期抽考辦法，每週抽考二科——一主科一副科——每考二次平均作為中途測驗成績，凡有主科二門以上不及格者報告家長及級任導師，請互相督促以求進步。另設期終考試及畢業考試等。

六、成績展覽——學生平時習作，除中英文作法優良成績揭貼指定地點外，其他各科如社會自然圖畫等，分别陳列各專有教室。

七、學藝競賽——本學期各種學藝競賽，悉由學生康樂服務團

[illegible]五月十六日舉行辯論會，題為中學是否應當男女同校（正面勝）

八、教員動態——教員因時局影響，寒假前後均有離京，其離京者，多不續聘，高中數理教員汪書城先生離校，請本校前數理教員巢薇苓先生担任，宗教教員曹貴恩先生返平，由馬樹賢先生担任，初一、二英文教員黃麗金先生離校，聘請李德心先生担任，李德心先生於四月上旬赴申高就，又請孫少珊先生教授（兼授高一乙組英語），其他國文、社會科學、自然科學、圖畫、家事、體育等各科教員均無變動，惟音樂教員沈宏璧先生離校後，高初中音樂課程概由校長親自担任：

九、學生動態——各級學生亦以時局影響，隨家長離京者，約佔全數十分之七、八，其動態情形如下表：

項別	部別	人數	備註
返校舊生	高中	八〇	1. 轉學生發給轉學証書 2. 借讀他校學生發給借讀証，學期終了由借讀學校將該生考試成績寄回本校存案並予保留學籍
	初中	八一	
插班新生	高中	一五	
	初中	三九	
借讀他校	高中	五七	
	初中	三六	
轉學他校	高中	一三四	
	初中	二二九	

十、現有學級數與學生數——上學期初高中各年級每級分為兩組，合十二班，又初二下春組一級，共十三級，至寒假先後隨家屬離京者日衆，留京者僅佔十分之二三，故本學期初高中各年級改為六班，初中春組一級以人數不足，未便開班，借讀於滙文女中，至現有學生數如下表：

級別	項別	第一次註冊	第二次註冊	各部合計 第一次	各部合計 第二次	總計 第一次	總計 第二次	備註
初中	一年級	36	31	119	99	204	185	1. 各級免費生均在總數之內、 2. 各級借讀他校學生不在上數之內、
	二年級	44	39					
	三年級	32	29					
高中	一年級	39	33	96	86			
	二年級	28	28					
	三年級	25	25					

十一、應屆畢業生升學指導——本學期應屆畢業生人數，初中為五十三人，高中為六十二人（借讀他校者在內）。對於該生等除有國學常識、英文、數學及自然科學、社會科學等各科補充教材外，並舉行一次升學預試，以資練習。高三一級，並指導投考大學，或有保送者。

十二、學生活動情況——四月廿二日，以全城陷於無政府狀態，遂搶米案四起，本校仍照常上課，自廿三日南京幸獲解放，學生有應學聯號召，出外宣傳，並出快報「火箭」同時開始學習新民主主義論。預備游藝節目，參加市校聯合晚會，及「五二〇」晚會大合唱，又學生自治會於六月八日改組為學生會。

十三、教員活動情形——(1)譚完正先生（前本校童子軍教員）南京解放後改進軍政大學，(2)全校教職員舉有代表參加中教聯新教育研究會，學習新民主主義問題，(3)六月十日全体教職員參加解放後第一個教師節慶祝大會（人民大會堂）(4)教職員徐仲濤、汪濤、呂淑貞、馮傳峻、傅士武參加教育局主辦暑期講習會。

十四、畢業考試——六月一日至九日舉行畢業考試，與考者，高中二十五人，初中卅一人，評定成績後，經教務會議決定初高中全部畢業生，成績及格准予畢業，六月廿三日下午，在校長住宅舉行畢業生送別會，六月廿五日上午，在本校大礼堂舉行畢業典礼，（小學同時參加）下午六時半舉行惜別會。（畢業生名單錄後）

十五、修正初中畢業生直昇高中辦法，凡主要科目，操行，体育及格者均予直昇，計本屆直昇者有二十三名，（名單錄後）

十六、學期考試—本屆學期考試在六月廿一日—廿四日舉行，評閱成績統計後報告家長。（參加考試初中八十六名、高中七十四名、畢業生在外）

十七、辦理結束及開始招生—本學期辦理結束、於六月廿九日舉行下期招生委員會第一次會議、修正招生簡章、七月一日開始放暑假五十天、七月卅一日開始登報招生。

十八、圖書儀器

甲、圖書		乙、儀器	
中文書籍	三〇一三冊	物理儀器	一五四種
英文書籍	四九五冊	化學儀器	六三種
日文書籍	一一〇〇冊	生物儀器	一三八種
標本及模型	五二種		
試驗用藥品	一七八種		

十九、本處職員工作概況—本期以學生減少、本處除主任一人外、有兼職職員二人（合為一人）除處理日常工作外、暑假期中上午照常辦公、計本處收發文件計收文一七二件、發轉學生證書七十八件、各機關函件十九件、學生家長函件二三〇件、借讀証書九十二件。

二十

附件

(甲)本學期優秀學生一覽表

本學期各班成績優秀同學名次

級別	姓名	學業成績	備註
初二	尹枚	94.4	全校第一
高三	陳寶祺	94	
高二	武明珠	87.75	
高一	王英若	89.7	
初三	萬亢鑾	94.2	
初二	尹枚	94.4	

(乙)本屆高中畢業生四十四名

在本校參加畢業考試者計二十六名

黄敬宜　邵平心　顧貞　徐邦政　郭先媛　盧素真

馬慶蘭　王祿芳　王文珍　薛文潔　李馥馨　陳淑貞

李汝慶　朱慶玲　王瑞雲　李天華　李路得　王予貞

龔光儀　陳夢飛　馬舜英　李學和　祁光琳　朱秀英

林冠華　吳道絢(去年有二門主科不及格今年補考及格准予畢業)

借讀他校准予畢業者十八名

張　正　朱木蘭　高錦璽　蕭歡壤　陳　杭　董克京
章淑卿　靳倩怡　賴玉清　范龍珠　范愛珠　陳毅華
朱鳳笙　馬寶森　張文煥　梁仲雅　楊儀方　李佩英

(丙)本學期初中畢業生三十八名

在本校參加考試者三十一名

王英若　葉蔚華　鄒珊珊　戴國華　管俞修　俞　權
管麗麗　尹　敏　徐秀英　沈漢英　李家琳　王薇玉
周永珠　楊月霞　龍佩文　龍秉文　曹　莉　陳寶鳳
程鴻遠　陳美玉　王芸萱　瞿美玲　馮立蓉　劉國立
李桂蘭　袁　梅　王惠如　唐惠琴　朱玉芳　靳順玲
陳中琴

借讀他校准予畢業七名

湯國斌　錢奕梅　沈　鉌　馬玉森　鄒　雪　程誌青
趙　進

(丁)本學期初中畢業直升高中學生二十三名

王英若　葉蔚華　鄒珊珊　戴國華　管俞修　俞　權
管麗麗　尹　敏　徐秀英　沈漢英　王薇玉　李家琳
周永珠　楊月霞　陳宗鳳　程鴻遠　陳美玉　瞿美玲

劉國立　王惠如　李桂蘭　靳順珍　陳中琴

（戊）歷年（1945下——1949上）班級數統計表

年別＼班級＼部別		初中部 一上	初中部 一下	初中部 二上	初中部 二下	初中部 三上	初中部 三下	初中部 小計	高中部 一上	高中部 一下	高中部 二上	高中部 二下	高中部 三上	高中部 三下	高中部 小計	借讀 高中	借讀 初中	總計
34上	1945下	1		1		1		3	1		1		1		3			6
34下	1946上	1	1		2		1	5		1		1		1	3			8
35上	1946下	3	1	2	1	2		9	2		2		1		5			14
35下	1947上	1	2	1	2	1	2	9		2		2		1	5			14
36上	1947下	2	1	2	1	2	1	9	2		2		2		6			15
36下	1948上		2	1	2	1	2	8		2		2		2	6			14
37上	1948下	2		2	1	2	1	8	2		2		2		6		（春3下）1	14
37下	1949上		1		1		1	3		1		1		1	3		（春3上）1	7
備註	1948下半年春組三下及1949上半年初中春組三上俱借讀於滙文女中，其他各級借讀他校者，不列入本表之內。																	

（己）歷年（1945下——1949上）學生人數統計表

年別		初中部 一上	一下	二上	二下	三上	三下	小計	高中部 一上	一下	二上	二下	三上	三下	小計	借讀他校 高中	初中	總計
34上	1945下	30		28		14		72	11		22		19		52			129
34下	1946上	61	58		79		41	239		46		53		31	130			369
35上	1946下	135	47	87	21	81		371	76		89		55		220			591
35下	1947上	56	136	49	94	23	78	436		70		72		58	200			636
36上	1947下	103	63	131	47	102	25	472	89		76		78		243			714
36下	1948上		102	56	101	38	89	386		88		72		80	240			626
37上	1948下	106		94	41	103		344	112		87		79		278		（春三下）13	622
37下	1949上		36		44		32	112	39			28		25	92		（春三上）11	204
備註	1948下半年初中春組三下及1949年上半年初中春組三上俱借讀於滙文女中，其他各級借讀他校者不列入本表學生數之內。																	

（庚）歷屆（1945下半年—1949上半年）寄宿生人數比較表

時間	1945下—1946上		1946下—1947上		1947下—1948上		1948下—1949上	
	34上	34下	35上	35下	36上	36下	37上	37下
人數	36	145	248	234	250	205	205	51

（辛）歷屆（1946上半年—1949上半年）畢業人數統計表

部別 \ 年別	1946（34下）	1947（35上下）		1948（36下）	1949（37上下）		備註
		春組	秋組		春組	秋組	
初中	30	16	71	86	8	38	1.1949春組初中畢業生係在滙文女中借讀，由本校發給畢業證書。 2.1949秋組初中畢業生38名內有7名借讀他校。 3.1949高中畢業生44名內有18名借讀他校者。
高中	26	57		71	44		
統計	56	144		157	90		

3、訓育概況

本學期因時局影响，本處人事略有更動，關于訓導事宜全賴各级導師殷勤協助，加以康樂服務團各部職員克盡職守，於校長領導之下，得發揚學生民主自治能力，完成各項任務，茲將實施概況畧述于後

(甲)工作實施方面：

1、本學期仍採用級任導师制，凡有關學生學業生活習慣自治服務等事均隨時隨地以身作則，感化勸導。

2、本學期級導師會議歸併于工作檢討會每週舉行一次，商討學校各方面之工作。

(乙)訓練方面：

1、集体訓練

a、集會——每週一、三、五三次，敦請校内外人士講演灌輸學生有関人生之各種常識並確定其正當之思想。

b、週訓——由工作檢討會議定中心德目，級導師于級會時闡述倡導，康樂服務團協助推動，使全体同學注意而實践之，本學期中心德目計有正始、樂群、整潔、尊師、負責、學習全面化、工作集体化、文化學大衆化、生活科學化等。

c. 課外活動—本學期課外活動以實行生產教育切于實用為原則。採用分級教授制各科均有專任老師負責，計有園藝（種花種菜）家政（縫紉烹飪佈置）及柔術球賽等。

- 一年級—種花
- 二年級—種菜
- 三年級—學縫紉機

高中
- 一年級—烹飪
- 二年級—佈置
- 三年級—自由參加

d. 特別講座

①時事講座：由社會學科教員曹老先生報告時事，詳加分析、使學生了解國內狀况與國際形勢。

②家事講座：聘請專家講演令全体高中學生參加聽講以增進其對于家庭及社交之常識。

2. 自治訓練

a. 級會—各級由級長及各股股長分別負責管理級務，

每星期三第三節課舉行級會檢討過去策勵未來，并由導師講話協助解決各種問題或團体出外郊遊。

b.學生自治會——上學期改名康樂服務團繼續一切學生自治工作自南京解放後感于工作急待展開仍恢復原來學生自治會名義依原有組織而擴大之添設連絡宣傳兩部各級亦設有連絡宣傳兩股分力合作一切有関事宜茲將學生自治會之組織綱要及其所司職務附後

①正副會長：主持開會及一切會務。

②總務：專司文書會計事務等職。

③風紀部：掌管及推動各級有関秩序之活動每日輪流檢查各級秩序每週週會時發流動錦標以資鼓勵。

④衛生部：掌管一切有関整齊清潔之事工分別值日、負責打掃、檢查教室與寢室之整潔，成績優良者，每週亦給流動錦標以鼓勵之，本學期曾發起兩次勞動服務(除草運動)并舉行清潔突擊檢查兩次促使學生時刻保持清潔之習慣。

⑤灵修部：本學期因宗教老師不住校、一切宗教活動

皆由灵修部長主持。

⑥學術部：掌管校内各種刊物并策動各級按時出壁報，自南京解放後隔日出快報一次，工作頗形緊張。

⑦体育部：計劃及策動各種球賽，每週舉行一次班級比賽。

⑧遊藝部：統籌一切遊藝事宜。

⑨宣傳部：負責全校學習對外宣傳事工如街頭宣傳漫畫標語等。

⑩連絡部：每日負責送快報并與各校取得連繫採訪新聞搜集快報之資料。

(丙)舍務方面

本學期寄宿生人數計有五十人共用寢室六間，生活情形一循過去成例，一切内務，皆由學生自理各室推選室長一人，負責管理，平日不得出校，星期六例假得領名牌歸宿。

4、事務處概況

本學期因時局關係本處人事減少對于校內一切修建購置等等為經濟所限力求緊縮茲將本學期辦理事務概況報告如左

一、建築方面　本校蒙長老會教會捐贈石鼓路　號地皮一塊、為便于照管起見、學校撥給材料令工友在該地建築木棚二間、由徐文進夏玉忠二工友眷屬遷住該處、

二、增設方面　本學期學生人數減少、即利用空屋增設圖畫教室、史地教室、家政實習室及學生會會議室等、

三、開闢方面　利用中小學所有荒地從事開墾種植、並利用池塘養魚、增加生產、

二、明德小學概況

1、招生——因時局關係，舊生大半離去，同仁為看守校舍，及應變起見，乃於元月十五日招收各級插班生，計到考生十八人，由留校同仁分任出題、主試、閱卷、體檢等工作，半日畢事，錄取正取生十六名，試讀生二名，高級以五十分為及格，初級以四十五分為及格。二月九日二次招生，考生五十名，全部錄取，其中十六名成績過差，以試讀生名義准其入學。二月十四日第三次招生，取四十六名，共計錄取新生一百一十四名。

2、開學——二月十七、八、九三日，辦理新舊生繳費註冊購書等手續，二月二十一日開學上課，計到學生九十人。

3、教職員——本期教員除戴樹梅、郎秀荷、竇麗芳三位因事離職外，餘均照舊，並聘崔思淑、劉毓英二君為五、四年級任，詳見本學教職員一覽表。

4、編級及學生人數——開學後時局轉穩，舊生陸續歸來，新生亦續有投考，但仍未足額，為求教學實效，仍編六個單式學級，茲將學生人數表列后：

三十七年第二學期學生人數統計表

年級	男	女	共計
一年級	一六	一五	三一
二年級	一七	一二	二九
三年級	一二	一四	二六
四年級	一〇	一一	二一
五年級	一一	八	一九
六年級	一四	一二	二六
總計	八〇	七二	一五二

5. 改換課本與成績考查——國定國常課本、內容多失時效、教學倍感困難、遂改用萬葉書局出版之國語副課本、及基本書局出版之常識副課本、為國常課本。算術則仍其舊、高級除國語改用副課本、公民課廢除外、餘均照舊。成績考查、向重月考與期考、此法行久、易使兒童發生為應考而讀書之錯誤觀念、同仁有鑒於此、移考試重點於平時測驗、凡知識各科、每教完一單元、即舉行一次測驗。試行以來、頗著成效、不但認真學習、且原屬劣等兒童、亦有顯著進步。

6. 保健工作——三月八日、衛生局派員到校為各級兒童佈種牛痘。三月十二日、本校教職員率領新生至市民醫院舉行螢光透視、結果發現三十一人肺部不清楚、復於十六日復查、結果僅沈鏞立、伍必蘧等數人肺部較弱、當即通知家長注意營養、減少活動。五月十六日、衛生局又派員到校為全体員生工友注射防疫劑，並發給注射證一張。

7.兒童活動

甲、級會——一至六年級均有級會，每週開會一次，完全由兒童自動，這是學習解決自己的問題的一種機構。

乙、巡察團——五、六年以上各級推選代表所組成的自治機構，任務是維持秩序，保持清潔，正副團長下設團員十八人，分全校為六個崗區，張漢霞老師負指導之責。

丙、學藝競賽——三月廿六日四、五、六年級舉行乒乓球賽，由譚先正老師担任裁判，六下湯偉華、童有志、韓壽山三名獲獎。同時一、二、三年級舉行小皮球賽，白嵐、蔣永安、孫坤元三位老師担任評判，結果王宗美、王寧生第一，張奕鳳、詹永祥第二，張燕燕、潘海藪第三，各得獎品一份。四月二日舉行演講比賽，由譚、蔣、張三位老師評判，結果高級組周正一、吳默知、童有志、湯滌生成績最優，中級組張燕生、黃任中、李錫珍最优，低級組齊欣、曹友松、張燕燕、黎書樺最优。四月十六日舉行寫字比賽，由熊徽和、任桐君、張漢霞三先生評判，高組以湯偉華、何永選、張燕生、黎書枝、馬德馨、張奕龍，低組以胡博立、陳恩中、馬從龍、郭秀英、張奕鳳、沈津立諸生為最優。

丁、遠足—四月廿日全校師生二一四人，分乘馬車十輛，於上午八時三十分至玄武湖遊覽，划船、遊戲、野餐、唱詩、講故事，無不興高采烈，下午四時始坐原車返校。

戊、課外活動—每日課後半小時，兒童可以自由參加活動，有老師從旁指導，科目有奕棋、乒乓、皮球、運動、绘畫、歌詠等組。

己、大掃除—三月十九日舉行大掃除，全体師生總動員，自晨至午，緊張沈着，將每一個角落都洗刷過了。

庚、閱書—新闢閱書室，安静清潔，由桐君本人主持，各級圖書幹事協助，每日下午十二時三十分至一時二十分，為閱覽時間，閱者十分踴躍，惜存書不多，尚須充實。

8、畢業與期考—本期應屆畢業生二十五名，大半是本期所收插班生，程度不大整齊，除一二學生主科不及格須補考外，餘均及格，考後兩星期，授以補充教材，六月廿五日舉行畢業典禮，發給畢業證明書，畢業生並合贈衣鏡一架，作離校紀念，凡成績及格之女生，均可直升本校初中肄業。十八週舉行期考，廿五日行休業式，凡學業成績优良，服務勤勉，各生均獲得獎狀或獎品。

（附畢業生名冊）

9.解放後的本校動態——南京經四月廿二日一晝夜之隆隆炮聲後，廿三日即成真空地帶，全城為搶風所席捲，人心惶惶，槍聲四起，但本校仍弦歌未輟。廿四日清晨，即見解放軍行列進入市區，民心始安，市面漸復。茲將本校動態略誌於后：

甲、四月底，南京市小成立教職員工聯合大會，本校當即加入為會員，并推選張漢霞先生為代表，負對外聯絡之責。

乙、五月二日，成立校務委員會，依據市小教職員工聯合會通知，選出教職員代表五人、兒童代表一人、工友代表一人，組織校務委員會，推進校務，茲將組織系統及當選人姓名列后：

南京市私立明德小學校務維持委員會

- 委員：張漢霞、劉毓英、孫坤元、任桐君
- 委員兼主席：白嵐
  - 聯絡組組長：張漢霞
  - 教導組組長：劉毓英
    - 教材股：白嵐
    - 教法股：任桐君
    - 訓育股：劉毓英
  - 總務組組長：孫坤元
    - 文書股：湯偉華
    - 會計股：孫坤元
    - 保管股：陳玉明
- 委員：湯偉華、陳玉明

丙、歡迎解放軍——五月三日，高級兒童擅長書法者，寫製欢迎標語數十張，張貼通衢。五月十六日，全校兒童合作壁報一大張，揭示新街口要道。五月十九日參加京市公私立小學聯合欢迎大會，六下李鴻泉小友代表致欢迎詞，高級湯滌生、李家祁、周暢生等表演雙簧，是日全場秩序良好，情緒亦甚熱烈。

丁、解放週中心訓練——為使兒童對現實有正確認識與學習起見，於五月九日實施解放週中心訓練週會時，提出中心德目（解放）常識課研討問題：①怎樣認識人民解放軍②什庅是人民解放軍城市工商政策③中國共產党是怎樣的，④什庅叫土地翻身⑤怎樣研究新民主主義。

戊、參加京市小學教職員工聯合會會議及各種有關集會——本校聯絡員張漢霞先生經常出席各種會議，孫坤亢先生代表女教師出席婦女會，任桐君代表校長出席局方所召開之會議。

己、學習小組研究會——依據新民主主義學習大綱定期開會，交換意見、報告心得，全体教職員均為會員。

庚、辦理登記手續—本市教育局為欲明瞭私校辦理情形，舉辦登記，發下表格五種，限期填報，本校當即一一遵辦。

本校三十七年度下期高級畢業生名冊

姓名	性別	年齡	籍貫	入校年月	畢業年月	畢業成績	操行成績	通訊處	名次	備註
陸文湜	男	十二	江蘇寶山	三十八年二月	三十八年六月	78.91	上	本市淮海路淮海新村三號	10	
周正一	男	十二	江蘇宜興	三十四年二月	三十八年六月	74.96	中	本市大丰巷三十三號	14	

童有志	男	十四	江蘇江都	三十七年八月	三十八年六月	74.61	中	本市吳中商場內八弄296號	16	
侯必雷	男	十三	南京	三十八年二月	〃	77.54	上	本市沈舉人巷同仁里二號	11	
張有志	男	十五	安徽來安	三十八年二月	〃	57.85	可	本市上海路161號之一	25	該生成績不及格未予畢業
湯偉華	男	十五	江蘇鎮江	三十八年二月	〃	93.36	上	本市石鼓路326號	1 超	
吳默知	女	十二	江蘇江陰	三十六年二月	〃	86.81	上	本市秣陵路秣陵村21號	2	
武月琴	女	十三	南京	三十七年二月	〃	71.92	中	本市門西毛家苑119號	19	
邰絲絲	女	十四	浙江餘姚	三十六年六月	〃	74.82	上	本市四條巷59號	15	
嚴織娥	女	十五	上海	三十六年二月	〃	72.95	中	本市漢中門外自來水廠	18	
李鴻泉	女	十二	南京	三十六年二月	〃	85.33	上	本市荳菜橋十八號	3	
歐秀萍	女	十三	南京	三十八年二月	〃	85.26	上	本市門西毛家苑十七號	4	
朱南峰	女	十三	浙江嘉興	三十八年二月	〃	80.01	上	本市中山路九號	8	
武明美	女	十三	江蘇鎮江	三十五年九月	〃	79.65	上	本市明瓦廊十七號	9	

王桂英	女	十四	江蘇泗陽	三十八年二月	三十八年六月	64.5	中	本市王府園64號	24
武明華	女	十五	江蘇鎮江	三十五年九月	〃	81.48	中	本市明瓦廊17號	6
潘德泉	男	十二	安徽和縣	三十八年二月	〃	70.67	中	本市止馬營139號	22
沈鏞立	男	十二	安徽當塗	三十八年二月	〃	84.11	中	本市天妃巷38號	5
李家祁	男	十四	安徽合肥	三十五年八月	〃	70.85	中	本市漢中路牌樓巷51號	20
章正璞	男	十四	安徽來安	三十八年二月	〃	73.76	中	本市上海路161號之2	17
張華峻	男	十二	安徽合肥	三十八年二月	〃	75.73	中	本市昇州路356號	13
韓壽山	男	十三	南京	三十五年二月	〃	71.76	中	本市倉巷102號	21
鄭忠傑	男	十二	山東諸城	三十八年二月	〃	81.41	上	本市左所巷19號	7
師懷仁	男	十四	山西懷仁	三十八年二月	〃	76.11	中	本市石鼓路326號	12
萬聰	女	十二	安徽巢縣	三十七年八月	〃	69.1	上	本市漢中路牌樓巷49號	23

明德女子中學
收支對照表

三十七年度第二學期　　　　1948年12月11日至1949年7月31日

金額		項目	金額	
		收入之部		
8	84	上屆結存		
25,934	82	學雜費		
13,064	00	捐款		
19	63	利息		
8,591	02	其他		
804,642	65	兑換		
		支出之部		
		薪金	16,024	57
		工資	302,988	06
		文具	8	07
		紙張	1,700	00
		郵電	31,696	14
		消耗	58,448	79
		旅運	5,449	03
		衛生	5,601	13
		交際	23,708	04
		雜支	245,643	32
		伙食	10,124	99
		書報	10,898	29
		體育	200	72
		實驗	399	00
		醫藥	501	00
		修理	45,307	07
		購置	18,000	00
		結存	75,562	74
852,260	96	合計	852,260	96

明德小學
收支對照表

三十七年度第二學期　　　　1948年12月11日至1949年7月31日

金額		項目	金額	
		收入之部		
10,757	31	學雜費		
167,469	92	兑換		
12,372	56	其他		
		支出之部		
		上届结虧	1	37
		薪金	4,878	84
		工資	95,369	83
		文具		75
		消耗	8,460	54
		旅運	680	04
		雜支	77,137	30
		書報	1,007	45
		修理	2,462	63
		購置		60
		结存		44
189,999	79	合計	189,999	79

附本學期中小學教職員名單

陳黃麗明　曹發公　應楚城　劉毓英
李雪華　沃　濤　傅士武　吳　蓉
徐仲濤　譚先正　陸宇震　孫坤元
雷鶴鳴　張一鵬　林惠勤　吳引鶯
梁筱岑　陳孝祚　孫徽和　蔣永安
王啟振　宋育川　任桐君
馮傳峻　張玉芬　張漢霞
張愛知　馮樹賢　劉宏振
呂文鏡　王晴華　白　嵐
陳少珊　呂淑貞　崔思淑

貳 學籍管理

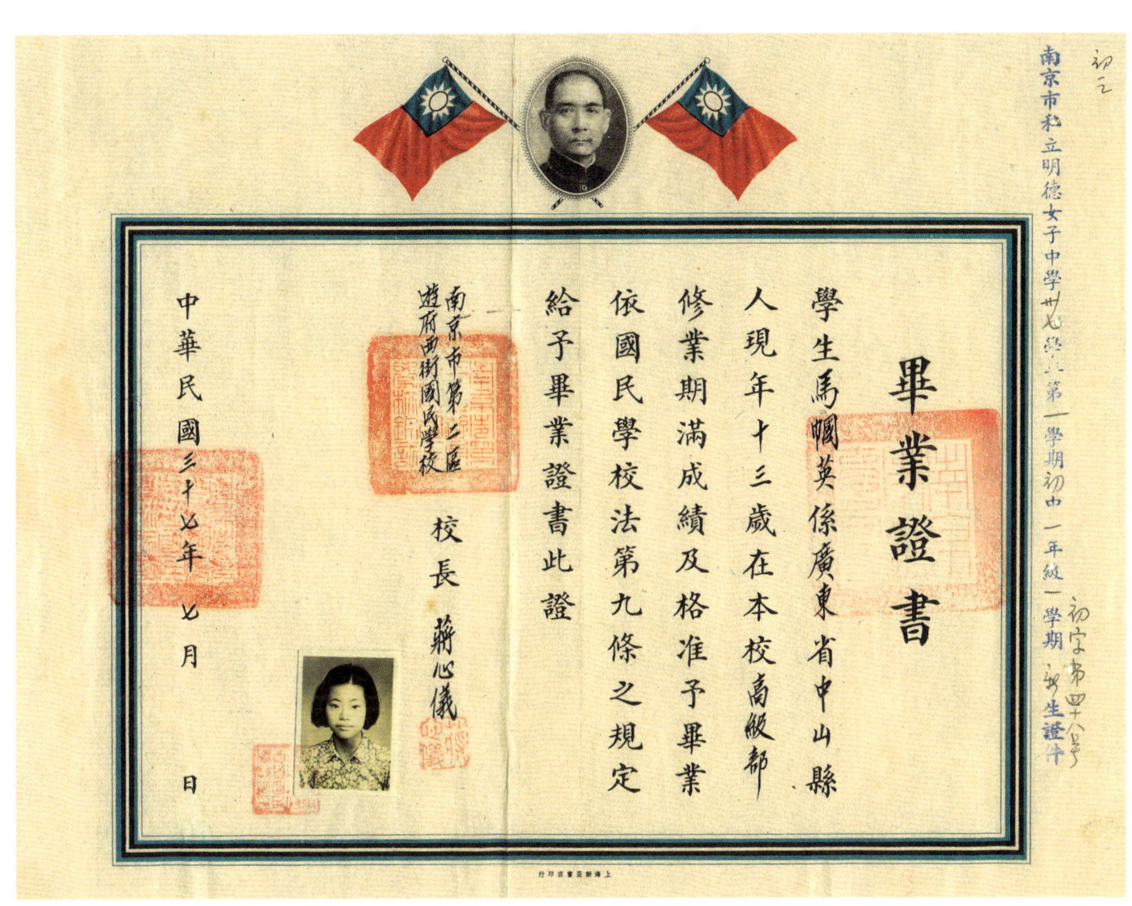
南京市私立明德女子中學卅七學年第一學期初中一年級一學期新生證件
初字第四十八号
畢業證書
學生馬㛰英係廣東省中山縣人現年十三歲在本校高級部修業期滿成績及格准予畢業依國民學校法第九條之規定給予畢業證書此證
南京市第二區遊府西街國民學校
校長 蔣心儀
中華民國三十七年七月　日

南京市私立明德女子中學一九四八學年第一學期初中一年級一學期新生證件（小學畢業證書）
（一九四八年七月）
檔號：1009-1-1054

畢業證書

學生陸小若係江蘇省太倉縣市人現年十三歲在本校高級修業期滿成績及格准予畢業依照國民學校法第九條之規定給予畢業證書此證

南京市第五區林陵路第一國民學校校長吉爾琇

中華民國三十七年七月　日

畢業證書

學生黄佩玉係廣東省市普寧縣人現年十三歲在本校高級修業期滿成績及格准予畢業依照國民學校法第九條之規定給予畢業證書此證

南京市第一區逸仙橋國民學校　校長葉華

中華民國三十七年七月　日

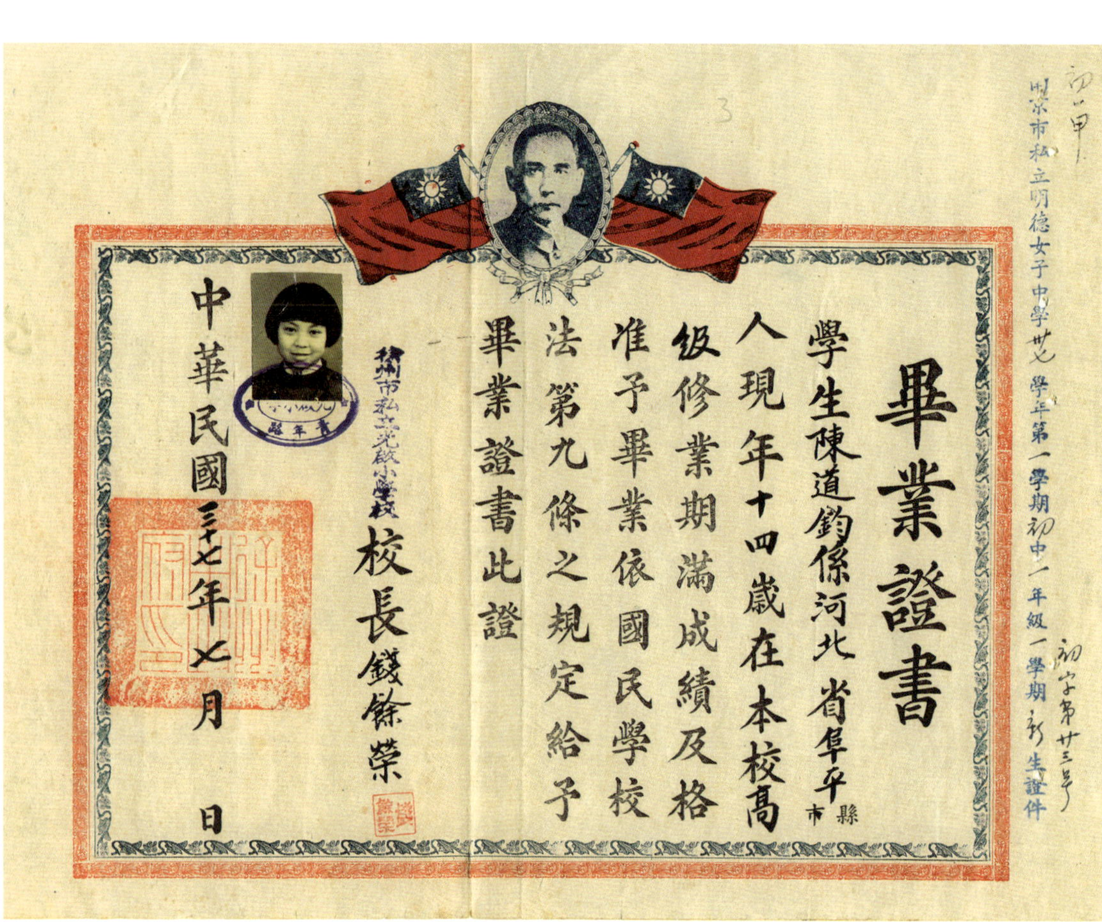

畢業證書

學生陳道鈞係河北省阜平縣（市）人現年十四歲在本校高級修業期滿成績及格准予畢業依國民學校法第九條之規定給予畢業證書此證

徐州市私立光啟小學校 校長錢餘榮

中華民國三十七年七月 日

初二甲

南京市私立明德女子中學卅七學年第一學期初中一年級一學期新生證件

初字第廿三号

南京市私立明德女子中學卅七學年第一學期初中一年級一學期新生證件

初字第廿八号

畢業證書

學生胡先梅係安徽省全椒縣人現年十五歲在本校高級部修業期滿成績及格准予畢業依國民學校法第九條之規定給予畢業證書

此證

全椒縣馬廠鄉第一中心國民學校

校長黃仲棋

中華民國三十七年七月　日

初中明德女子中學卅七學年第一學期初中二年級一學期插班生證件

轉學證書

學生吳瑞泉江蘇省蕭縣人在本校初中部壹年級下學期修業完畢今因請求轉學特給此爲證

江蘇省教育廳立案徐州市私立昕昕中學校長

中華民國37年10月9日

學年		一		二		三	
年度		36					
科目 \ 學期		一	二	一	二	一	二
1	公民	81.6	88				
2	國文	88.8	91				
3	英語	85	86				
4	算學	80.6	91.5				
5	博物	78	93.6				
6	生理	x	78.4				
7	化學	x	x				
8	物理	x	x				
9	生物	x	x				
10	礦物	x	x				
11	歷史	86.8	95.6				
12	地理	75	94				
13	勞作	68	69				
14	圖畫	75	76				
15	音樂	78	84				
總平均		79.7	86.6				
操行成績		85	85				
體育成績		60	78				

附註

一、初中童子軍成績遵照修正中學規程併入體育成績中計算

二、初中動植物礦物三科成績遵照中等學校課程標準合併平均列爲博物一科計算

轉字第貳捌貳號

南京市私立明德女子中學一九四八學年第一學期插班生證件（轉學證書）（一九四八年八月）

檔號：1009-1-1052

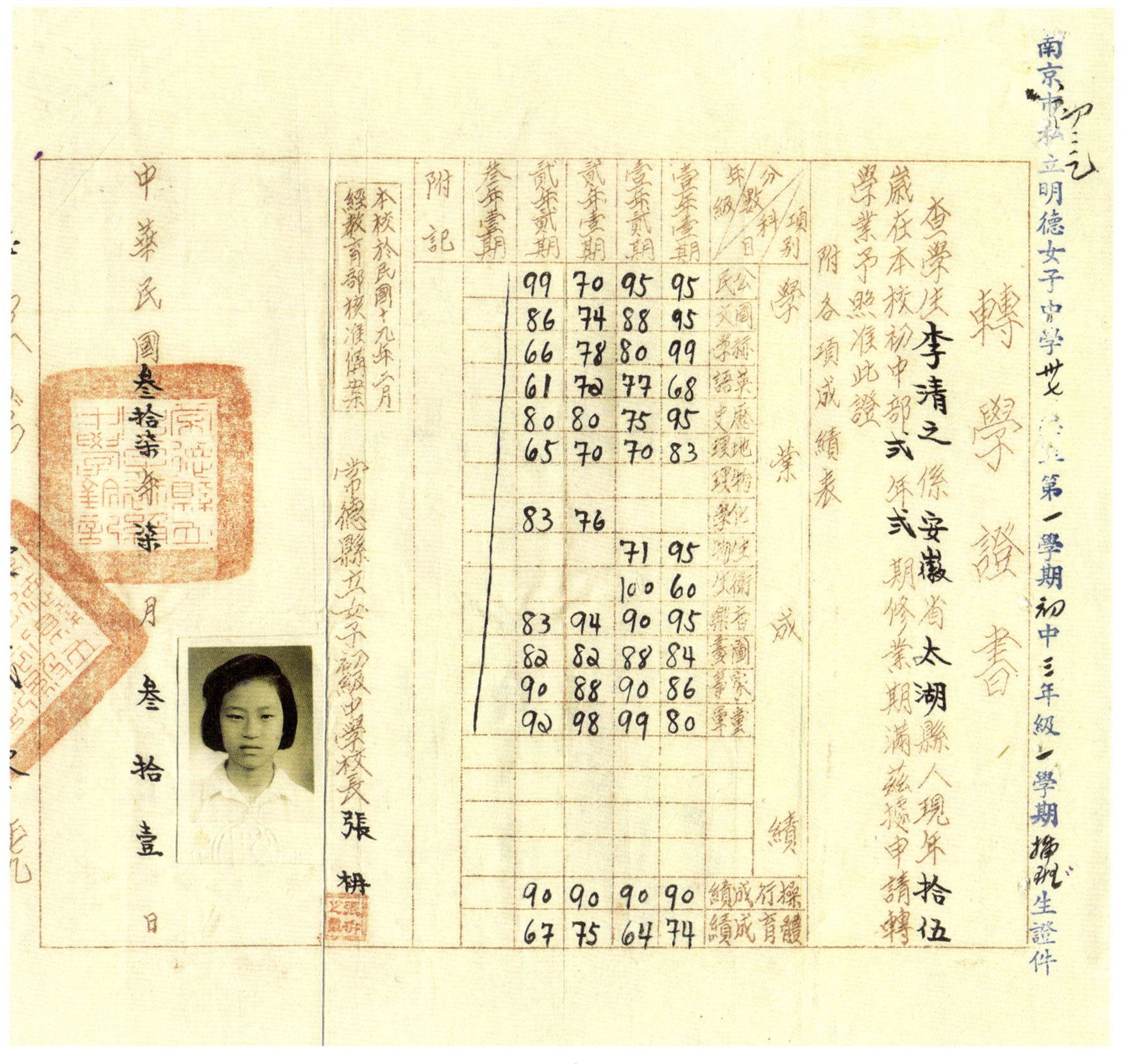

南京市私立明德女子中学卅七年度第一學期初中三年級一學期插班生證件

轉學證書

查學生李清之係安徽省太湖縣人現年拾伍歲在本校初中部貳年貳期修業期滿茲據申請轉學業予照准此證

附各項成績表

學業成績

項別 科目 分數 年級	壹年壹期	壹年貳期	貳年壹期	貳年貳期	叁年壹期
公民	95	95	70	99	
國文	95	88	74	86	
算學	99	80	78	66	
英語	68	77	72	61	
歷史	95	75	80	80	
地理	83	70	70	65	
物理					
化學			76	83	
生物	95	71			
衛生	60	100			
音樂	95	90	94	83	
圖畫	84	88	82	82	
家事	86	90	88	90	
童軍	80	99	98	92	
操行成績	90	90	90	90	
體育成績	74	64	75	67	

附記

本校於民國十九年六月經教育部核准備案

常德縣立女子初級中學校長張枏

中華民國叁拾柒年柒月叁拾壹日

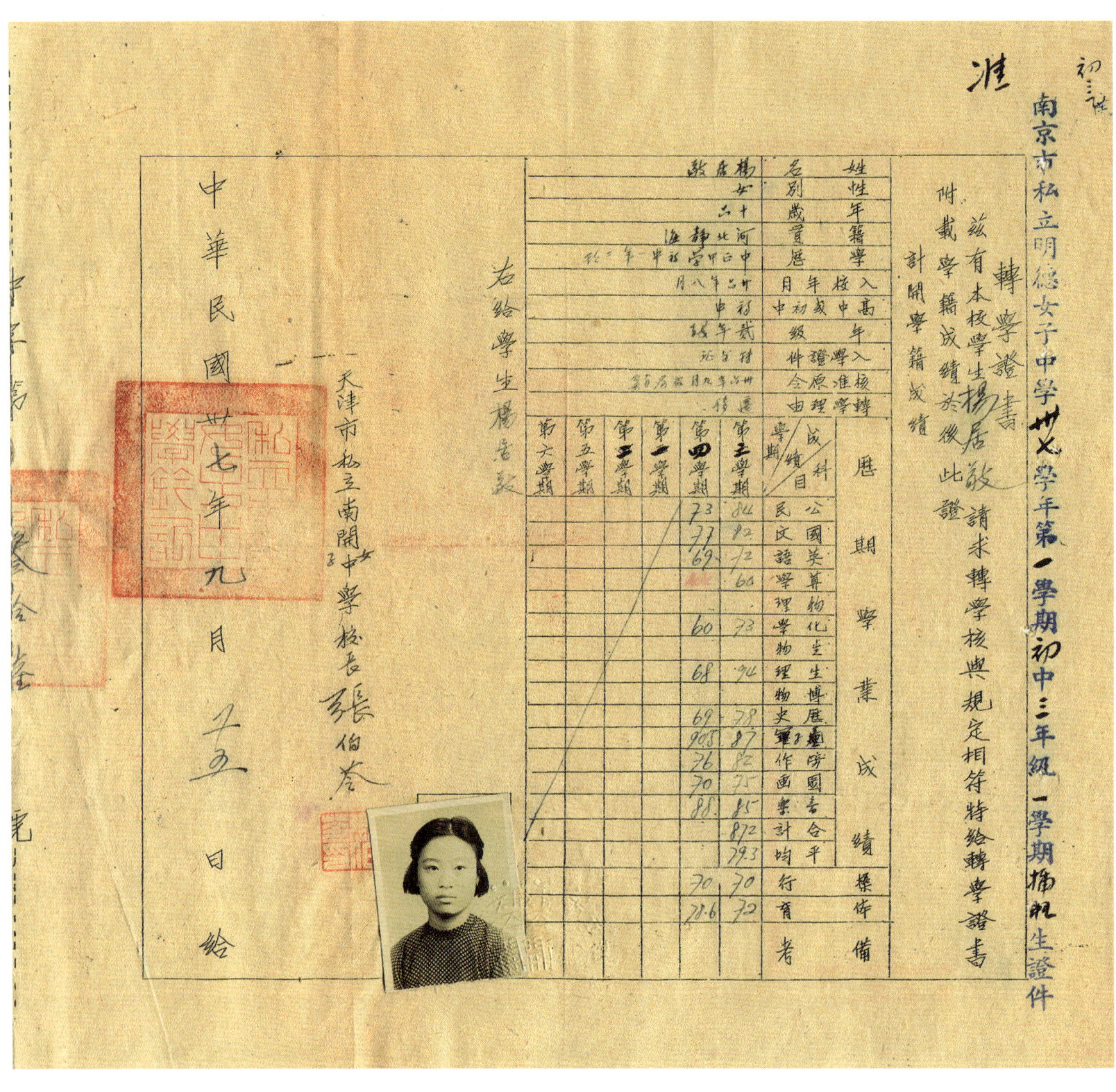

初三

準

南京市私立明德女子中学廿七學年第一學期初中三年級一學期插班生證件

轉學證書

茲有本校學生楊居敏請求轉學核與規定相符特給轉學證書附載學籍成績於後此證

計開學籍成績

姓名	楊居敏
性別	女
年歲	十六
籍貫	河北靜海
學歷	中日中學初中一年[illegible]
入校年月	廿六年八月
高中或初中	初中
年級	貳年級
入學證件	轉學証
核准原令	廿六年九月核局[illegible]
轉學理由	遷徙

歷期學業成績

科目	第三學期	第四學期	第一學期	第二學期	第五學期	第六學期
公民	84	73				
國文	82	77				
英語	72	69				
算學	60	[illegible]				
物理						
化學	73	60				
生物						
生理	94	68				
博物						
歷史	78	69				
地理	87	90.5				
勞作	82	76				
圖畫	75	70				
音樂	85	88				
合計	872					
平均	79.3					
操行	70	70				
體育	72	78.6				
備考						

右給學生楊居敏

天津市私立南開女子中學校長張伯苓

中華民國廿七年九月二十五日給

二甲

明德女子中學卅七學年第一學期高中二年級一學期插班生證

轉學證書

學生張同天天津市省　　縣人在本校高中部壹年級下學期修業完畢今因請求轉學特給此為證

江蘇省教育廳立案徐州市私立昕昕中學校長

中華民國37年9月24日

學年	一		二		三	
年度	36					
科目＼學期	一	二	一	二	一	二
1 公民	65	72				
2 國文	72.8	82				
3 英語	82.1	87				
4 數學	60	85				
5 博物	x	x				
6 生理	x	x				
7 化學	x	x				
8 物理	x	x				
9 生物	78	82				
10 礦物	x	x				
11 歷史	76.6	91				
12 地理	66	95				
13 勞作	66	76				
14 圖畫	79	89				
15 音樂	90	90				
總平均	73.5	84.9				
操行成績	80	80				
體育成績	81.6	87				

附註

一、初中童子軍成績遵照修正中學規程併入體育成績中計算

二、初中動植物礦物三科成績遵照中等學校課程標準合併平均列為博物一科計算

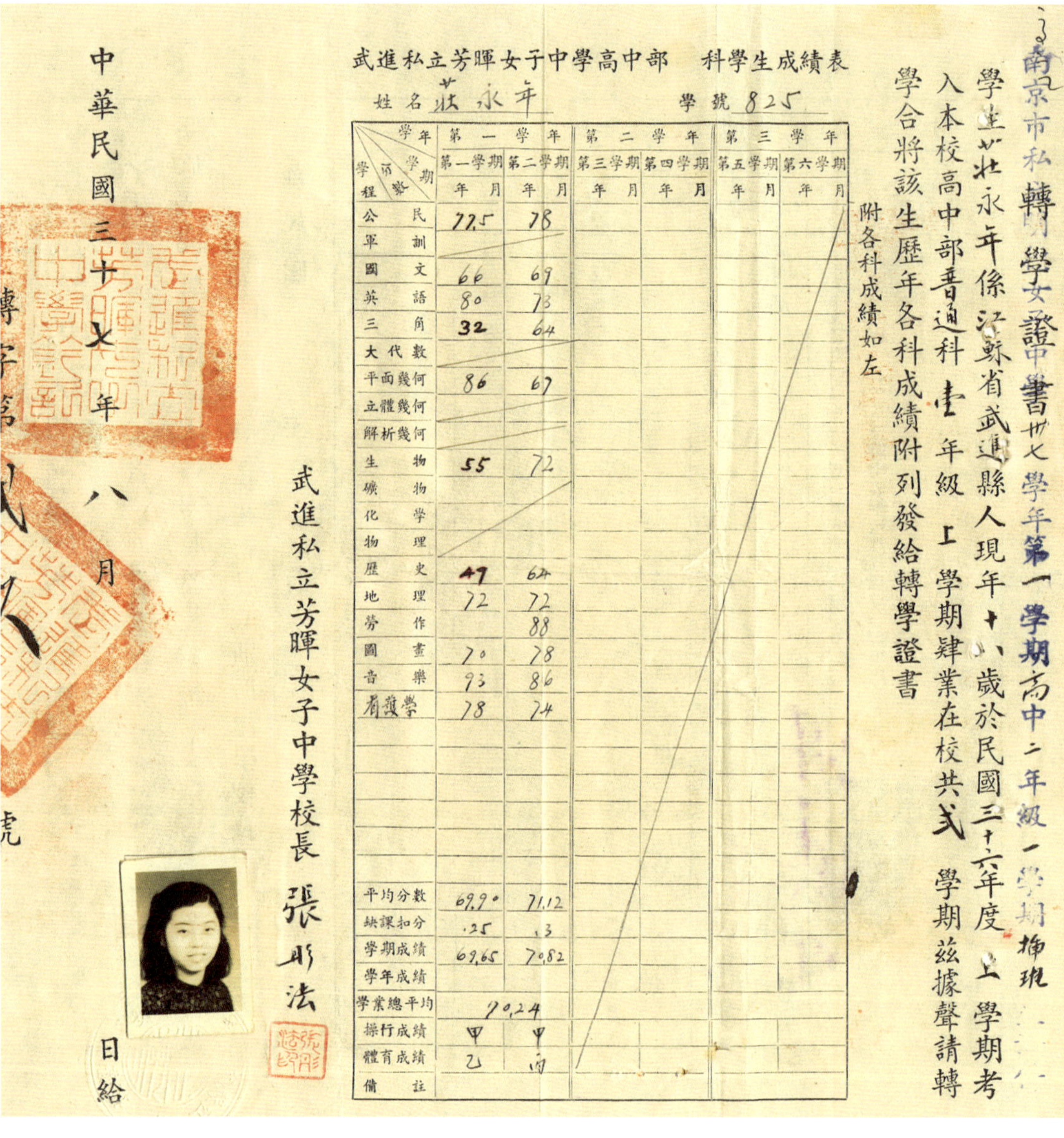

轉學證書

學生莊永年係江蘇省武進縣人現年十八歲於民國三十六年度上學期考入本校高中部普通科壹年級上學期肄業在校共弍學期茲據聲請轉學合將該生歷年各科成績附列發給轉學證書

附各科成績如左

武進私立芳暉女子中學高中部 科學生成績表

姓名 莊永年　　學號 825

學程 \ 學年 學期 分數	第一學年 第一學期 年 月	第一學年 第二學期 年 月	第二學年 第三學期 年 月	第二學年 第四學期 年 月	第三學年 第五學期 年 月	第三學年 第六學期 年 月
公民	77.5	78				
軍訓						
國文	66	69				
英語	80	73				
三角	32	64				
大代數						
平面幾何	86	67				
立體幾何						
解析幾何						
生物	55	72				
礦物						
化学						
物理						
歷史	47	64				
地理	72	72				
勞作		88				
圖畫	70	78				
音樂	93	86				
看護學	78	74				
平均分數	69.90	71.12				
缺課扣分	.25	.3				
學期成績	69.65	70.82				
學年成績						
學業總平均	70.24					
操行成績	甲	甲				
體育成績	乙	丙				
備註						

武進私立芳暉女子中學校長 張彤法

中華民國三十七年八月 日給

轉字第 號

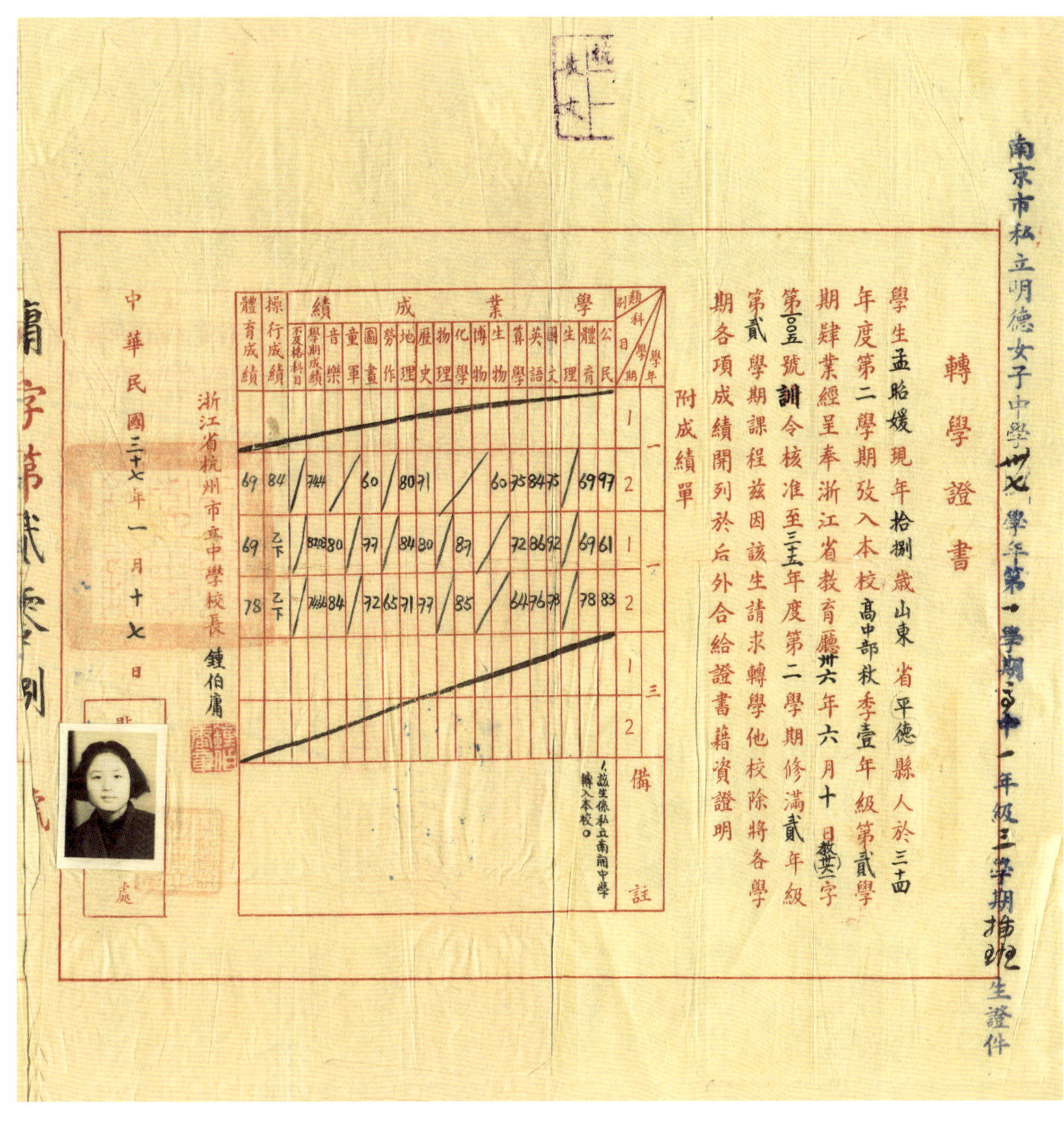

南京市私立明德女子中學卅七學年第一學期高中一年級三學期插班生證件

轉學證書

學生孟貽媛現年拾捌歲山東省平德縣人於三十四年度第二學期考入本校高中部秋季壹年級第貳學期肄業經呈奉浙江省教育廳卅六年六月十日教英（一）字第一〇五號訓令核准至三十五年度第二學期修滿貳年級第貳學期課程兹因該生請求轉學他校除將各學期各項成績開列於后外合給證書藉資證明

附成績單

學年	學期	公民	體育	生理	國文	英語	算學	生物	博物	化學	物理	歷史	地理	勞作	圖畫	童軍	音樂	學期成績	不及格科目	操行成績	體育成績
一	1																				
一	2	97	69		75	84	75	60				71	80		60			74.4		84	69
二	1	61	69		92	86	72			87		80	84		77		80	82.03		乙下	69
二	2	83	78		78	76	64			85		77	71	65	72		84	74.66		乙下	78
三	1																				
三	2																				

備註：1.該生係私立南開中學轉入本校。

浙江省杭州市立中學校長 鍾伯庸

中華民國三十七年一月十七日

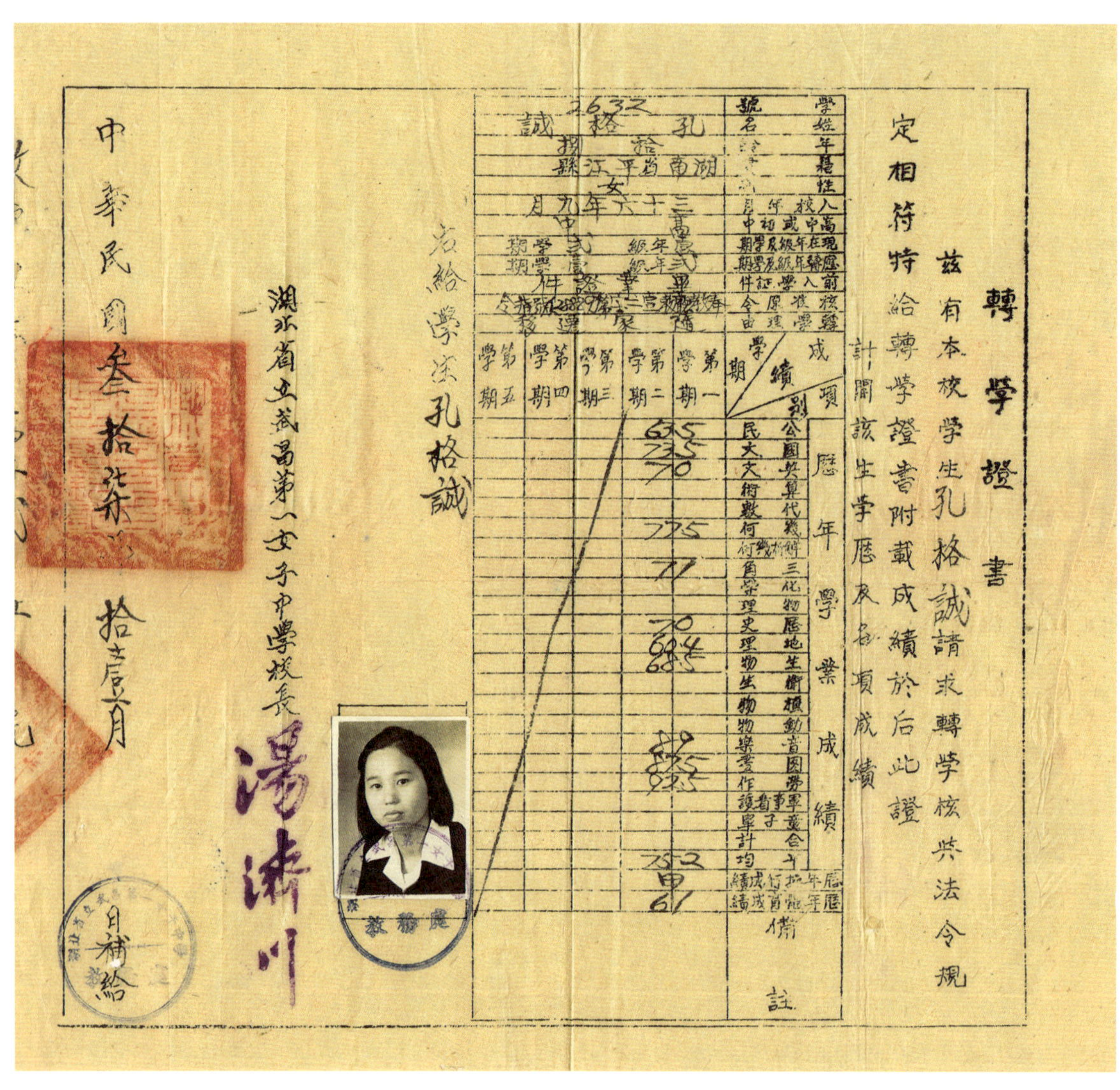

轉學證書

茲有本校學生孔格誠請求轉學核與法令規定相符特給轉學證書附載成績於后此證

計開該生學歷及各項成績

右給學生孔格誠

湖北省立武昌第一女子中學校長湯濟川

中華民國叁拾柒年拾壹月

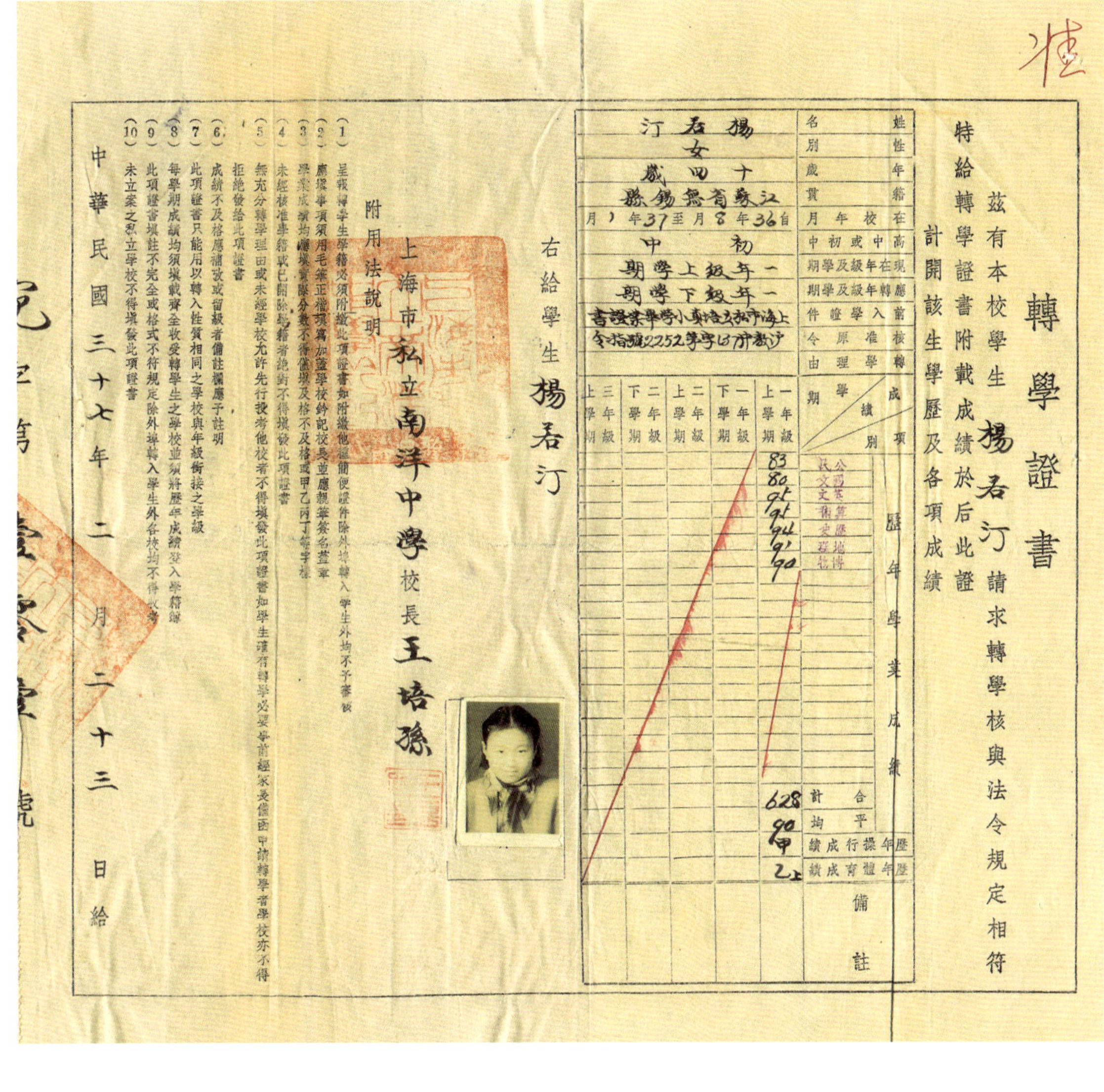

准

轉學證書

茲有本校學生楊君汀請求轉學核與法令規定相符特給轉學證書附載成績於后此證

計開該生學歷及各項成績

姓名	楊君汀
性別	女
年歲	十四歲
籍貫	江蘇省無錫縣
在校年月	自36年8月至37年1月
高中或初中	初中
現在年級及學期	一年級上學期
應轉年級及學期	一年級下學期
前入學證件	上海市私立培真小學畢業證書
核准原令	滬教中字第2252號指令
轉學理由	

歷年學業成績

學期成績項別	一年級上學期	一年級下學期	二年級上學期	二年級下學期	三年級上學期
公民	83				
國文	80				
英文	95				
算術	95				
歷史	94				
地理	91				
博物	90				
合計	628				
平均	90				
歷年操行成績	甲				
歷年體育成績	乙上				
備註					

右給學生楊君汀

上海市私立南洋中學校長王培孫

附用法說明

(1) 呈報轉學生學籍必須附繳此項證書如附繳他種簡便證件除外埠轉入學生外均不予審核

(2) 應填事項須用毛筆正楷填寫加蓋學校鈐記校長並應親筆簽名蓋章

(3) 學業成績均應填實際分數不得僅填及格不及格或甲乙丙丁等字樣

(4) 未經核准學籍或已開除學籍者絕對不得填發此項證書

(5) 無充分轉學理由或未經學校允許先行投考他校者不得填發此項證書如學生確有轉學必要學前經家長備函申請轉學者學校亦不得拒絕發給此項證書

(6) 成績不及格應補考或留級者備註欄應予註明

(7) 此項證書只能用以轉入性質相同之學校與年級銜接之學級

(8) 每學期成績均須填載齊全收受轉學生之學校並須將歷年成績登入學籍簿

(9) 此項證書填註不完全或格式不符規定除外埠轉入學生外各校均不得收受

(10) 未立案之私立學校不得填發此項證書

中華民國三十七年二月二十三日給

准

南京市私立明德女子中學卅七學年第一學期高中二年級一學期插班生證件

轉學證書

茲有本校學生張寧秀請求轉學核與法令規定相符特給轉學證書附載成績於后此證計開該生學歷及各項成績

姓名	張寧秀
性別	女
年歲	十七
籍貫	廣西省蒼城縣
在校年月	自卅六年九月至卅七年七月
在高中或初中	高中
現在年級及學期	壹年級下學期
轉入年級及學期	貳年級上學期
轉學原因准入學證件令由	南京女中私立明德女中畢業證書 編款中二七字第九〇五號

成績 學期 項別	一年級上學期	一年級下學期	二年級上學期	二年級下學期	三年級上學期
公民	80	77.3			
國文	85.7	84			
英文	90	91.3			
三角	62	65			
代數	64	77.3			
歷史	缺	85			
		84.7			
生物		80			
音樂	壹	78			
工作		70			
歷年學業成績 合計					
平均					
歷年操行成績	甲下	甲			
歷年體育成績	/	81			
備註					

右給學生張寧秀

上海市私立世界中學校長 陶□

附用法說明

(1) 呈報轉學生學籍必須附繳此項證書如附繳他種簡便證件除外埠轉入學生外均不予審核
(2) 應填事項須用毛筆正楷填寫加蓋學校鈐記校長並應親筆簽名蓋章
(3) 學業成績均應填實際分數不得僅填及格不及格或甲乙丙丁等字樣
(4) 未經核准學籍或已開除學籍者絕對不得填發此項證書
(5) 無充分轉學理由或未經學校允許先行投考他校者不得填發此項證書如學生確有轉學必要事前經家長備函申請轉學者學校亦不得拒絕發給此項證書
(6) 成績不及格應補考或留級者備註欄應予註明
(7) 此項證書只能用以轉入性質相同之學校與年級銜接之學級
(8) 每學期成績均須填載齊全收受轉學生之學校並須將歷年成績登入學籍簿
(9) 此項證書填註不完全或格式不符規定除外埠轉入學生外各校均不得收考
(10) 未立案之私立學校不得填發此項證書

中華民國三十七年九月　日給

南京市私立明德女子中學　中部學生學籍成績登記總表

姓名 黃景星　原校年級　屬何政黨
年齡　入校年月　永久住址
籍貫　入校證件　現在住址
級別　信何宗教　電話

項目 \ 年級	第一學年（　年度）第一學期	第一學年（　年度）第二學期	第二學年（36年度）第一學期	第二學年（36年度）第二學期	第三學年（37年度）第一學期	第三學年（37年度）第二學期	備註
學業成績 公民			79.7				
國文			60		76		
數學			61.2		89		
英文			79		89		
歷史			89		78		
地理			90		94		
物理			63		83		
化學							
生物							
礦物							
美術			82		89		
勞作			90		89		
音樂			77		74		
宗教			80				
童子軍			71		68		
家護							
生理			84.3				
動物							
植物							
平均			72.1		77.02		
操行成績			78		80		
體育成績			64		62		
總平均			71.37		73		
缺席 告假							
缺席 曠課							
獎懲 記功							
獎懲 記過							
加分							
扣分							
實得總分			71.1		77.02		
升級或留級			升		升		
休學事由及時期						借	
備註							
填表年月	年月日	年月日	37年2月日	37年7月日	年月日	年月日	
填表員簽蓋							
校對員簽蓋							
教導主任簽蓋							
校長簽蓋							

南京市私立明德女子中學學生學籍、成績登記總表（一九四八年二月至一九四九年九月）
檔號：1009-1-1039

粘

南京市私立明德女子中學　中部學生學籍成績登記總表

姓名 王惠如　原校年級　屬何政黨

年齡　入校年月 37.2　永久住址

籍貫　入校證件　現在住址

級別　信何宗教　電話

項目＼年級		第一學年（　年度）		第二學年（36年度）		第三學年（37年度）		備註
		第一學期	第二學期	第一學期	第二學期	第一學期	第二學期	
學業成績	公民					70		
	國文				75	70	78	
	數學				80	60	40	
	英文				60	60	60	
	歷史				66	80	80	
	地理				86	76	74	
	物理				74	69	60	
	化學				54			
	生物							
	礦物							
	美術				62	74	63	
	勞作				90	94	97	
	音樂				62.8	69	70	
	宗教				84			
	童子軍				84	83		
	家護							
	生理				77			
	動物							
	植物							
	平均					64.09	71.3	
操行成績					86	81	80	
體育成績					65	62	63	
總平均						69		
缺席	告假							
	曠課							
獎	記功							
懲	記過							
加分								
扣分								
實得總分						64.09		
升級或留級						升		
休學事由及時期								
備註								
填表年月		年月日	年月日	年月日	年月日	38年2月日	38年9月日	
填表員簽蓋								
校對員簽蓋								
教導主任簽蓋								
校長簽蓋								

南京市私立明德女子中學　中部學生學籍成績登記總表

姓名	程誌青	原校年級		屬何政黨	
年齡		入校年月	37.9	永久住址	
籍貫		入校證件		現在住址	
級別		信何宗教		電話	

項目＼年級	第一學年（　年度）第一學期	第一學年（　年度）第二學期	第二學年（36年度）第一學期	第二學年（36年度）第二學期	第三學年（37年度）第一學期	第三學年（37年度）第二學期	備註
學業成績 公民							
國文					82	93	
數學					85	85	
英文					67	84	
歷史					75	81	
地理					99	60	
物理					79	90	
化學							
生物							
礦物							
美術					85		
勞作					89		
音樂					76		
宗教							
童子軍					90		
家護							
生理							
動物							
植物							
平均					75.02	85.5	
操行成績					60		
體育成績					66	73	
總平均					73.02		
缺席 告假							
缺席 曠課							
獎懲 記功							
獎懲 記過							
加分							
扣分							
實得總分					75.02		
升級或留級					升		
休學事由及時期							
備註							
填表年月	年 月 日	年 月 日	年 月 日	年 月 日	38年2月 日	年 月 日	
填表員簽蓋							
校對員簽蓋							
教導主任簽蓋							
校長簽蓋							

南京市私立明德女子中學　中部學生學籍成績登記總表

姓名　程鴻遠	原校年級		屬何政黨
年齡	入校年月　37.9		永久住址
籍貫	入校證件		現在住址
級別	信何宗教		電話

項目＼年級	第一學年（　年度）		第二學年（　年度）		第三學年（37年度）		備註
	第一學期	第二學期	第一學期	第二學期	第一學期	第二學期	
學業成績　公民							
國文					71	67	
數學					60	60	
英文					60	61	
歷史					85	83	
地理					77	76	
物理					68		
化學							
生物							
礦物							
美術					64	91	
勞作					96	75	
音樂					79	98	
宗教							
童子軍					90		
家護							
生理							
動物							
植物							
平均					63.03	76.3	
操行成績					80	83	
體育成績					65	66	
總平均					69.07		
缺席　告假							
缺席　曠課							
獎懲　記功							
獎懲　記過							
加分							
扣分							
實得總分					63.03	76.3	
升級或留級					升		
休學事由及時期							
備註							
填表年月	年月日	年月日	年月日	年月日	38年2月日	年月日	
填表員簽蓋							
校對員簽蓋							
教導主任簽蓋							
校長簽蓋							

南京市私立明德女子中學　中部學生學籍成績登記總表

姓名	戴國華	原校年級	本市私立東方初中三上	屬何政黨	
年齡		入校年月	38.2	永久住址	
籍貫		入校證件	轉學證書	現在住址	
級別		信何宗教		電話	

項目 / 年級		第一學年（35年度）		第二學年（36年度）		第三學年（37年度）		備註
		第一學期	第二學期	第一學期	第二學期	第一學期	第二學期	
學業成績	公民			76	88	70		
	國文			95	84.8	70	78	
	數學			80	91.1	72	66	
	英文			90	87	64	71	
	歷史			98	92	78	85	
	地理			82	91	60	86	
	物理					65	78	
	化學			94	91			
	生物							
	礦物							
	美術			84	95	70	98	
	勞作			88	80		91	
	音樂			89	70	75	85	
	宗教							
	童子軍			81	93			
	家護							
	生理			92	92			
	動物							
	植物							
	平均			87.4	87.34		82	
操行成績				75	79	80	85	
體育成績				78	82	70	72	
總平均					[illegible]			
缺席	告假							
	曠課							
獎懲	記功							
	記過							
加分								
扣分								
實得總分							82	
升級或留級								
休學事由及時期						轉成績		
備註				（以上之學期特錄晁明中匹分數）				
填表年月		年　月　日	年　月　日	年　月　日	年　月　日	年　月　日	38年9月　日	
填表員簽蓋								
校對員簽蓋								
教導主任簽蓋								
校長簽蓋								

南京市私立明德女子中學　中部學生學籍成績登記總表

姓名	馮立蓉	原校年級	本市私立東南初三上	屬何政黨	
年齡		入校年月	38.2	永久住址	
籍貫		入校證件	轉學證書	現在住址	
級別		信何宗教		電話	

項目 \ 年級	第一學年（　年度）第一學期	第一學年（　年度）第二學期	第二學年（　年度）第一學期	第二學年（　年度）第二學期	第三學年（　年度）第一學期	第三學年（　年度）第二學期	備註
學業成績							
公民			70	72	70		
國文			75	70	74	62	
數學			70	66	68	3[illegible] 60	
英文			65	68.8	70	47 60	
歷史			65	65	65	80	
地理			70	65	65	64	
物理					72	84	
化學			65	65			
生物							
礦物							
美術			65	65	70	94	
勞作			72	64	65	90	
音樂			70	69	73	85	
宗教							
童子軍			80	65	70		
家護							
生理				78			
動物							
植物							
平均			69.5	67.9	69.7	75.4	
操行成績						78	
體育成績			70	64	68	63	
總平均							
缺席 告假							
缺席 曠課							
獎懲 記功							
獎懲 記過							
加分							
扣分							
實得總分							
升級或留級							
休學事由及時期	錄東南中學成績						
備註						60分為補救分數	
填表年月	年 月 日	年 月 日	年 月 日	年 月 日	年 月 日	年 月 日	
填表員簽蓋							
校對員簽蓋							
教導主任簽蓋							
校長簽蓋							

南京市私立明德女子中學　中部學生學籍成績登記總表

姓名	唐惠琴	原校年級	本市私立智仁中學初三上	屬何政黨	
年齡		入校年月	38.2	永久住址	
籍貫		入校證件	轉學証書.	現在住址	
級別		信何宗教		電話	

項目 \ 年級	第一學年（　年度）第一學期	第一學年（　年度）第二學期	第二學年（　年度）第一學期	第二學年（　年度）第二學期	第三學年（　年度）第一學期	第三學年（　年度）第二學期	備註
學業成績 公民					75		
國文					75	60	
數學					60	30 60	
英文					70	43 60	
歷史					68	73	
地理					60	80	
物理					65	51 60	
化學							
生物							
礦物							
美術					76	68	
勞作					70	92	
音樂					75	72	
宗教							
童子軍					75		
家護							
生理					60		
動物							
植物							
平均						68.4	
操行成績					80	70	
體育成績					72	60	
總平均							
缺席 告假							
缺席 曠課							
獎懲 記功							
獎懲 記過							
加分							
扣分							
實得總分							
升級或留級							
休學事由及時期							
備註					智仁成績	以上三门已補考及格	
填表年月	年月日	年月日	年月日	年月日	年月日	38年9月日	
填表員簽蓋							
校對員簽蓋							
教導主任簽蓋							
校長簽蓋							

南京市私立明德女子中學　中部學生學籍成績登記總表

姓名	陳瑞方	原校年級		屬何政黨	
年齡		入校年月		永久住址	
籍貫		入校證件		現在住址	
級別		信何宗教		電話	

項目 ＼ 年級	第一學年（　年度）		第二學年（　年度）		第三學年（37年度）		備註
	第一學期	第二學期	第一學期	第二學期	第一學期	第二學期	
學業成績　公民					65		
國文					70		
數學					82		
英文					38		
歷史					65		
地理					72		
物理					70		
化學							
生物							
礦物							
美術					88		
勞作					65		
音樂					75		
宗教							
童子軍					70		
家護							
生理					70		
動物							
植物							
平均							
操行成績					70		
體育成績					76		
總平均							
缺席　告假							
缺席　曠課							
獎　記功							
懲　記過							
加分							
扣分							
實得總分							
升級或留級							
休學事由及時期					借		
備註					廣州私立協和中學		
填表年月	年月日	年月日	年月日	年月日	38年2月日	年月日	
填表員簽蓋							
校對員簽蓋							
教導主任簽蓋							
校長簽蓋							

南京市私立明德女子中學　中部學生學籍成績登記總表

姓名 于惠文　原校年級　屬何政黨
年齡　入校年月　永久住址
籍貫　入校證件　現在住址
級別　信何宗教　電話

項目 ＼ 年級	第一學年（　年度）		第二學年（　年度）		第三學年（37年度）		備註
	第一學期	第二學期	第一學期	第二學期	第一學期	第二學期	
學業成績 公民							
國文					70		
數學					90		
英文					50		
歷史					85		
地理					91		
物理					60		
化學							
生物							
礦物							
美術					72		
勞作					96		
音樂					80		
宗教							
童子軍					89		
家護							
生理							
動物							
植物							
平均					70.3		
操行成績					80		
體育成績					68		
總平均					72.06		
缺席 告假							
缺席 曠課							
獎懲 記功							
獎懲 記過							
加分							
扣分							
實得總分					70.03		
升級或留級					升		
休學事由及時期						借	
備註							
填表年月	年月日	年月日	年月日	年月日	38年2月日	年月日	
填表員簽蓋							
校對員簽蓋							
教導主任簽蓋							
校長簽蓋							

南京市私立明德女子中學　中部學生學籍成績登記總表

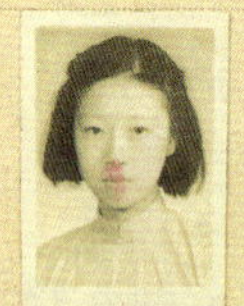

姓名 朱玉芳　　原校年級 ____　　屬何政黨 ____

年齡 ____　　入校年月 ____　　永久住址 ____

籍貫 ____　　入校證件 ____　　現在住址 ____

級別 ____　　信何宗教 ____　　電話 ____

項目＼年級		第一學年（　年度）第一學期	第一學年（　年度）第二學期	第二學年（　年度）第一學期	第二學年（　年度）第二學期	第三學年（　年度）第一學期	第三學年（　年度）第二學期	備註
學業成績	公民				77.5			
	國文				68.1		64	
	數學				60		30 60	
	英文				61		47 60	
	歷史				60		71	
	地理				60		80	
	物理						40 60	
	化學				60			
	生物							
	礦物							
	美術						60	
	勞作						93	
	音樂						82	
	宗教							
	童子軍							
	家護							
	生理							
	動物							
	植物							
	平均				65		67.8	
操行成績					70		70	
體育成績							67	
總平均								
缺席	告假							
	曠課							
獎懲	記功							
	記過							
加分								
扣分								
實得總分								
升級或留級								
休學事由及時期								
備註							以上均補考及格	
填表年月		年月日	年月日	年月日	年月日	年月日	38年9月日	
填表員簽蓋								
校對員簽蓋								
教導主任簽蓋								
校長簽蓋								

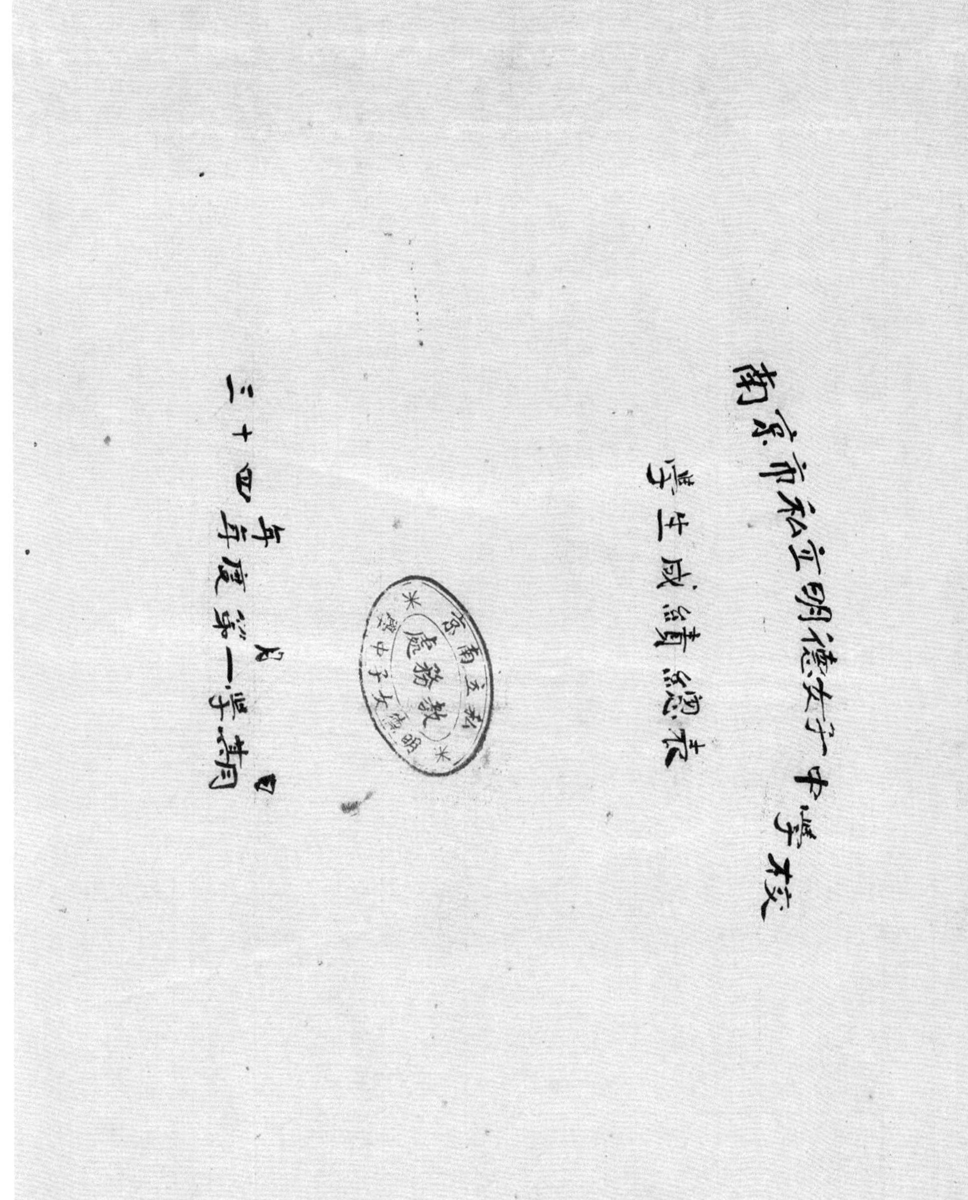

南京市私立明德女子中學校

學生成績總表

三十四年度第一學期

南京市私立明德女子中學教務處

南京市私立明德女子中學一九四五年度第一學期學生成績總表（一九四六年一月）

檔號：1009-1-1058

南京市私立明德女子中學校中華民國三十四年度第一學期初中一年級成績一覽表

評語	號數	姓名	公民 1	宗教 1	國文 讀書 4	作文 2	書法 1	算學 數術 6	代數 6	幾何 6	三角 6	英文 讀本 4	文法 2	動物 1	衛生 1	生物 4	物理 4	化學 4	歷史 2	地理 2	美勞 2	圖藝 2	音樂 2	童子軍訓 2	總分數	平均	名次	操行成績	名次	體育成績	名次	總平均	扣分	實得分數	名次
	1	楊愛娜										85	510								80 160			80 160	2402	71.48		87	2	85	1		.36		
再求活潑	2	顧秀梄	72	93	84.6	592.2		60.8	364.8			66	396	85	71				80 160	84 168	85 170	77 154	91 182	75 150	2202	71.48	12	85	3	80	2		2.2	69.28	14
留級 *	3	鄭楊生	48	68.2	77.6	543.2		14.3	85.8			60	360	60	38				56 112	66 132	70 140	63 126	77 154	70 140	2077	57.34	20	85	3	70	5		0.55	56.79	22
身体須鍛鍊	4	盧瑋琼	71	81.6	84	588		64.7	388.2			94	564	91	93				82 164	79 158	75 150	67 134	88 176	70 140	2789	79.69	3	82	5	75	4		0.9	78.79	4
性情求溫厚 勤力求學業	5	王景萍	74	82.2	77.2	540.4		52.1	302.6			88	528	30	63				69 138	71 142	60 120	60 120	78 156	68 136	2432	69.49	13	70	9	68	6		8.2	61.29	19
力求向上	6	李 錚	63		71.2	498.4		38.6	231.6			75	450	64	69				67 134	77 154	85 170	60 120	80 160	75 150	[illegible]	62.8	14	78	7	75	4		1.35	[illegible]	18
聰慧可人	7	姚文華	84	75.3	87	609		74	444			66	396	73	71				94 188	92 184	75 150	87 174	83.5 167	85 170	2785	79.57	4	87	2	85	1		1.5	78.07	6
力求精敏	8	朱秀如	70	68.8	67.6	473.2		61.9	371.4			62	372	69	69				64 128	62 124	60 120	69 138	72.5 145	68 136	2284	65.26	15	82	5	70	5		1.75	[illegible]	16
*	9	金琦英	70	67.4	76	532		25.6	153.6			50	300	41	66				71 142	74 148	90 180	79 158	90 180	65 130	2168	61.94	18	82	5	70	5		4.3	57.64	21
* 留級	10	呂平志	54	73.5	62	434		27.8	166.8			74	444	35	35				69 138	66 132	80 160	65 130	89 178	65 130	2111	60.31	19	75	8	70	5			60.31	20
好學[illegible]	11	韓清琪	69	71.6	74	518		47.3	283.8			60	360	72	38				62 124	69 138	70 140	60 120	79 158	78 156	2249	64.26	16	75	8	70	5		1.55	62.71	18 17
再求大方	12	宋廣儒	80	78.8	89	623		61.5	369.0			90	540	87	78				75 150	82 164	80 160	73 146	76.75 153.5	80 160	2789	79.69	3	80	6	85	1		1.0	78.69	5
再求沉厚	13	李桂蘭	75	94.8	83.6	585.2		66.6	399.6			76	456	89	94				73 146	79 158	75 150	62 124	85 170	78 156	2685	77.00	9	82	5	75	4		0.5	76.50	9
態度須和順	14	劉才璋	87	76.3	88	616		62.4	374.4			69	414	83	86				80 160	79 158	70 140	75 150	79 158	75 150	2652	75.77	10	85	3	65	7		1.75	74.02	12
再求朴质	15	武明珠	67	83.1	93.4	653.8		95.7	574.2			93	558	87	65				85 170	84 168	80 160	86 172	77.5 155	78 156	3069	87.69	1	85	3	78	3		0.5	87.19	1
再求和順	16	劉國立	58	69.7	83.2	582.4		78.5	471.0			62	372	81	60				69 138	69 138	80 160	77 154	85 170	78 156	2608	74.60	11	80	6	78	3		0.85	73.75	13
氣度宜洪闊	17	卜照貞	80	84.2	82	577		65.3	391.8			63	378	84	91				80 160	78 156	80 160	83 166	80 160	70 140	2689	77.94	7	83	4	75	4		1.3	76.64	8
活潑	18	程忠禮	81	87	86.2	603.4		88.6	531.6			66	396	90	71				70 140	74 148	78 156	67 134	81 162	80 160	2760	79.12	5	83	4	80	2		0.12	79	3
慎言行	19	王蘭蘭	73	77.2	61.8	432.6		50	300.0			60	360	70	32				65 130	61 122	90 180	68 136	84.5 169	70 140	2222	63.49	17	80	6	68	6		0.70	62.79	17 16
×	20	孫寶慶																	56	65								70	9						
留級 * [illegible]	21	王 恩	42	62.2	50.8	355.6		12.7	76.2			40	240	30	7				55 110	56 112	65 130	60 120	71.5 143	60 120	1548	44.23	21	75	8	68	6		3.3	40.93	23
言語須和順	22	李玉珍	85	86.2	82.4	576.8		84.7	508.2			72	432	63	84				74 148	80 160	80 160	62 124	79 158	70 140	2724	77.83	8	80	6	80	2		2.15	75.68	10
*	23	周香蘭																																	
	24	楊秀珍	77					60	360			92	552	93	96				70 140	80 160	90 180	70 140	83 166	80 160				82	5	80	2		3.3		
注意衛生	25	孟靜芝	72	75.9	74.4	520.8		72.5	435.0			86	516	80	51				73 146	75 150	80 160	68 136	80 160	75 150	2652	75.77	10	85	3	78	3		0.2	75.55	11
×	26	陳同鳳																				60 120													
中正和平	27	池慶中	93	92.2	77	539		92.5	555.0			94	564	96	96				91 182	92 184	85 170	75 150	84 168	80 160	3050	87.14	2	90	1	80	2		0.3	86.84	2
近來若[illegible]	28	張天美	84	84	76.2	533.4		72.5	435.0			85	510	88	94				77 154	74 148	85 170	62 124	83 166	80 160	2750	78.57	6	90	1	80	2		0.25	78.32	6
×	29	金宏珍																																	
退學 *	30	龐馨蘭	80	95.8		530.6		44	264			15	90	47	30				52 104	53 106		60 120	74 148					70					3.95		
	31																																		
	總點																																		
	總人數																																		
	平均																																		
	最高點																																		
	最低點																																		

備註

中華民國三十五年元月 日　級任導师

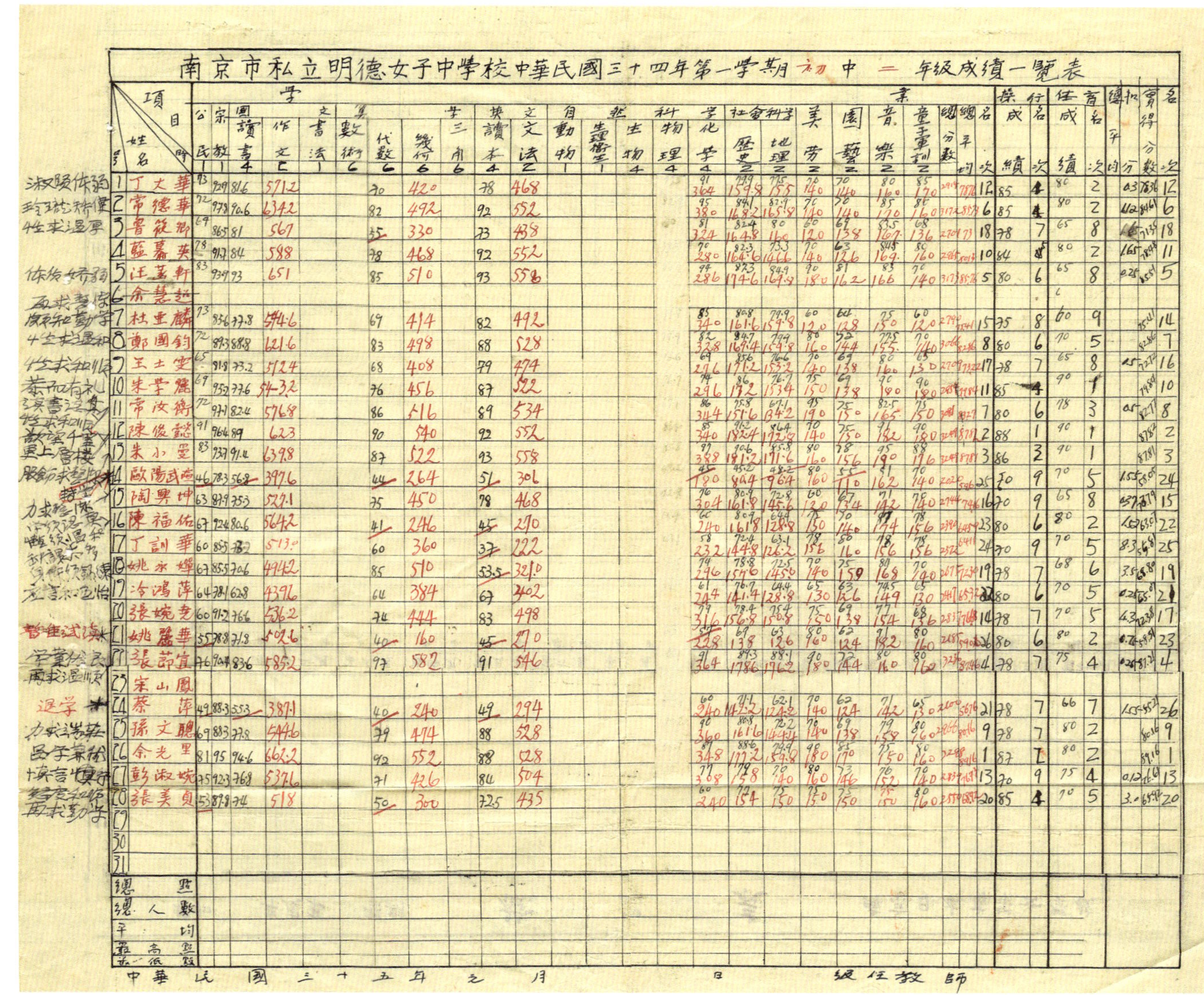

南京市私立明德女子中學校中華民國三十四年第一學期初中二年級成績一覽表

號	姓名	公民 1	宗教 1	國文讀書 4	國文作文 2	書法 1	算術 6	代數 6	幾何 6	三角 6	英文讀本 4	英文文法 2
1	丁文華	93	92.9	81.6	571.2			70	420		78	468
2	常德華	72	97.8	90.6	634.2			82	492		92	552
3	曾筱鄉	64	86.5	81	567			55	330		73	438
4	藍嘉英	78	91.7	84	588			78	468		92	552
5	汪蕙軒	83	93.9	93	651			85	510		93	558
6	余慧超											
7	杜重麟	73	85.6	77.8	544.6			69	414		82	492
8	鄭國鈞	72	89.3	88.8	621.6			83	498		88	528
9	王士雯	65	91.8	73.2	512.4			68	408		79	474
10	朱學麗	69	95.2	77.6	543.2			76	456		87	522
11	常汝衡	72	97.1	82.4	576.8			86	516		89	534
12	陳俊懿	91	96.4	89	623			90	540		92	552
13	朱小雯	83	93.7	91.4	639.8			87	522		93	558
14	歐陽武菡	46	78.3	56.8	397.6			44	264		51	306
15	陶興坤	63	87.9	75.3	527.1			75	450		78	468
16	陳福佑	67	92.4	80.6	564.2			41	246		45	270
17	丁訓華	60	85.5	73.2	513.0			60	360		37	222
18	姚永嬋	67	85.5	70.6	494.2			85	510		53.5	321.0
19	冷鴻萍	64	78.1	62.8	439.6			64	384		67	402
20	張婉堯	60	91.2	76.6	536.2			74	444		83	498
21	姚麗華	55	78.8	71.8	502.6			40	160		45	270
22	張蓓宜	76	90.4	83.6	585.2			97	582		91	546
23	宋山鳳											
24	蔡萍	49	88.3	55.3	387.1			40	240		49	294
25	孫文聰	69	88.3	77.8	544.6			79	474		88	528
26	余光里	81	95	94.6	662.2			92	552		88	528
27	彭淑婉	75	92.3	76.8	537.6			71	426		84	504
28	張美貞	53	87.8	74	518			50	300		72.5	435
29												
30												
31												
總數												
總人數												
平均												
最高數												
最低數												

號	自然科學 動物 1	生理衛生 1	生物 4	物理 4	化學 4	社會科學 歷史 2	地理 2	勞作 2	園藝 2	音樂 2	童軍訓練 2	總分數	總平均	名次	操行成績	名次	體育成績	名次	扣分	實得分數	名次
1					91 / 364	79.9 / 159.8	77.5 / 155	70 / 140	70 / 140	80 / 160	85 / 170	2914	78.76	12	85	4	80	2	0.3	78.36	12
2					95 / 380	84.1 / 168.2	82.9 / 165.8	70 / 140	70 / 140	85 / 170	80 / 160	3172	85.73	6	85	4	80	2	1.12	84.61	6
3					81 / 324	82.4 / 164.8	80 / 160	60 / 120	69 / 138	83.5 / 167	68 / 136	2701	73	18	78	7	65	8	[illegible]	71.35	18
4					70 / 280	82.3 / 164.6	73.3 / 146.6	70 / 140	63 / 126	84.5 / 169	80 / 160	2965	80.13	10	84	5	80	2	1.65	78.48	11
5					94 / 286	87.3 / 174.6	84.9 / 169.8	90 / 180	81 / 162	83 / 166	70 / 140	317[illegible]	85.76	5	80	6	65	8	0.25	85.51	5
6																					
7					85 / 340	80.8 / 161.6	79.9 / 159.8	60 / 120	64 / 128	75 / 150	60 / 120	2790	75.41	15	75	8	60	9		75.41	14
8					82 / 328	84.7 / 169.4	79.9 / 159.8	80 / 160	72 / 144	77.5 / 155	70 / 140	3066	82.86	8	80	6	70	5		82.86	7
9					69 / 276	85.6 / 171.2	76.6 / 153.2	70 / 140	69 / 138	80 / 160	65 / 130	2709	73.22	17	78	7	65	8	1.5	72.72	16
10					74 / 296	86 / 172	76.7 / 153.4	75 / 150	69 / 138	90 / 180	90 / 180	2858	77.84	11	85	4	90	1		77.84	10
11					86 / 344	75.8 / 151.6	67.1 / 134.2	95 / 190	75 / 150	82.5 / 165	75 / 150	3081	83.27	7	80	6	78	3	0.5	82.77	8
12					85 / 340	91.2 / 182.4	86.4 / 172.8	70 / 140	75 / 150	91 / 182	90 / 180	3249	87.82	2	88	1	90	1		87.82	2
13					97 / 388	90.6 / 181.2	85.8 / 171.6	80 / 160	78 / 156	95 / 190	88 / 176	3249	87.81	3	86	3	90	1		87.81	3
14					45 / 180	45.2 / 90.4	48.2 / 96.4	80 / 160	55 / 110	81 / 162	70 / 140	2020	54.6	25	70	9	70	5	1.55	53.05	24
15					76 / 304	80.9 / 161.8	72.8 / 145.6	60 / 120	67 / 134	71 / 142	70 / 140	2744	74.16	16	70	9	65	8	0.37	73.79	15
16					60 / 240	80.9 / 161.8	64.4 / 128.8	75 / 150	70 / 140	87 / 174	78 / 156	2390	64.59	23	80	6	80	2	1.52	63.07	22
17					58 / 232	72.4 / 144.8	63.1 / 126.2	78 / 156	80 / 160	78 / 156	78 / 156	2372	64.11	24	70	9	70	5	8.3	56.81	25
18					74 / 296	78.8 / 157.6	72.5 / 145.0	70 / 140	75 / 150	84 / 168	70 / 140	2675	72.30	19	78	7	68	6	3.5	68.80	19
19					61 / 244	70.7 / 141.4	64.4 / 128.8	65 / 130	63 / 126	74.5 / 149	65 / 130	2417	65.32	22	80	6	70	5	0.25	65.07	21
20					79 / 316	78.4 / 156.8	75.4 / 150.8	75 / 150	69 / 138	77 / 154	68 / 136	2837	76.68	14	78	7	70	5	4.3	72.38	17
21					57 / 228	69 / 138	63 / 126	80 / 160	62 / 124	91 / 182	80 / 160	2185	59.05	26	80	6	80	2	0.76	58.29	23
22					91 / 364	89.3 / 178.6	88.1 / 176.2	90 / 180	72 / 144	80 / 160	80 / 160	3236	87.46	4	78	7	75	4	0.25	87.21	4
23																					
24					60 / 240	71.1 / 142.2	62.1 / 124.2	70 / 140	62 / 124	71 / 142	65 / 130	2100	56.76	21	78	7	66	7	1.55	55.21	26
25					90 / 360	80.8 / 161.6	72.2 / 144.4	70 / 140	69 / 138	79 / 158	80 / 160	2966	80.16	9	78	7	80	2		80.16	9
26					87 / 348	88.6 / 177.2	79.9 / 159.8	90 / 180	85 / 170	75 / 150	80 / 160	3298	89.16	1	87	2	80	2		89.16	1
27					77 / 308	79 / 158	70 / 140	80 / 160	73 / 146	76 / 152	70 / 140	2839	76.73	13	70	9	75	4	0.12	76.61	13
28					60 / 240	77 / 154	75 / 150	75 / 150	75 / 150	75 / 150	80 / 160	2550	68.92	20	85	4	70	5	3.0	65.92	20
29																					
30																					
31																					
總數																					
總人數																					
平均																					
最高數																					
最低數																					

中華民國三十五年二月　日　級任教師

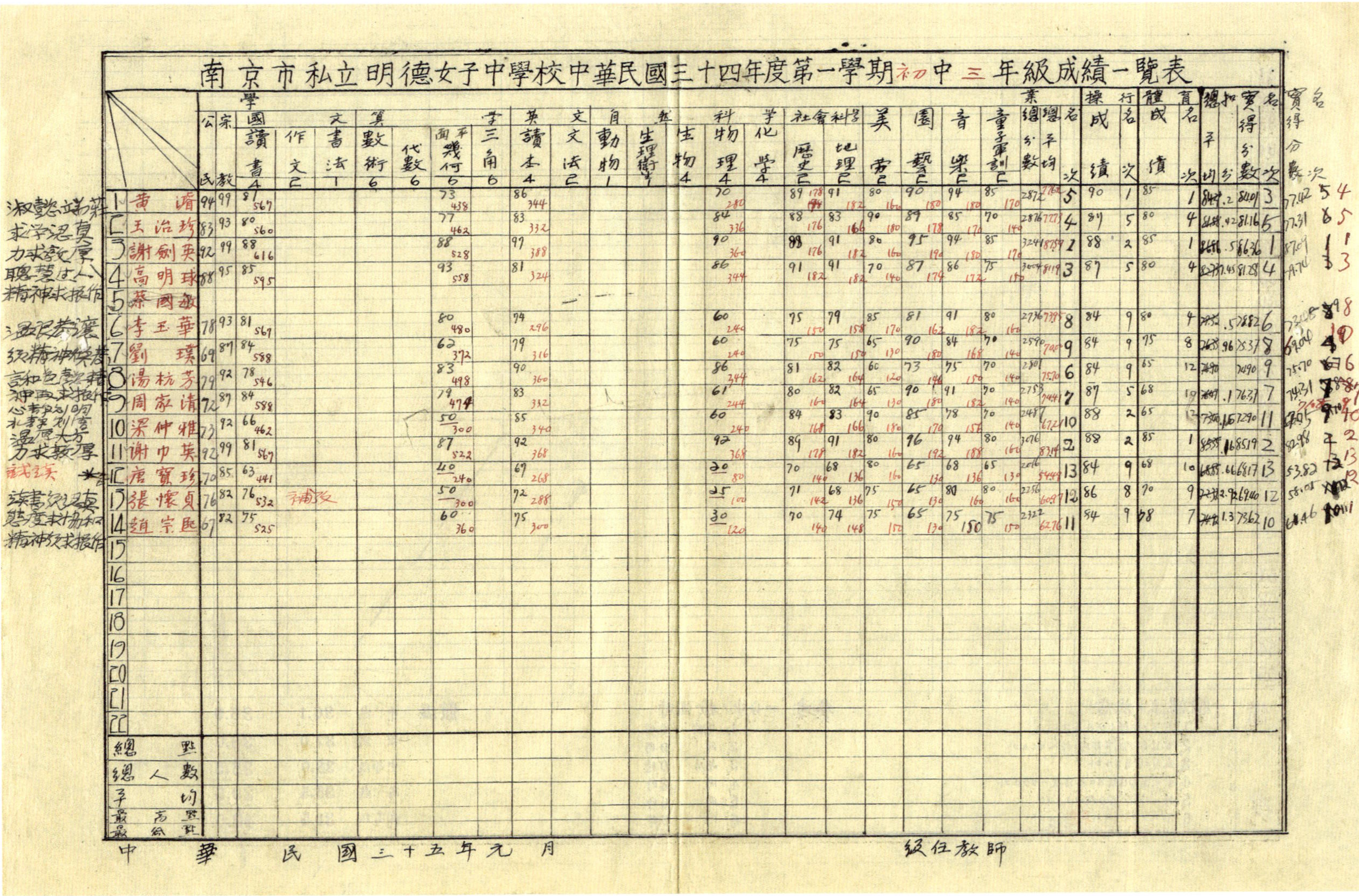

南京市私立明德女子中學校中華民國三十四年度第一學期初中三年級成績一覽表

	姓名	公民	宗教	國文 讀書 4	作文 2	書法 1	算學 數術 6	代數 6	平面幾何 6	三角 6	英文 讀本 4	文法 2	自然科學 動物 1	生理衛生 1	生物 4	物理 4	化學 4	社會科學 歷史 2	地理 2	美術 2	園藝 2	音樂 2	童子軍訓練 2	學業 總分數	平均	名次	操行 成績	名次	體育 成績	名次	總扣分 平均	扣分	實得分數	名次	實得分數	名次
1	黄濬	94	99	81 567					73 438		86 344					70 280		89 178	91 182	80 160	90 180	94 180	85 170	2872	77.62	5	90	1	85	1	84.21	.2	84.01	3	77.42	5 4
2	王治珍	83	93	80 560					77 462		83 332					84 336		88 176	83 166	90 180	89 178	85 170	70 140	2876	77.73	4	89	5	80	4	81.58	.42	81.16	5	77.31	8 5
3	謝劍英	92	99	88 616					88 528		97 388					90 360		88 176	91 182	80 160	95 190	94 180	85 170	3244	87.59	1	88	2	85	1	86.86	.5	86.36	1	87.09	1 1
4	高明球	88	95	85 595					93 558		81 324					86 344		91 182	91 182	70 140	87 174	86 172	75 150	3004	81.19	3	87	5	80	4	81.73	.45	81.28	4	79.70	3 3
5	蔡國敏																																			
6	李玉華	78	93	81 567					80 480		74 296					60 240		75 150	79 158	85 170	81 162	91 182	80 160	2736	73.95	8	84	9	80	4	79.32	.5	78.82	6	73.08	8 8
7	劉璞	69	87	84 588					62 372		79 316					60 240		75 150	75 150	65 130	90 180	84 168	70 140	2590	70.00	9	84	9	75	8	76.33	.96	75.37	8	69.04	4 10
8	湯杭芳	79	92	78 546					83 498		90 360					86 344		81 162	82 164	60 120	73 146	75 150	70 140	2801	75.70	6	84	9	65	12	74.90		74.90	9	75.70	6 6
9	周家清	72	87	84 588					79 474		83 332					61 244		80 160	82 164	65 130	90 180	91 182	70 140	2753	74.41	7	87	5	68	10	76.41	.1	76.31	7	74.31	7 8 7
10	梁仲雅	73	92	66 462					50 300		85 340					60 240		84 168	83 166	90 180	85 170	78 156	70 140	2487	67.21	10	88	2	65	12	73.05	.15	72.90	11	67.05	9 10
11	謝巾英	92	99	81 567					87 522		92 368					92 368		89 178	91 182	80 160	96 192	94 188	80 160	3076	83.14	2	88	2	85	1	85.35	.16	85.19	2	82.98	2 2
12	唐寶珍	70	85	63 441					40 240		67 268					20 80		70 140	68 136	80 160	65 130	68 136	65 130	2016	54.49	13	84	9	68	10	68.83	.66	68.17	13	53.82	12 13
13	張懷貞	76	82	76 532	補考				50 300		72 288					25 100		71 142	68 136	75 150	65 130	80 160	80 160	2256	60.97	12	86	8	70	9	72.32	2.92	69.40	12	58.05	12 12
14	趙宗熙	67	82	75 525					60 360		75 300					30 120		70 140	74 148	75 150	65 130	75 150	75 150	2322	62.76	11	84	9	68	7	74.92	1.3	73.62	10	61.46	10 11
15																																				
16																																				
17																																				
18																																				
19																																				
20																																				
21																																				
22																																				
總點																																				
總人數																																				
平均																																				
最高點 最低點																																				

中華民國三十五年元月　　級任教師

南京市私立明德女子中學校中華民國三十四年度第一學期高中一年級成績一覽表

號	姓名	公民 1	宗教 1	國文 讀書 4	國文 作文 2	國文 書法 1	數學 算術 6	數學 代數 6	數學 幾何 6	數學 三角 6	英文 讀本 4	英文 文法 2	自然科學 動物 1	自然科學 生理衛生 1	自然科學 生物 4	自然科學 物理 4	自然科學 化學 4	社會科學 歷史 2	社會科學 地理 2	美勞 2	圖藝 2	音樂 2	童子軍訓 2	學業 總分數	學業 總平均	學業 名次	操行 成績	操行 名次	體育 成績	體育 名次	總平均	扣分	實得分數	名次
1	陶秀玟	73	95.6	85	85 (595)					85 (510)	79 (474)				79.3 (317.2)			79 (158)	76 (152)	88 (176)	88 (176)	83 (166)		2892.8	82.65	4	84	3	80	2		1.6	81.05	4
2	陶秀如	66	90.6	77	77 (539)					78.8 (472.8)	86 (516)				71.5 (286)			66 (132)	70 (140)	70 (140)	85 (170)	77.5 (155)		2707.4	77.35	5	78	11	75	5		.75	76.60	5
3	陳俊忻	80	76.4		84 (588)					98.9 (593.4)	96 (576)				84 (336)			86 (172)	84 (168)	85 (170)	74 (148)	92 (184)		3111.8	88.91	1	82	8	85	1		.9	88.01	1
4	金河	60	84		75 (525)					63 (378)	63 (378)				68.8 (275.2)			64 (128)	65 (130)	70 (140)	77 (154)	79 (158)		2410.2	68.86	11	80	9	80	2		.8	68.06	11
5	王莉文	69	72.9		78 (546)					69.8 (418.8)	75 (450)				78.9 (315.6)			75 (150)	65 (130)	70 (140)	78 (156)	89.5 (179)		2647.3	75.64	6	84	3	65	9		.3	75.34	7
6	鄭海生	69	87.7		79 (553)					61.8 (370.8)	91 (546)				64 (256)			72 (144)	68 (136)	70 (140)	83 (166)	80 (160)		2628.5	75.10	9	83	7	70	6		.5	74.60	9
7	陳月華	70	88.7		82 (574)					62 (372.0)	75 (450)				70.9 (283.6)			69 (138)	69 (138)	70 (140)	78 (156)	74 (148)		2558.3	73.09	10	84	3	65	9		.96	72.13	10
8	賀崇芬	73	98.2		84 (588)					97.1 (582.6)	95 (570)				80.3 (321.2)			84 (168)	70 (140)	75 (150)	80 (160)	74 (148)		2999.0	85.69	2	87	1	70	6		.87	84.82	2
9	劉智芳	67	94.1		81 (567)					68 (408)	72 (432)				75.2 (300.8)			72 (144)	74 (148)	80 (160)	77 (154)	83 (166)		2640.9	75.45	8	84	3	80	2		.7	74.75	8
10	張馨蘭	72	93.5		80 (560)					60 (360)	89 (534)				63.2 (252.8)			81 (162)	71 (142)	75 (150)	84 (168)	75 (150)		2644.3	75.55	7	85	2	65	9			75.55	6
11	李文	69	102.8		83 (581)					95.4 (572.4)	93 (558)				74.1 (296.4)			81 (162)	73 (146)	78 (156)	85 (170)	76 (152)		2953.6	84.39	3	80	9	70	6		.62	83.77	3
12																																		
13																																		
14																																		
15																																		
16																																		
17																																		
18																																		
19																																		
20																																		
21																																		
22																																		
總點																											備註							
總人數																																		
平均點																																		
最高點 / 最低點																																		

中華民國卅五年元月 日 級任導師

1. 努力奉公
2. 精神再求振作
4. 學業頗努力，態度求溫和
6. 力求精敏
8. ~~精神再求振作~~
9. 尚欠靜穆，再求穩重
10. 力求大方
11. 品學優良，再注意公共衛生。

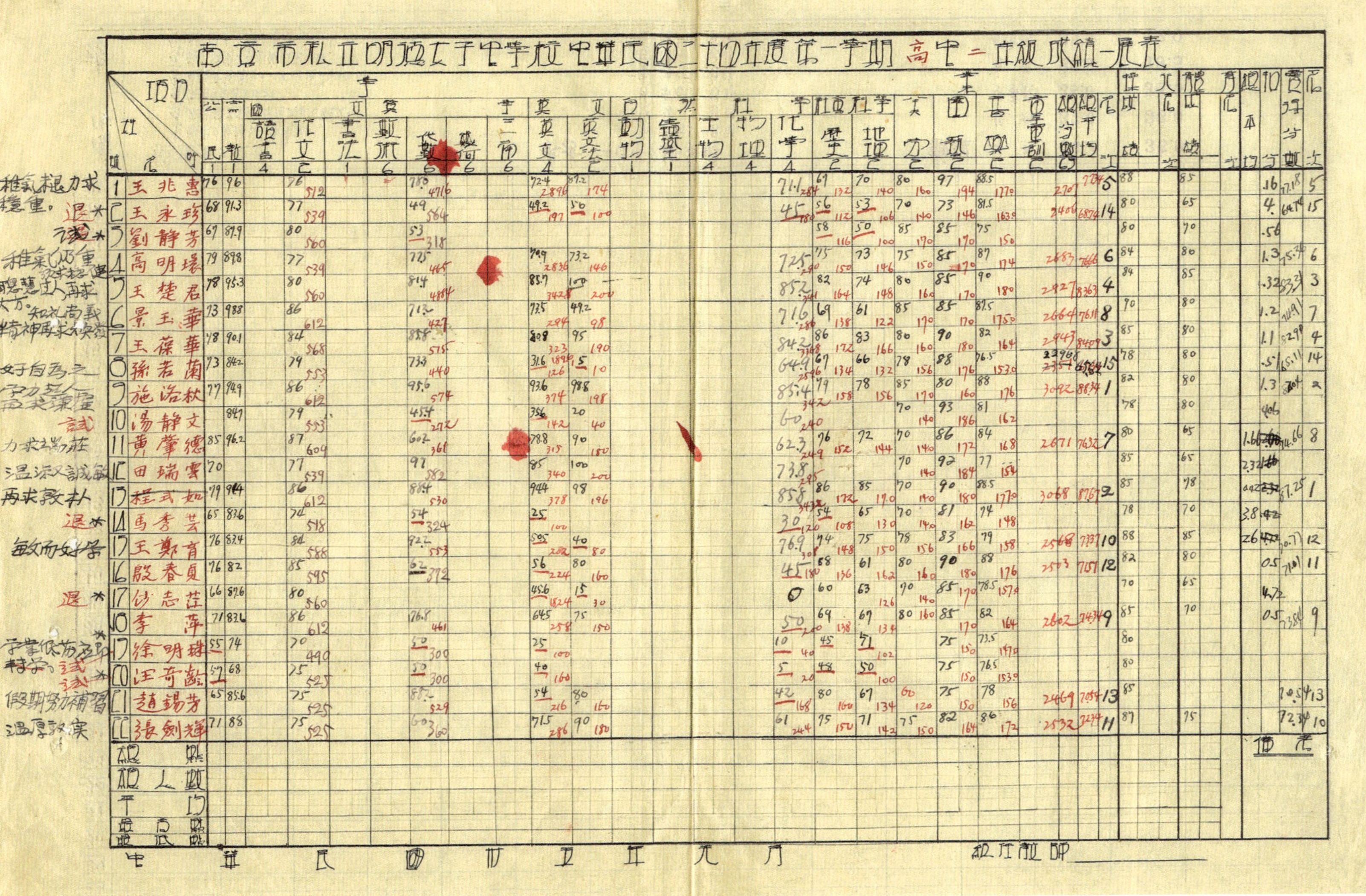

南京市私立明德女子中学校中华民国三十四年度第一学期高中二年级成绩一览表

评语	学号	姓名
稚气犹重力求稳重。	1	王兆蕙
退＊	2	王永珍
退＊	3	刘静芳
稚气仍重	4	高明璟
聪慧过人再求	5	王楚君
大方。知礼尚义 精神可嘉	6	景玉华
	7	王葆华
好自为之	8	孙若兰
宜力求上进	9	施浴秋
试	10	汤静文
力求端庄	11	黄肇德
温淑诚敏	12	田瑞云
再求努力	13	程式如
退＊	14	马秀芸
敏而好学	15	王郑育
	16	殷春夏
退＊	17	纱志芷
	18	李萍
学业低落	19	徐明棣
试	20	汪奇龄
假期勤补习	21	赵锡芳
温厚诚实	22	张剑辉

总数

总人数

平均

最高分数
最低分数

中华民国卅五年元月　　级任教师＿＿＿＿＿＿

南京市私立明德女子中學校中華民國三十四年度第一學期高中三年級成績一覽表

號	姓名	公民 1	宗教 1	國文 讀書 4	國文 作文 2	國文 書法 1	算學 數術 6	算學 代數 3	算學 幾何 3	算學 三角 6	英文 讀本 4	英文 文法 2	自然科學 動物 1	自然科學 生理衛生 1	自然科學 生物 4	自然科學 物理 4	自然科學 化學 4	社會科學 歷史 2	社會科學 地理 2	園藝 2	美術 2	音樂 2	童子軍訓 2	學業 總分數	學業 總平均	學業 名次	操行 成績	操行 名次	體育 成績	體育 名次	總平均	扣分	實得分數	名次
1	趙潤生	74	91.8		82 567			84 252	80 240		78.4 315.6	75.4 150.8				82.5 330.0		75 150	78 156	85 170	75 150	87.5 175.0		2822.4	80.6	8	84	5	70	5	78.21	1.8	78.8	7
2	曹菊卿	81	94.4		83 581			98 294	82 246		92.8 371.2	92.6 185.2				95.8 383.2		87 174	84 168	90 180	85 170	94 188		3116.0	89.03	3	84	5	90	1	87.67	1.8	87.27	3
3	周梅	79	92.4		84 588			84 252	66 198		83.7 334.8	80.8 161.6				77.5 300.0		82 164	78 156	91 182	80 160	92 184		2851.8	81.48	7	84	5	80	2	81.49	0.4	81.08	5
4	~~張秀鳳~~																																	
5	~~衛國華~~																																	
6	姚文君	68	90.4		82 574			90 270	86 258		70.5 282.0	67.4 134.8				72.6 290.4		76 152	72 144	88 176	75 150	82 164		2753.6	78.67	10	80	6	80	2	81.9	3.3	75.37	10
7	杜佑貞	83	93		86 602			90 270	70 210		76.4 305.6	70.6 141.2				73.8 295.2		85 170	69 138	90 180	80 160	~~84~~ 81 162		2740.0	78.29	11	80	6	80	2	78.43	2.1	76.19	9
8	杜月英	71	93.3		81 567			82 246	78 234		57.2 228.8	55 110				68.3 273.2		71 142	73 146	85 170	70 140	84 168		2589.3	73.98	15	80	6	70	5	74.66	1.8	72.18	14
9	杜彬瑞	73	92.7		83 581			60 180	80 240		68.5 274.0	42 84				75 300		66 132	68 136	84 168	80 160	89 178		2598.7	74.25	15	88	2	90	1	84.08	0.75	73.50	13
10	王兆敏	76	95.8		85 595			84 252	66 198		86.1 344.4	81 162				87.3 349.2		74 148	79 158	97 194	85 170	92.5 185.0		2927.4	83.64	4	85	4	90	1	86.21	2.75	80.89	6
11	呂淑貞	81	98.5		84 588			99 297	99 297		91 364	93.6 187.2				98.2 392.8		93 186	89 178	90 180	90 180	92 184		3219.5	91.81	1	87	3	80	2	86.27	1.25	90.96	1
12	何宜冰	74	95.2		83 581			82 246	78 234		31.5 126 (~~67.7 270.8~~)	57 114				77.2 308.8		73 146	84 168	79 158	78 156	75 150		2557 (~~2708~~)	73.06 (~~77.19~~)	16 (12)	78	7	75	4	76.73	2.2	70.86	16
13	馬靜康	88	97.6		83 581			99 297	96 288		94 376	97.6 195.2				97.7 390.8		93 186	88 176	94 188	80 160	86 172		3195.6	91.30	2	90	1	75	4	85.43	2.4	88.9	2
14	王毓英	72	87.2		81 567			60 180	70 210		79.2 316.8	82.8 165.6				68.8 275.2		71 142	76	85 170	70 140	77 154		2631.8	75.19	14 (13)	85	4	65	6		3.16	72.03	15
15	王國華	88	95		85 595			70 210	80 240		~~48~~ 61.92 338.4	86.8 173.6				89.2 356.8		83 166	76	86 172	75 150	84 168		2758.4 (~~2904.8~~)	78.81	5	75	8	75	4		3.9	74.91	12
16	馬慈賢	69	89.9		79 553			~~80~~ 60 180	70 210		54 216	33 66				73.2 292.8		67 134	65	80	70 140	76.5 153.0		2393.7	68.39	17	80	6	70	5		0.66	67.73	17
17	張國英	76	96.1		81 567			92 276	98 294		64.2 256.8	65.8 131.6				93.1 372.4		81 162	78	90 180	80 160	75 150		2877.9	82.23	6	84	5	78	3		0.22	82.01	4
18	李正荷	75	95.5		81 567			88 264	70 210		76.6 306.4	67.2 134.4				81.7 326.8		84 168	75	80 160	70 140	80.5 161.0		2758.1	78.80	9	85	4	65	6		2.5	76.30	8
19	劉崇娟	74	92.4		80 560			60 180	76 228		81.5 326.0	84.2 168.4				70.8 283.2		77 154	79	80 160	70 140	75 150		2674.0	76.40	13 (12)	85	4	70	5		1.16	75.24	11
20																																		
21																																		
22																																		
總點																																		
總人數																																		
平均																																		
最高點																																		
最低點																																		

中華民國三十五年元月　　日　　級任導師

學校長 [印] 教務主任 [印] 級担任

民國34年度 第1學年初二組 學業成績一覽表 15 民國34年12月

番號	氏名	修身	公民	國語 講讀	國語 作文文法	國語 習字	外國語 英語	外國語 華語	歷史	地理	數學 算術代數	數學 幾何	理料 動物	理料 生理	圖畫	家事	裁縫	手藝	音樂	體操	作業	教育	總點	平均	總員	席次	判定	出席スベキ日數	出席日數	欠席日數 病氣	欠席日數 事故	公欠日數 [illegible]	公欠日數 其他	欠課時數	遲刻度數	早退度數	操行	備考
1	陳 同 鳳	95	56	50					53	61			48	65																	7	7						
2	李 枝 蘭	93	53	81			73		67	87	64			78																		1			1			
3	朱 秀 如	66	82	68			78		57	55	44		60	48																14					1			
4	龐 聲 蘭																													46		1			1			
5	劉 國 立	67	45	82			72		71	71	93		50	80																		1			1			
6	姚 文 華	63	75	86			61		96	87	70		96	88																								
7	鄭 楊 生	52	35	30			54		30	64	25		30	50																								
8	顧 秀 梅	84	66	89			70		76	90	82		80	75																		6						
9	池 慶 中	90	90	80			89		93	96	80		96	95																7								
10	程 忠 礼	86	74	85			69		70	82	85		85	80																								
11	武 明 珠	73	35	95			98		88	85	100		88	76																		4						
12	刘 才 華	75	90	84			68		82	80	63		80	80																								
13	卜 聪 貞	90	85	84			52		84	77	55		80	80																								
14	金 琦 英	55	69	81			51		58	70	57		62	87																17		15						
15	楊 秀 娜	64	70	90			77		99	90	90		92	88																								
16	盧 瑞 琮	72	77	90			98		85	73	55		80	90																[illegible]		1			1			
17	王 景 萍	70	76	77			90		60	65	63		54	76																		27						
18	李 錦	83	35	81			54		50	83	38		64	88																		1						
19	韓 清 琪	65	50	71			50		53	76	57		50	54																14		10			1			
20	孫 宝 慶	93	71	62			93		61	55	55		75	90																		17						
21	周 蘭	78		55					53	55			35	52																								
22	呂 平 志	70	54	60			68		60	50	40		40	70																		1						
23	王 蘭 蘭	78	73	64			45		51	40	58		40	53																	4							
24	李 玉 珍	84	76	70			61		70	90	71		50	75																		8						
25	宗 廣 備	67	88	90			95		71	95	77		80	90																		2			1			
26	王 惠	57	35	40			61		37	44	24		25	30																	7	15			2			
27	金 宏 珍	73																														8						
28	楊 秀 珍	82	80	80			95		64	95	47		70	65																		1						
29	張 天 美	70	82	60			82		70	60	71		80	60																								
30	孟 靜 之	48	88	63			78		70	77			60	60																								
31																																						
32																																						
33																																						
34																																						
35																																						
36																																						
37																																						
38																																						
39																																						
40																																						
41																																						
42																																						
43																																						
44																																						
45																																						
46																																						
47																																						
48																																						
49																																						
50																																						
51																																						
52																																						
53																																						
54																																						
55																																						
	總點																																					
	總員																																					
	平均																																					
	最高點																																					
	最下點																																					

組總點	組平均			
		10 名	7 名	
		9 名	6 名	
		8 名	5 名	

在籍	名
退學	名
入學	名
休學	名
進級	名

備考

1. 不良點ノ下ニハ赤線ヲ引クコト
2. 見込點ハ赤記ノコト
3. 備考欄ニハ 優等、皆勤、休學其他ヲ記入ノコト

南京日本高等女學校 [印]

學校長 教務主任 級担任

民國（昭和）34年度 第1學年 理組 高級中學 成績一覽表 民國（昭和）34年12月

番號	氏名	修身	公民	國語 講讀	國語 作文文法	國語 習字	外國語 英語	外國語 華語	歷史	地理	數學 代數算術	數學 幾何	理科 物理化學	理科 生物	圖畫	園藝	裁縫	手藝	音樂	體操	作業	教育	總點	平均	總員	席次	判定	出席スベキ日數	出席日數	欠席日數 病氣	欠席日數 事故	公欠日數	其他	欠課時數	遲刻度數	早退度數	操行	備考
1	姚永嫜	85	83	80					88	67	90		74																						1			
2	余藝超																													96	28	32						缺課共156次
3	張婉蘅	90	81	93			77		90	80	80		62																			7			4			
4	常德華	100	78	91			90		95	91	90		98																	7								
5	丁訓華	84	61	70					81	50	60		40																			20			1			
6	汪蕊軒	90	82	90			93		95	87	84		96																									
7	蘇慕瑛	85	70	88			91		95	65	84		78																		21	5						
8	陳俊懿	90	81	88			95		96	80	80		94																									
9	喜蔻鄉	83	83	93			66		93	65	70		80																						3			
10	丁大華	90	84	77			76		85	77	68		88																									
11	杜惠麟	80	90	92			85		88	85	80		73																			1						
12	鄒國釗	85	72	90			95		96	80	98		71																									
13	朱小曇	92	81	93			95		97	81	90		96																									
14	冷陽詳	80	54	61			77		81	60	60		55																									
15	歐陽武晾	73	60	62			61		30	40	60		45																		8	7						
16	朱學驪	93	67	82			83		91	60	60		65																									
17	姚麗董	73	57	76			71		80	60	20		30																									
18	余光重	96	90	98			77		97	68	92		90																									
19	陶興坤	80	61	87			86		89	62	84		81																									
20	彭淑[illegible]	96	87	84					92		70		77																			1						
21	常汝恪	95	75	93			90		94	65	75		88																									
22	王士雯	82	70	71			61		92	62	76		75																			3						
23	蔡[illegible]萍	92	50	55			65		90	60	10		45																	14		2			1			
24	陳福梧	90		86					94		20		66																		11				1			
25	張蕙宜	87	90	89			88		90	86	100		92																									
26	孫文聰	83	80	76			89		82	55	76		96																									
27	宋山鳳	45	60	45			42		70		40		50																			1						
28	張美貞		41																													7						
29																																						
30																																						
31																																						
32																																						
33																																						
34																																						
35																																						
36																																						
37																																						
38																																						
39																																						
40																																						
41																																						
42																																						
43																																						
44																																						
45																																						
46																																						
47																																						
48																																						
49																																						
50																																						
51																																						
52																																						
53																																						
54																																						
55																																						

總點	
總員	
平均	
最高點	
最下點	

組總點	組平均				
		10 名	7 名	在籍	名
				退學	名
		9 名	6 名	入學	名
				休學	名
		8 名	5 名	進級	名

備考

1. 不良點ノ下ニハ赤線ヲ引クコト
2. 見込點ハ赤記ノコト
3. 備考欄ニハ優等、皆勤、休學其他ヲ記入ノコト

南京日本高等女學校

學校長 教務主任 級擔任

民國34年度 第1學年 初三 級 成績一覽表 民國34年12月

番號	氏名	修身	公民	國語 講讀	國語 作文文法	國語 習字	外國語 英語	外國語 華語	歷史	地理	數學 算術代數	數學 幾何		理料 物理化學	理料 生物	圖畫	家事	裁縫	美勞	音樂	體操	作業	教育		總點	平均	總員	席次	判定	出席スベキ日數	出席日數	欠席日數 病氣	欠席日數 事故	公欠日數	公欠日數 其他	欠課時數	遲刻度數	早退度數	操行	備考
1	黃濬	98	99	81			87		83	90		60		68																										
2	王治珍	93	86	85			79		87	77		80		92																			7	1						
3	高明珠	95	82	92			71		94	95		100		85																		18		2			1			
4	李玉華	91	76	87			67		86	76		75		60																										
5	謝劍英	98	90	95			96		83	92		100		95																										
6	吳仲雅	98	55	62			76		77	83																														
7	周家清	68	59	84			81		70	81		100		60																		2								
8	楊枕芳	86	67	90					63	73		80																												
9	謝中英	100	87	85			87		85	92		95		85																										
10	蔡國[illegible]	85																																						
11	劉璋	80	55	81					70	73																														
12	趙家熙		55	74					51																												1			
13	張懷貞																																	8						
14																																								
15																																								
16																																								
17																																								
18																																								
19																																								
20																																								
21																																								
22																																								
23																																								
24																																								
25																																								
26																																								
27																																								
28																																								
29																																								
30																																								
31																																								
32																																								
33																																								
34																																								
35																																								
36																																								
37																																								
38																																								
39																																								
40																																								
41																																								
42																																								
43																																								
44																																								
45																																								
46																																								
47																																								
48																																								
49																																								
50																																								
51																																								
52																																								
53																																								
54																																								
55																																								

總點	
總員	
平均	
最高點	
最下點	

組總點	組平均				
		10 名	7 名	在籍	名
				退學	名
		9 名	6 名	入學	名
				休學	名
		8 名	5 名	進級	名

備考

1. 不足點ノ下ニハ赤線ヲ引クコト
2. 見込點ハ赤記ノコト
3. 備考欄ニハ 優等, 皆勤, 休學其他ヲ記入ノコト

南京日本高等女學校

民國34年度 第1學年 商組 成績一覽表 民國34年12月

學校長 [印] 教務主任 [印] 組担任

番	氏名	修身	公民	國語 講讀	國語 作文文法	國語 習字	外國語 英語	外國語	歷史	地理	數學	數學	理科	理科 生物	圖畫	家事	裁縫	手藝	音樂	體操	作業	教育	總點	平均	總員	席次	判定	出席スベキ日數	出席日數	欠席日數 病氣	欠席日數 事故	公欠日數	公欠日數 其他	欠課時數	遲刻度數	早退度數	操行	備考
1	陶秀玫	98	70	86			85	79	71	64	89			68																					1			
2	閻秀如	94	59	70			85	80	44	66	60			70																					3			
3	陳淑忻	98	84	76			94	100	75	90	100			80																2					2			
4	王莉文	88	70	70			75	70	70	66	70			80																					3			
5	賀崇芳	99	74	84			94	95	90	70	95			84																	3				1			
6	鄭海生	89	69	75			98	65	62	68	60			75																								
7	陳月華	96	69	80			75	91	65	72	50			66																2					3			
8	金河	80	58	68			55	43	60	46	64			65																								
9	劉智芳	93	79	82			65	49	69	84	65			78																					2			
10	張靜華	81	48	68			60		36	35				66																		56			3			曠課共56次
11	陳崇昉	80	55	68			50		32	45				60																	71	36			3			缺席共108次
12	張鳳蘭	100	84	76			95	88		65				61																								
13	李文	95	70	78			92	92			99			70																								
14																																						
15																																						
16																																						
17																																						
18																																						
19																																						
20																																						
21																																						
22																																						
23																																						
24																																						
25																																						
26																																						
27																																						
28																																						
29																																						
30																																						
31																																						
32																																						
33																																						
34																																						
35																																						
36																																						
37																																						
38																																						
39																																						
40																																						
41																																						
42																																						
43																																						
44																																						
45																																						
46																																						
47																																						
48																																						
49																																						
50																																						
51																																						
52																																						
53																																						
54																																						
55																																						

總點	組總點	10 名	7 名	在籍 名
總員	組平均			退學 名
平均		9 名	6 名	入學 名
最高點				休學 名
最下點		8 名	5 名	進級 名

備考
1. 不良點ノ下ニハ赤線ヲ引クコト
2. 見込點ハ赤記ノコト
3. 備考欄ニハ 優等、皆勤、休學其他ヲ記入ノコト

南京日本高等女學校

學校長（印） 教務主任（印） 級担任

民國34年度 第1學年高級 成績一覽表 民國34年12月

番號	氏名	修身	公民	國語 講讀	國語 作文文法	國語 習字	外國語 英語	外國語 日語	歷史	地理	數學 算術代數	數學 幾何	理料 物理化學	理料 生物	圖畫	家事	裁縫	手藝	音樂	體操	作業	教育	總點	平均	總員	席次	判定	出席スベキ日數	出席日數	欠席日數 病氣	欠席日數 事故	曠課	其他	欠課時數	遲刻度數	早退度數	操行	備考
1	王兆慧	97	78	74			73.3	92	59	73	74		73																									
2	王永珍	89	72	75			46	70	55	32	50		50																	3		11						
3	劉靜芳	83	69	83			60.6	64	34	30	50		48																		4							
4	高明環	92	80	75			77	82	80	92	88		81																		9	5						
5	王楚君	97	74	80			83	100	77	54	90		88																			1						
6	景玉華	98	70	85			80	52	60	60	66		68																	8	1	3						
7	王蓀華	97	70	78			80	95	66	71	88		80																		7	4						
8	孫若蘭	85	78	75			44		72	70	71		63																			1						
9	施洛秋	98	78	84			94	97	80	74	100		73																	1								
10	湯靜文	92	70	78			43	18	74	75	35		60																		14							
11	王彭育	81	70	80			43	44	67	54	88		65																	32		3						
12	費肇德	99	81	85			78	90	77	83	58		60																									
13	田瑞式	100	68	70			84		86		100		60																	18		1						
14	福式如	92	80	83			94	100	80	81	100		88																	7								
15	沙志茵			82			60																									1						
16	馬秀文			72							35																			7								
17	殷春貞		79	84																																		
18	李萍			85																																		
19																																						
20																																						
21																																						
22																																						
23																																						
24																																						
25																																						
26																																						
27																																						
28																																						
29																																						
30																																						
31																																						
32																																						
33																																						
34																																						
35																																						
36																																						
37																																						
38																																						
39																																						
40																																						
41																																						
42																																						
43																																						
44																																						
45																																						
46																																						
47																																						
48																																						
49																																						
50																																						
51																																						
52																																						
53																																						
54																																						
55																																						

		組總點	組平均							
總點				10	名	7	名	在籍	名	
總員								退學	名	
平均				9	名	6	名	入學	名	
最高點								休學	名	
最下點				8	名	5	名	進級	名	

備考
1. 不及點ノ下ニハ赤線ヲ引クコト
2. 見込點ハ赤記ノコト
3. 備考欄ニハ 優等、皆勤、休學其他ヲ記入ノコト

南京日本高等女學校

學校長	主任教務	組担任
[seal]	[seal] 劉九印	

民國 34年度 第1學年 高三 組 學期學年 成績一覽表

民國 34年 12月

No.	氏名	修身	公民	國語 講讀	國語 作文文法	國語 習字	外國語 英語	外國語 支那語	歷史	地理	數學 算術代數	數學 幾何	理科 物理化學	理科 生物	圖畫	家事	裁縫	手藝	音樂	體操	作業	教育
1	趙润生	92	69	80			70	77	66	79	68	60	85	60								
2	曹菊鄉	98	74	82			90	92	85	86	92	95	100	95								
3	周梅	89	85	82			82	88	77	80	73	65	85	65								
4	衛國華	100	75	75			78	80	70	82	100	70	97	70								
5	姚文君	90	70	78			51	33	62	71	75	50	92	50								
6	杜月英	97	69	75			39	28	66	79	75	52	75	52								
7	杜佑貞	100	78	86			70	46	74	77	75	50	96	50								
8	杜彬瑞	98	78	80			70	33	60		50	60	60									
9	張秀鳳	99	95	83			84	92	73	94	95	85	98									
10	王兆敏	96	84	82			84	78	71	79	78	70	85									
11	呂淑貞	97	86	84			86	94	90	96	100	75	100									
12	何宜冰	98	76	80			45	18	63	83	56	68	66									
13	馬靚康	97	95	80			92	98	92	93	94	95	99									
14	王毓華	100	70	78			663	53	50	79	80	70	95									
15	王國華	100	95	83			50	82	64	74	65	50	92									
16	馬繼曉	95	76	78			39	33	62	62	48	50	70									
17	張國英	100	70	77			41	25	70	79	75	92	97									
18	李正荷	98	61	76			75	70	71	68	78	60	65									
19	王毓英			78			70	72														
20	劉棠娟							80														
21																						
22																						
23																						
24																						
25																						
26																						
27																						
28																						
29																						
30																						
31																						
32																						
33																						
34																						
35																						
36																						
37																						
38																						
39																						
40																						
41																						
42																						
43																						
44																						
45																						
46																						
47																						
48																						
49																						
50																						
51																						
52																						
53																						
54																						
55																						
總點																						
總員																						
平均																						
最高點																						
最下點																						

No.	總點	平均	總員	席次	判定	出席スベキ日數	出席日數	欠席日數 病氣	欠席日數 事故	公欠日數 忌服	公欠日數 其他	欠課時數	遲刻度數	早退度數	操行	備考
1													1			
2										1						
3																
4									3							
5													1			
6													1			
7								14					1			
8								1		1						
9									10	4			1			
10									3	11						
11									3	5						
12								8		8						
13								1	3	1						
14									3							
15									10	7						
16									4	2						
17										2			1			
18										7			1			
19								1		3						
20																

組總點	組平均				
		10	名	7	名
		9	名	6	名
		8	名	5	名

在籍	名
退學	名
入學	名
休學	名
進級	名

備考

1. 不良點ノ下ニハ赤線ヲ引クコト
2. 見込點ハ赤記ノコト
3. 備考欄ニハ優等, 皆勤, 休學其他ヲ記入ノコト

南京日本高等女學校 [seal]

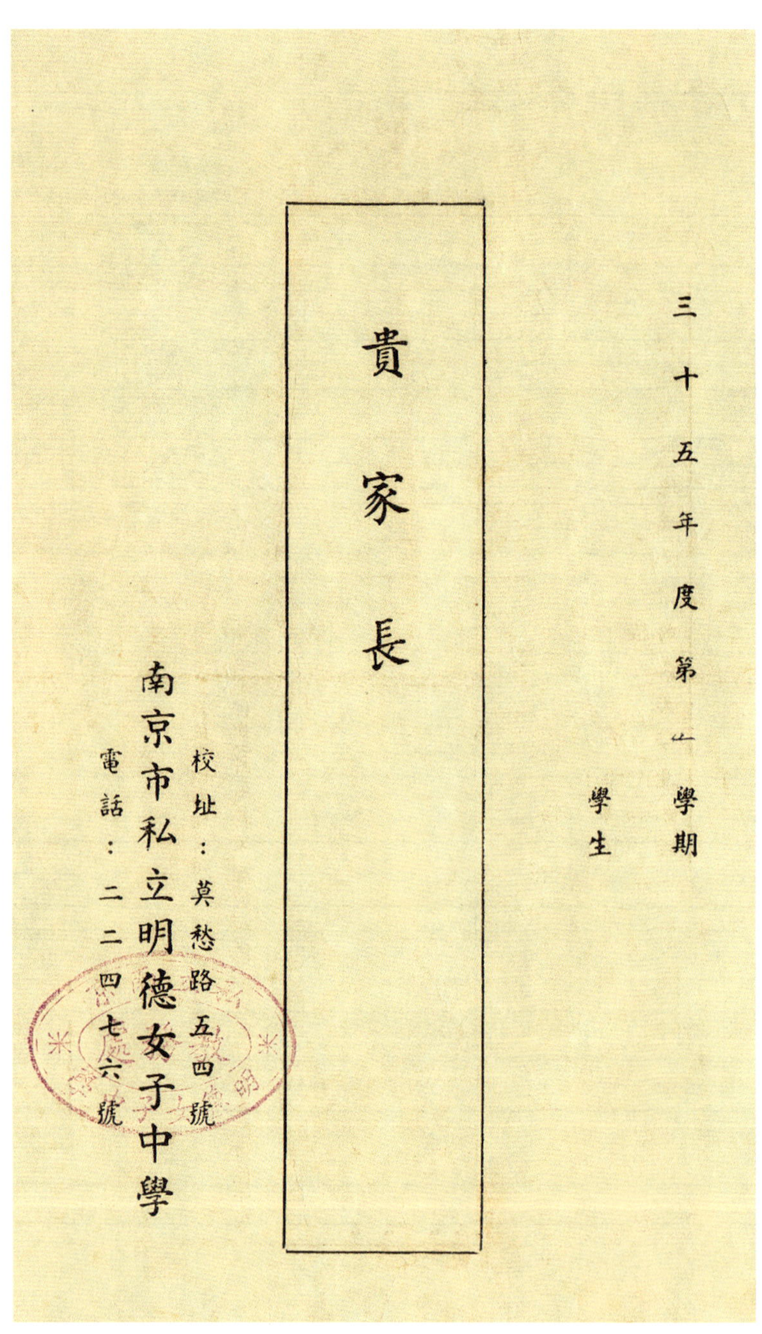

三十五年度第二學期

學生

貴家長

南京市私立明德女子中學

校址：莫愁路五四號

電話：二二四七六號

南京市私立明德女子中學學生月考成績報告單（一九四七年四月一日）

檔號：1009-1-1075

南京市私立明德女子中學月考成績報告單

勳 中一 年級 上 學期 巳 組 38 號學生 姜正德

科目	第一次月考	第二次月考
公民	68	—
國文	70	60
算學	75	65
英文	30	36
歷史	40	62
地理	60	60
理化	/	/
生物	/	/
宗教	83	
動植物	60	67
生理	/	/
美術	/	/
勞作	80	/
音樂	88	/
童訓家事	/	/
體育	/	/
附註 缺席		
優點		
缺點		
訓育主任	鄒鶴琴	鄒鶴琴
教務主任	李学華	李学華
校長	黄麗明	黄麗明
家長（簽名蓋章）	[印]	[印]

說明

一、本成績單專為登載學生學月考試成績

二、本成績單由學生攜呈家長審閱簽名蓋章後交回本校教務處

三、成績在六十分以下者為不及格其主要科目（國文·英文·算學·理化·史地等）有不及格者除予警告外希　貴家長督促該生努力

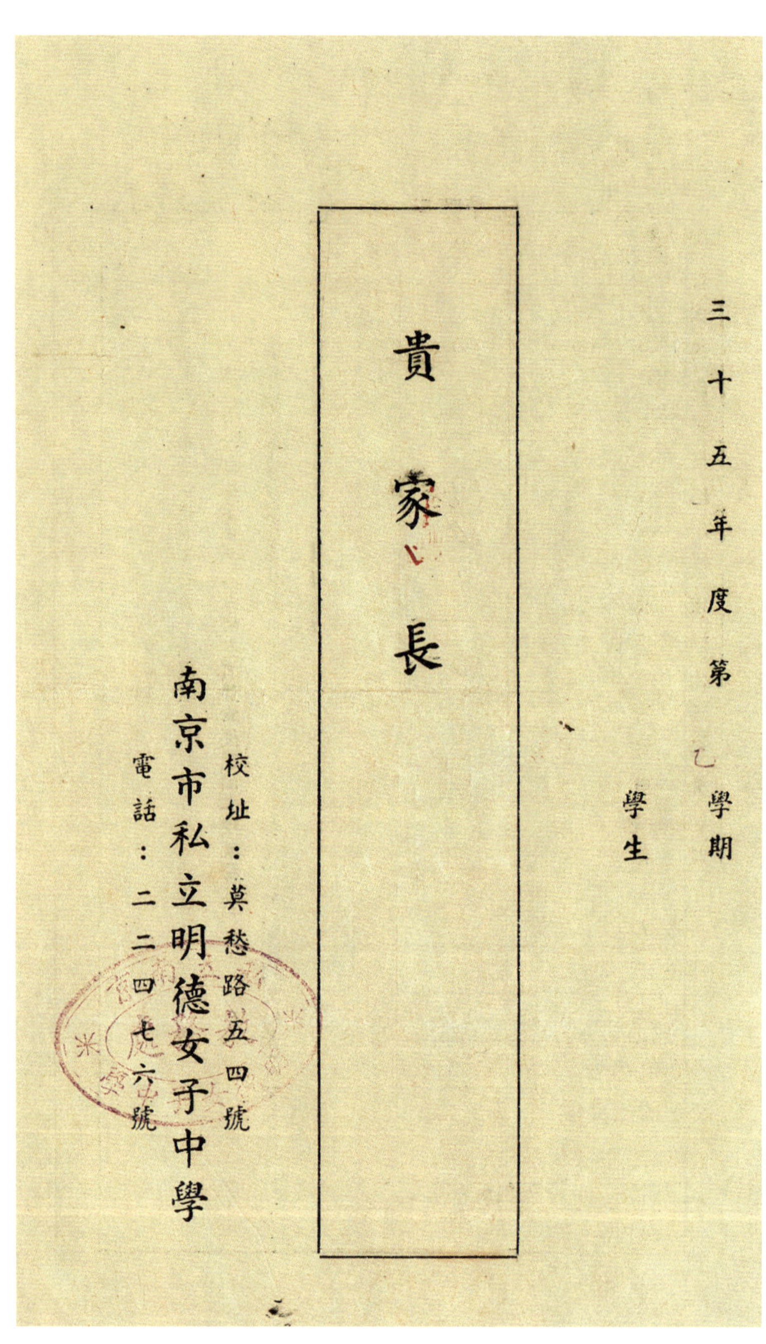

三十五年度第乙學期

學生

貴家長

南京市私立明德女子中學

校址：莫愁路五四號

電話：二二四七六號

南京市私立明德女子中學月考成績報告單

初中 二 年級 上 學期 甲 組 35 號學生 周秦徐

考別 / 成績 / 科目	第一次月考	第二次月考
公民	95	/
國文	68	82
算學	94	85
英文	96	93
歷史	90	93
地理	93	84
理化	76	94
生物	/	/
宗教	87	/
動植物	/	/
生理	83	95
美術	/	/
勞作	80	/
音樂	75	/
童訓家事	/	/
體育	/	/
附註 缺席		
附註 優點		
附註 缺點		
訓育主任	琴鶴鄒	琴鶴鄒
教務主任	華雪李	華[illegible]
校長	明麗黃	明麗黃
家長（簽名蓋章）	周達君	周達君

說明

一、本成績單專為登載學生學月考試成績

二、本成績單由學生攜呈家長審閱簽名蓋章後交回本校教務處

三、成績在六十分以下者為不及格其主要科目（國文・英文・算學・理化・史地等）有不及格者除予警告外希 貴家長督促該生努力

三十五年度第乙學期

學生

貴家長

南京市私立明德女子中學

校址：莫愁路五四號

電話：二二四七六號

南京市私立明德女子中學月考成績報告單

初中 二 年級 下 學期 組 1 號學生 傅京蘭

科目 \ 成績 \ 考別	第一次月考	第二次月考
公民	98	—
國文	85	83
算學	95	96
英文	90	88
歷史	90	90
地理	96	88
理化	93	95
生物		
宗教	89	
動植物		
生理	100	[illegible]
美術		
勞作	88	
音樂	72	
童訓家事		
體育		
附註 缺席		
優點		
缺點		
訓育主任	鄒鶴琴	鄒鶴琴
教務主任	李[illegible]華	李[illegible]華
校長	黃麗明	黃麗明
家長（簽名蓋章）		

說明

一、本成績單專為登載學生學月考試成績

二、本成績單由學生攜呈家長審閱簽名蓋章後交回本校教務處

三、成績在六十分以下者為不及格其主要科目（國文、英文、算學、理化、史地等）有不及格者除予警告外希　貴家長督促該生努力

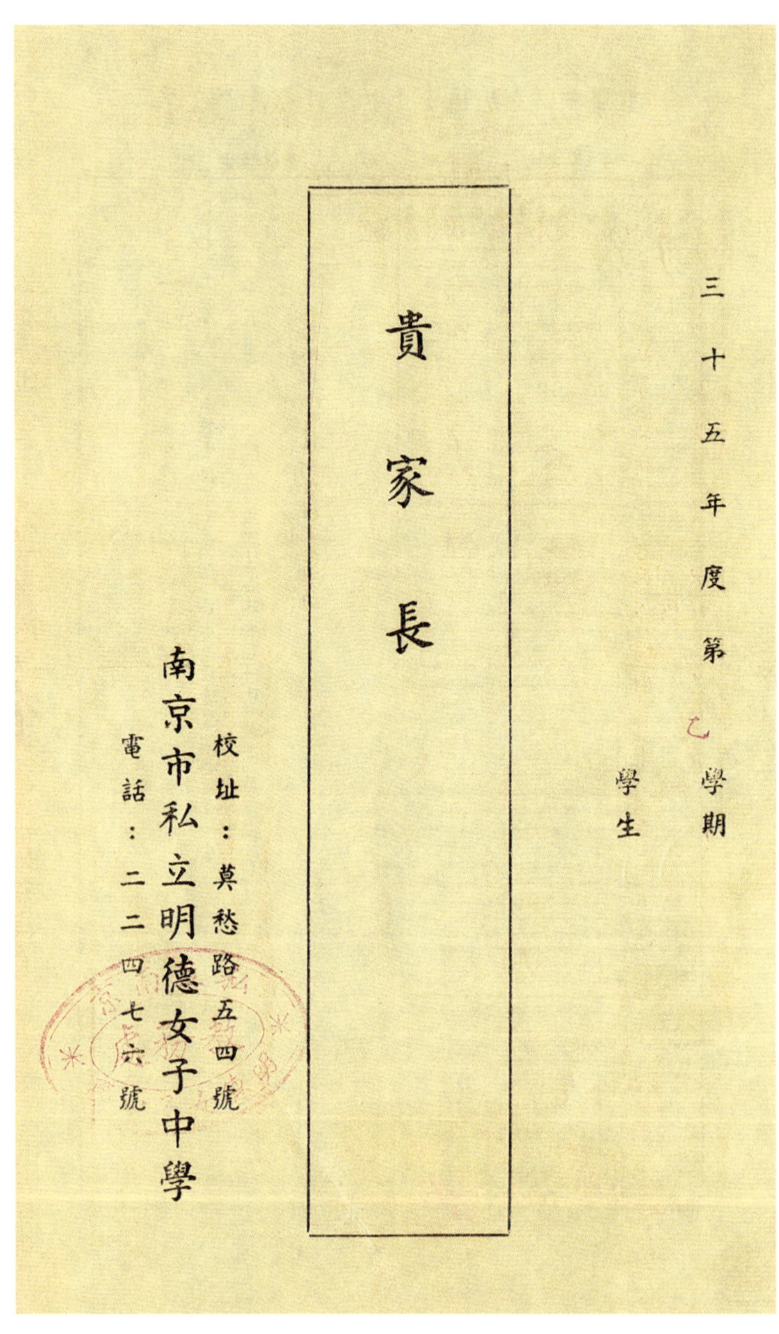
三十五年度第乙學期
學生
貴家長
校址：莫愁路五四號
南京市私立明德女子中學
電話：二二四七六號

南京市私立明德女子中學月考成績報告單

高中一年級上學期乙組17號學生倪平

科目＼成績＼考別	第一次月考	第二次月考
公民	78	86
國文	61	80
算學	70	66
英文	60	74
歷史	73	87
地理	72	70
理化	/	—
生物	12	89
宗教	32	/
動植物	/	/
生理	/	/
美術	/	/
勞作	90	/
音樂	78	/
童訓家事	90	/
體育	/	/
附註 缺席		
附註 優點		
附註 缺點		
訓育主任	琴鶴鄒	琴鶴鄒
教務主任	華雪李	華雪李
校長	明德黄	明德黄
家長（簽名蓋章）	倪尚達	倪尚達

說明

一、本成績單專為登載學生學月考試成績

二、本成績單由學生攜呈家長審閱簽名蓋章後交回本校教務處

三、成績在六十分以下者為不及格其主要科目（國文、英文、算學、理化、史地等）有不及格者除予警告外希　貴家長督促該生努力

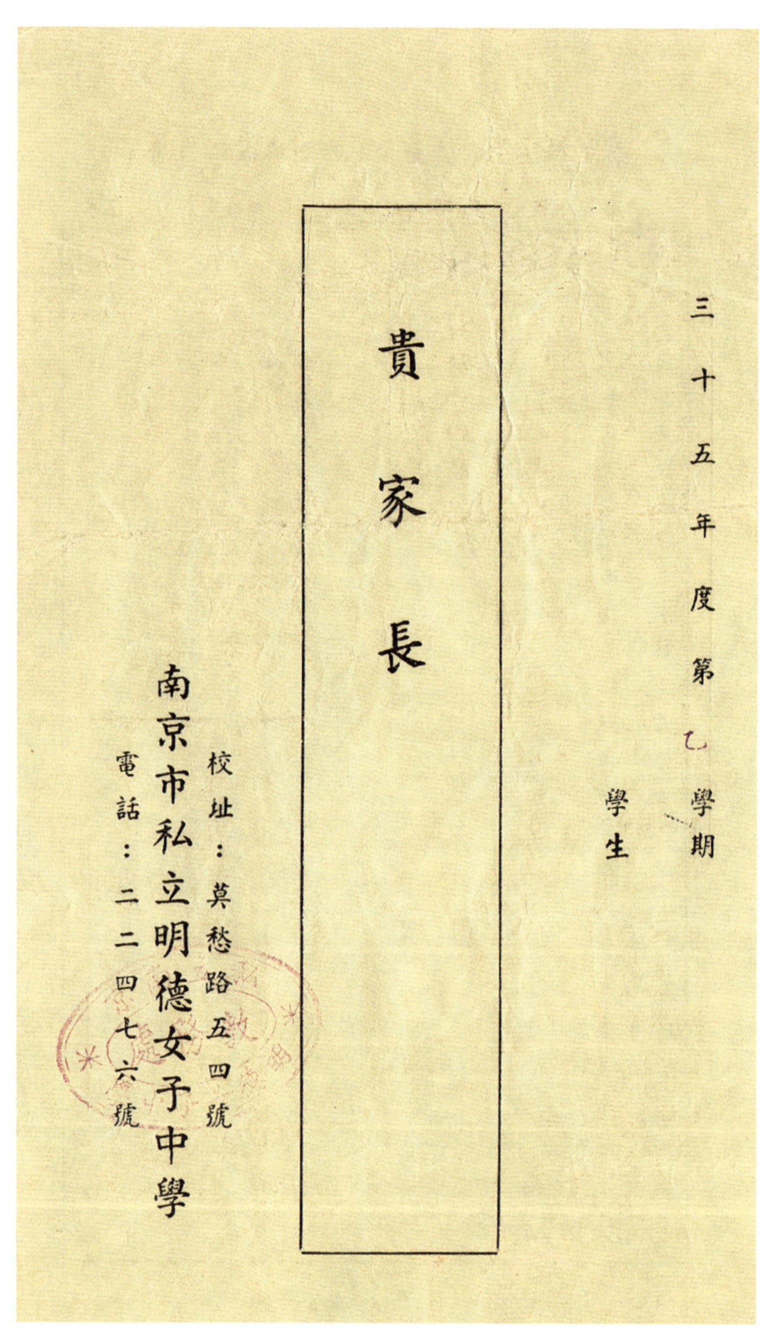

三十五年度第乙學期

學生

貴家長

校址：莫愁路五四號

南京市私立明德女子中學

電話：二二四七六號

南京市私立明德女子中學月考成績報告單

高中一年級上學期乙組1號學生薛文潔

考別 成績 科目	第一次月考	第二次月考
公民	78	79
國文	80	80
算學	35	10
英文	60	69
歷史	62	90
地理	80	80
理化		
生物	75	78
宗教	60	
動植物		
生理		
美術		
勞作	86	
音樂	90	
童訓家事	85	
體育		
附註 缺席		
優點		
缺點		
訓育主任	琴鶴鄒	琴鶴鄒
教務主任	華雪李	華雪李
校長	明麗黃	[illegible]
家長（簽名蓋章）	薛善述	薛善述

說明

一、本成績單專為登載學生學月考試成績

二、本成績單由學生攜呈家長審閱簽名蓋章後交回本校教務處

三、成績在六十分以下者為不及格其主要科目（國文、英文、算學、理化、史地等）有不及格者除予警告外希 貴家長督促該生努力

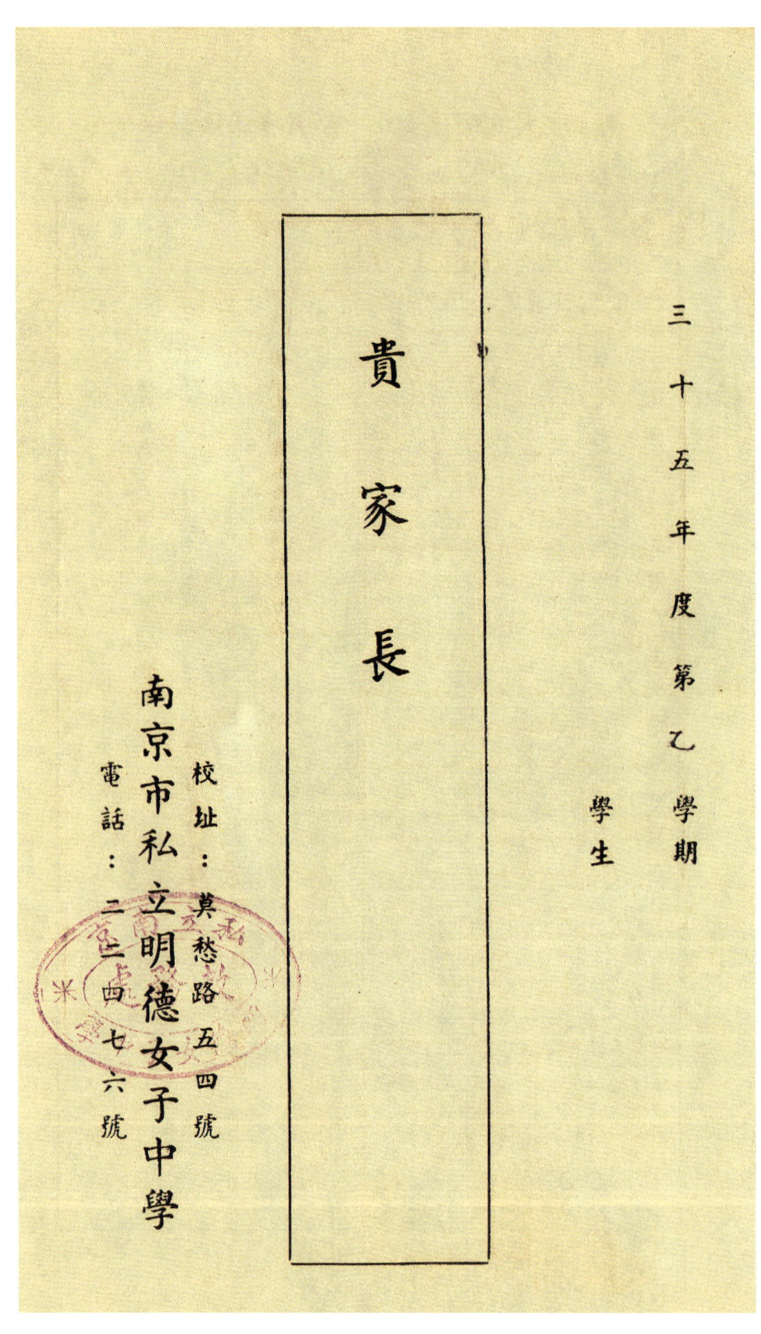
三十五年度第乙學期

學生

貴家長

南京市私立明德女子中學

校址：莫愁路五四號

電話：二二四七六號

南京市私立明德女子中學月考成績報告單

高中二年級 上學期 甲組 22 號學生 林雲英

成績 科目 考別	第一次月考	第二次月考
公民	80	71
國文	76	80
算學	95	66
英文	78	77
歷史	98	90
地理	83	76
理化	90	82
生物		
宗教	95	
動植物		
生理		
美術		
勞作	85	
音樂	80	
童訓家事	90	
體育		
附註 缺席		
附註 優點		
附註 缺點		
訓育主任	琴韻郎	琴韻郎
教務主任	華雲章	華雲章
校長	明德章	明德章
家長（簽名蓋章）		

說明

一、本成績單專為登載學生學月考試成績

二、本成績單由學生攜呈家長審閱簽名蓋章後交回本校教務處

三、成績在六十分以下者為不及格其主要科目（國文、英文、算學、理化、史地等）有不及格者除予警告外希　貴家長督促該生努力

林文秉

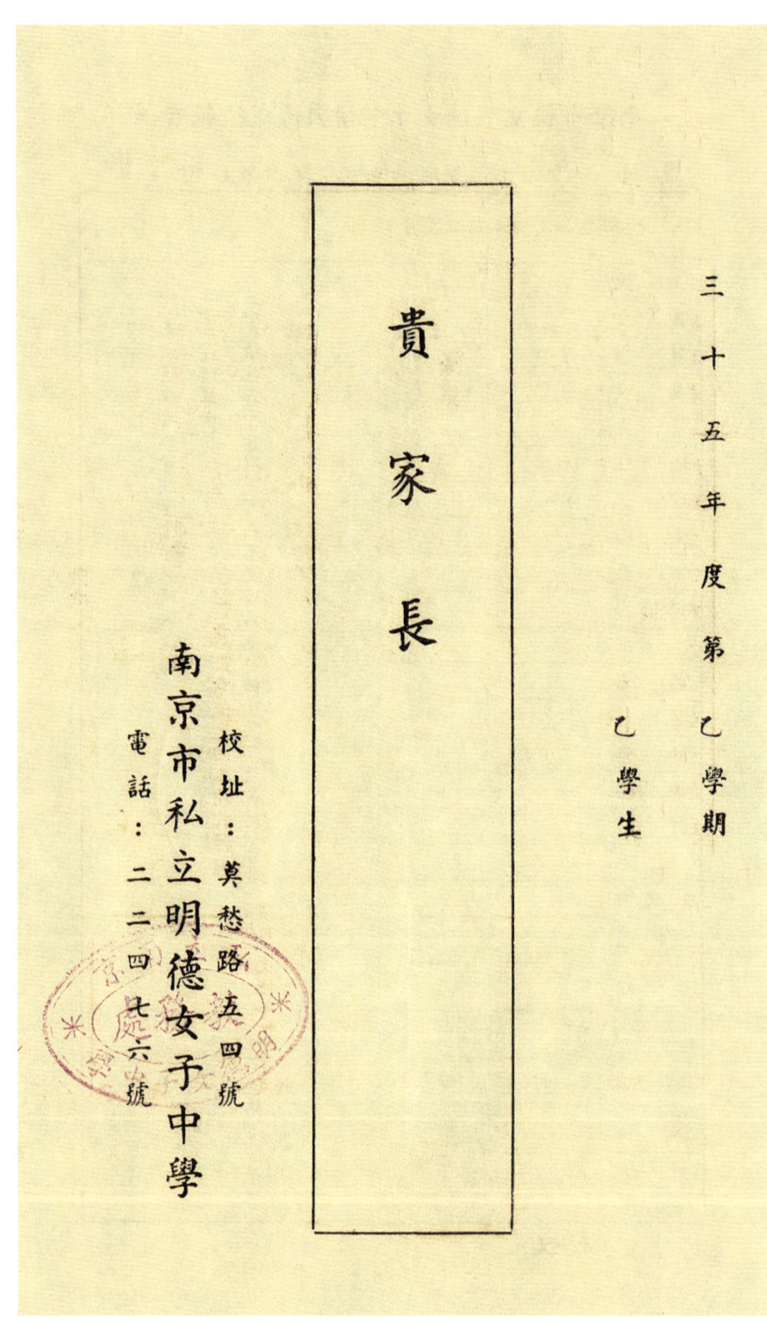
三十五年度第乙學期

乙學生

貴家長

南京市私立明德女子中學

校址：莫愁路五四號

電話：二二四七六號

南京市私立明德女子中學月考成績報告單

高中二年級上學期甲組1號學生唐慶年

成績 考別 科目	第一次月考	第二次月考
公民	80	76
國文	80	84
算學	80	60
英文	70	63
歷史	99	84
地理	92	70
理化	93	95
生物		
宗教	95	
動植物		
生理		
美術		
勞作	88	
音樂	70	
童訓家事	95	
體育		
附註 缺席		
附註 優點		
附註 缺點		
訓育主任	鄔鶴琴	
教務主任	李雪華	
校長	黄麗明	
家長（簽名蓋章）		

說明

一、本成績單專為登載學生學月考試成績

二、本成績單由學生攜呈家長審閲簽名蓋章後交回本校教務處

三、成績在六十分以下者為不及格其主要科目（國文、英文、算學、理化、史地等）有不及格者除予警告外希 貴家長督促該生努力

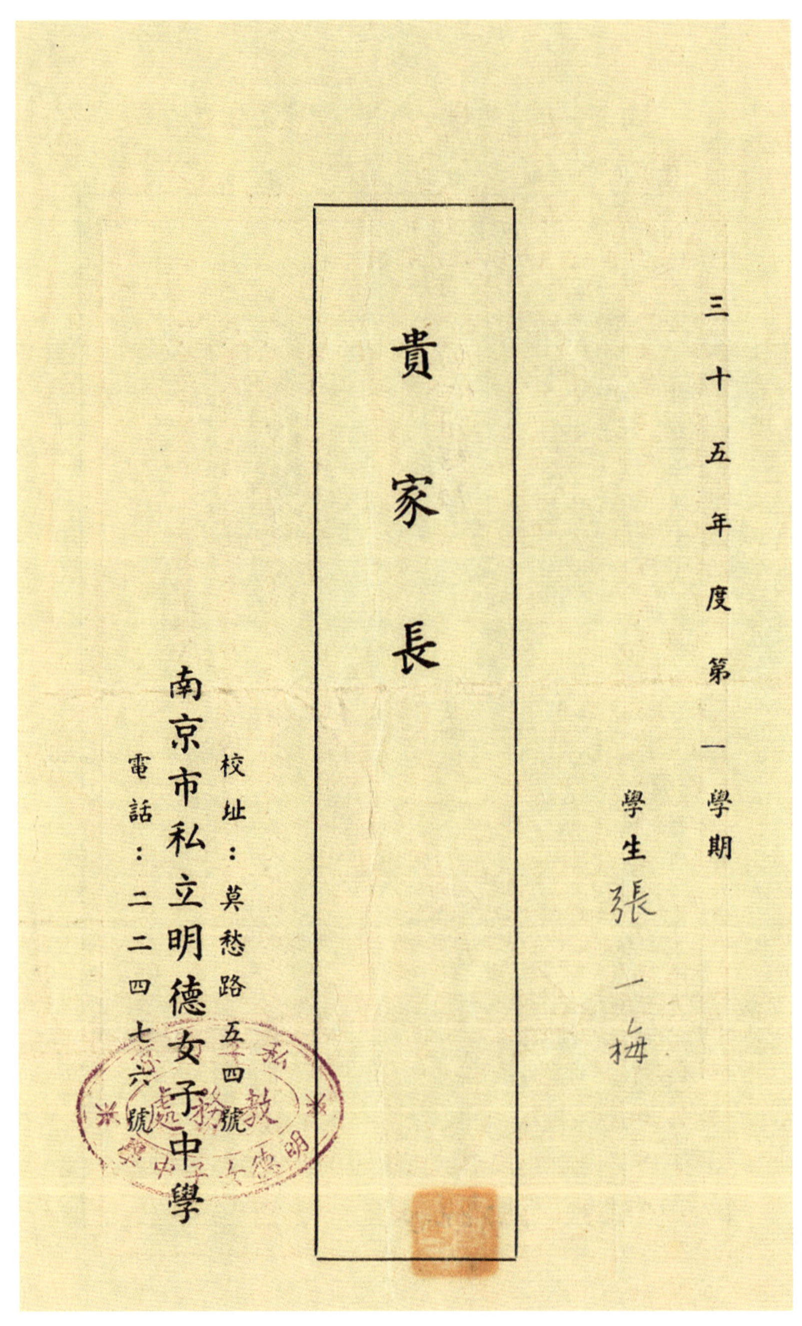
三十五年度第一學期

學生張一梅

貴家長

南京市私立明德女子中學

校址：莫愁路五二四號

電話：二二四七六號

南京市私立明德女子中學月考成績報告單

高 中 三 年級 上 學期　　組　1 號學生 張一梅

科目＼成績＼考別	第一次月考	第二次月考
公民	100	80
國文	85	89
算學	100	100
英文	87	78
歷史	88	93
地理	80	92
理化	100	90
生物	—	
宗教	93	
動植物		
生理		
美術		
勞作		
音樂	89	
童訓家事	89	
體育		
大代數		100
附註 缺席		
附註 優點		
附註 缺點		
訓育主任	琴鶴鄔	琴鶴鄔
教務主任	華雪李	華雪李
校長	明麗黄	明麗黄
家長（簽名蓋章）	張九如	張九如

說明

一、本成績單專為登載學生學月考試成績

二、本成績單由學生攜呈家長審閱簽名蓋章後交回本校教務處

三、成績在六十分以下者為不及格其主要科目（國文、英文、算學、理化、史地等）有不及格者除予警告外希　貴家長督促該生努力

1. 2. 3. 10. 6.

南京市私立明德女子中學校高初中部第二屆畢業生畢業成績一覽表

學號	1053			1081			1049			1082			1083		
姓名	彭靚雲			趙瞳英			包琬蓀			楊曉			周錫琳		
年齡	15歲			16歲			15歲			15歲			15歲		
籍貫	湖南長沙			浙江諸暨			江蘇太倉			江蘇松江			浙江臨海		
入學年月	三十五年式月			三十五年秋月			三十五年式月			三十五年秋月			三十五年秋月		
畢業年月	三十六年柒月			仝右			仝右			仝右			仝右		
科目 \ 成績類別	各學期成績平均	各科畢業考試成績	各科畢業成績	各學期成績平均	各科畢業考試成績	各科畢業成績	各學期成績平均	各科畢業考試成績	各科畢業成績	各學期成績平均	各科畢業考試成績	各科畢業成績	各學期成績平均	各科畢業考試成績	各科畢業成績
公民	96.5	94	95.5	95	92	93.8	81	84	82.2	86	69	79	81	74	78.2
國文	90.2	92	90.9	85	89	86.6	90.2	94	91.7	75.8	80	77.4	82.3	83	82.5
英語	93	92	92.6	91	89	90.2	91	82	87.4	85	78	82.2	84	81	82.8
數學	96	89	93.2	98	95	96.8	95.5	88	92.5	94	95	94.4	96	93	94.8
理化及博物	97.5	93	95.7	96	94	95.2	93.5	84	89.7	82	76	79.6	91	86	89
生理及衛生	90		~~9[illegible]~~	85			89		~~89~~	75			76		
歷史	92.9	97.8	94.9	89.8	98.6	93.3	83.4	94.8	87.9	79.2	89.9	83.5	84.2	88.6	85.9
地理	91.8	92.9	96.2	91	93.5	92	85.1	87.7	86.6	74.5	88.4	80	81.1	79	80.8
宗教	95.5	95	95.3	82	78	80.4	90	96	92.4	82	86	83.6	75	84	78.6
美術	87.5	93	89.7	90	91	90.4	90	99	93.6	75	97	83.8	95	90	93
勞作	83	93	87	90	89	89.6	83	92	86.6	90	93	91.2	91	91	91
音樂	92.2	91.2	91.8	77	69.9	74.2	80.5	82	81.1	90	84.4	87.7	70	70.4	70.1
童子軍 家[illegible]	86)	85	(85.6	84)	80	(82.4	85.5)	95	(89.3	79)	79	(79	75)	80	(77
各科畢業成績總計	~~1195.4~~ 1029.8			~~1064.9~~ 982.5			~~1150~~ 971.7			~~1001.4~~ 922.4			~~1003.8~~ 926.7		
畢業成績平均	~~91.95~~ 92.98			~~88.74~~ 89.31			~~88.49~~ 88.31			~~82.45~~ 83.85			~~83.84~~ 84.24		
操行成績	優			優			超			優			優		
體育成績	~~75.9~~ 80.7			81.95			86.3			79.2			~~74.3~~ 74.6		
備考	1			2			3			10			6		

三十六年七月　日填

頂上号數是对的。

10229　1. 2. 3. 10. 6. ?

南京市私立明德女子中學初中部第二屆畢業生畢業成績一覽表（一九四七年七月）

檔號：1009-1-1076

19. 8. 5. 4. 7.

南京市私立明德女子中學校初高中部第二屆畢業生畢業成績一覽表

學號	1050			1055			1043			1077			1045		
姓名	王照仁			沈茂莉			葛益謨			洪道琳			黃祥芸		
年齡	16歲			16歲			16歲			15歲			16歲		
籍貫	安徽當塗			浙江桐鄉			上海市			浙江富陽			南京市		
入學年月	三十五年弍月			三十五年弍月			三十五年弍月			三十五年秋月			三十五年弍月		
畢業年月	三十六年柒月			仝右			仝右			仝右			仝右		
科目 / 成績類別	各學期成績平均	各科畢業考試成績	各科畢業成績	各學期成績平均	各科畢業考試成績	各科畢業成績	各學期成績平均	各科畢業考試成績	各科畢業成績	各學期成績平均	各科畢業考試成績	各科畢業成績	各學期成績平均	各科畢業考試成績	各科畢業成績
公民	90	88	89.2	80.5	78	79.5	86.5	78	83.1	93	73	85	84.5	71	79.1
國文	85.8	89	87	83.7	78	81.4	81.4	82	81.6	77.4	80	78.4	80.3	74	77.7
英語	87	84	85.8	85.5	75	81.3	90.5	77	85.1	88	87	87.6	87.5	78	83.7
數學	81.5	73	78.1	96	86	92	91	86	89	96	97	96.4	73	94	81.4
理化及博物	76	77	76.4	87	78	83.4	82.5	82	82.3	92	83	88.4	78	77	77.6
生理及衛生	81		~~81~~	83		~~83~~	88		~~88~~	80			80		~~80~~
歷史	81.5	87.2	83.8	83	83.4	83.1	85.6	85.9	85.7	80.6	86.4	83.8	81	82.5	81.6
地理	78.2	83.9	84.1	84	77.2	82	86.7	86.4	86.6	81	76.4	79.1	82.4	78.3	80.7
宗教	85	79	82.6	86	90	87.6	85.5	98	90.5	77	95	84.2	74.5	86	79.1
美術	92	96	93.6	92.5	99	95.1	89	97	81.4	80	74	76.4	80.5	84	81.9
勞作	80.5	93	85.5	82	93	86.4	82	93	86.4	93	92	92.6	79	91	83.8
音樂	83	75.7	80	92.7	90	91.6	80.5	72.4	77.2	75	71.5	73.6	81.5	82.6	81.9
童子軍	87)	90	(88.4	89.5)	90	(87.7	71)	70	(70.6	72)	74	(72.8	74)	74	(74
畢業各科成績總計	~~1095.5~~ 926.1			~~1116.x~~ 941.4			~~1084.5~~ 928.9			~~998.3~~ 925.5			~~1042.5~~ 888.5		
畢業成績平均	~~84.27~~ 84.19			~~85.86~~ 85.58			~~83.65~~ 84.44			~~84.58~~ 84.13			~~80.79~~ 80.76		
操行成績	優			優			優			優			優		
體育成績	~~78.x~~ 80.9			~~85.5~~ 87.7			~~73.x~~ 72			~~68.6~~ 70.6			~~73.5~~ 73.7		
備考	7			4			5			8			20 19		

卅六年七月　日填

7. 4. 5. 928.9 8. 19. 926.1

南京市私立明德女子中學校高初中部第二屆畢業生畢業成績一覽表

12.			13.			16.			15.			9.		

學號	1093			1097			1061			1105			1058		
姓名	魏鳳翔			王天真			許壁華			凌永齡			謝傳沈		
年齡	15歲			16歲			16歲			16歲			14歲		
籍貫	河北東城			湖南衡陽			浙江吳縣			安徽定遠			江西興國		
入學年月	三十五年秋月			三十五年秋月			三十五年四月			三十五年秋月			三十五年貳月		
畢業年月	三十六年柒月			仝右			仝右			仝右			仝右		
科目 \ 成績類別	各學期成績平均	各科畢業考試成績	各科畢業成績	各學期成績平均	各科畢業考試成績	各科畢業成績	各學期成績平均	各科畢業考試成績	各科畢業成績	各學期成績平均	各科畢業考試成績	各科畢業成績	各學期成績平均	各科畢業考試成績	各科畢業成績
公民	88	81	85.2	78	77	77.6	90	68	81.2	82	79	80.8	87.5	82	85.3
國文	87	78	83.4	85	80	83	79.5	74	77.3	82	81	81.6	82	81	81.6
英語	79	85	81.4	68	76	71.2	81.5	77	79.7	75	77	75.8	82	83	82.4
數學	89	80	85.4	94	84	90	95.5	95	95.3	98	84	92.4	83.5	74	79.7
理化及博物	86	86	86	83	86	84.2	83	81	82.2	80	77	78.8	87.5	78	83.7
生理及衛生	80			75			83		~~85~~	85			82		~~82~~
歷史	85.8	77.6	82.5	88.8	84.6	87.1	82.8	77.8	80.8	87.8	84.2	86.3	88.4	81.2	85.5
地理	79.6	78.2	79	83.3	80.2	82	85.9	73.1	80.8	82.6	82.4	82.5	85.9	76.5	82.1
宗教	74	85	78.4	74	77	75.2	74	71	72.8	75	90	81	86	91	88
美術	95	93	94.2	90	95	92	87.5	90	88.5	90	73	83.2	96.5	99	97.5
勞作	92	91	91.6	92	90	91.2	84.5	93	87.9	90	89	84.6	81	89	84.2
音樂	70	80	74	70	75	72	68.7	60	65.2	67.5	68	67.7	77.5	71	74.9
童子軍	78)	78	(78	72)	73	(72.4	77)	75	(76.2	71)	75	(72.6	71.5)	73	(72.5
各科畢業成績總計	92[illegible].9			905.5			89[illegible].7			899.7			924.9		
畢業成績平均	8[illegible].81			82.13			81.29			81.76			83.9 0-84.08		
操行成績	優			優			中			中			優		
體育成績	72.3 75.1			72.7 72.6			[illegible] 74.7			[illegible] 70.3			77 74.7		
備考	12			13			17 16			16 15			9		

12.			13.			16.			15.			9.		

卅六年七月 日填

43. 38. 27. 24. 14.

南京市私立明德女子中學校高初中部第八屆畢業生畢業成績一覽表

學號	1069			1094			1098			1070			1099		
姓名	陳康林			黃蘭			初正平			黃紀莊			曾琦		
年齡	15歲			16歲			14歲			15歲			16歲		
籍貫	江蘇南通			江西九江			山東萊陽			江西都昌			江蘇無錫		
入學年月	三十五年[illegible]月			三十五年玖月			三十五年玖月			三十五年貳月			三十五年玖月		
畢業年月	三十六年柒月			仝右			仝右			仝右			仝右		
科目／成績類別	各學期成績平均	各科畢業考試成績	各科畢業成績	各學期成績平均	各科畢業考試成績	各科畢業成績	各學期成績平均	各科畢業考試成績	各科畢業成績	各學期成績平均	各科畢業考試成績	各科畢業成績	各學期成績平均	各科畢業考試成績	各科畢業成績
公民	86.5	81	84.3	78	70	74.8	83	67	76.6	79.5	75	77.7	82	81	81.6
國文	79	81	79.8	84	83	83.6	77	74	75.8	80.5	80	80.3	78	77	77.6
英語	74	76	74.8	75	74	74.6	84	88	85.6	60	68	63.2	68	71	69.2
數學	88	71	81.2	89	87	88.2	95	74	86.6	75	77	75.8	77	75	76.2
理化（物理及化學）	80.5	77	79.1	60.7	76	66.8	80	72	76.8	69.5	73	70.9	66	73	68.8
生理及衛生	79		~~79~~	75			80			84		~~84~~	70		
歷史	90.1	77.2	84.9	85.8	81.8	84.2	75.4	76.2	75.7	79.3	83.8	81.1	80.4	85.6	82.4
地理	88	72	81.8	85.8	71	79.8	83	66.7	76.4	85.2	81.2	83.6	82.3	80.8	81.7
宗教	78.5	92	83.9	75	67	71.8	63	81	70.2	69	76	71.8	70	89	77.6
美術	89	91	89.8	95	88	92.2	75	87	79.8	77.5	93	83.7	60	66	62.4
勞作	79.5	90	83.7	96	93	94.8	89	89	89	85	92	87.8	89	88	88.6
音樂	76.5	76	76.3	60	73	65.2	74	73	73.6	67.5	75	70.5	67.5	66	66.9
童子軍／家事護	(77.5	75	76.5)	(69	70	69.6)	(76	78	76.8)	(76.5	65	71.9)	(65	74	68.6)
各科畢業成績總計	~~899.6~~ 899.8			876			866.1			846.4			833		
畢業成績平均	81.83			79.63			78.73			77.53 76.94			75.72		
操行成績	優			~~甲~~ 中			甲			優			優		
體育成績	84.8 78.6			84.5 67			83.6 80.2			84.3 70.6			66.9 67.75		
備考	15 14			~~24~~ 24			29			37 36			43		

卅六年七月　日填

42 ~~42.~~ 37 ~~37~~ 38. 27 24 ~~14~~

17. 21. 32. 22. 34.

南京市私立明德女子中學校高初中部第二屆畢業生畢業成績一覽表

學號			1032			1033			1086			1088			1080
姓名	汪丞軒			陳俊懿			許燕吉			張宵秀			徐翔如		
年齡	14歲			13歲			14歲			16歲			15歲		
籍貫	湖北黄岡			浙江寧波			福建龍溪			廣西茶城			湖南湘潭		
入學年月	三十四年拾月			三十四年拾月			三十五年秋月			三十五年秋月			三十五年秋月		
畢業年月	仝右			仝右			仝右			仝右			三十六年柒月		
科目／成績類別	各科畢業成績	各科畢業考試成績	各學期成績平均	各科畢業成績	各科畢業考試成績	各學期成績平均	各科畢業成績	各科畢業考試成績	各學期成績平均	各科畢業成績	各科畢業考試成績	各學期成績平均	各科畢業成績	各科畢業考試成績	各學期成績平均
公民	80.5	78	82.3	75.8	71	79	69.6	72	68	87	75	95	78.8	74	82
國文	85.2	83	86.8	79	73	83.4	78.6	75	81	81.1	84	79.2	80.1	84	77.5
英語	69.9	60	76.6	70.8	66	74	84.6	84	85	72.4	70	74	71.8	73	71
數學	83.6	77	88.[illegible]	77.9	80	76.6	91	83	95	83	71	91	84	84	84
理化及博物	74.5	72	76.3	70.8	69	72	79.4	74	83	77.4	75	79	71	67	75
生理及衛生	~~76~~		76	~~74~~		74			75			76			75
歷史	~~84~~	81.2	85.9	83.4	76.5	88	79.8	77.6	81.4	85	91.7	80.6	78.4	87	72.8
地理	78.8	70.7	84.3	75.1	64	82.6	72.2	74.5	70.6	75.4	76.3	74.8	73.8	74.4	72.2
宗教	86.8	79	98.6	85.4	81	88.3	60	60	60	82.8	87	80	80.2	79	81
美術	85.5	93	80.6	91.4	98	87	77.4	66	85	74	80	70	67.6	64	70
勞作	90.8	92	90	85.2	93	80	89.2	88	90	91.2	93	90	94.4	92	96
音樂	70.7	77.4	83	88	83.4	91	74.8	67.9	79.5	72.5	76.3	70	73.6	71.6	75
童子軍／家護	~~76.8~~	~~78~~	~~76~~	(83.6	83	88)	(77.6	80	76)	(76.4	74	78)	(79.4	80	79)
各科畢業成績總計	~~1031.5~~ 890.3			~~1040.4~~ 88[illegible].8			~~934.2~~ 856.6			~~958.2~~ 881.8			~~933.x~~ 853.7		
畢業成績平均	~~79.34~~ 80.93			~~80.03~~ 80.25			~~77.86~~ 77.87			~~79.85~~ 80.16			~~77.76~~ 77.61		
操行成績	中			優			中			優			優		
體育成績	~~88.3~~ 72.5			~~78.6~~ ~~80.25~~			~~75.x~~ 75.2			~~7x.x~~ 75			~~74.5~~ 76.9		
備考	17 17			24 23 811 88.28			33			21 22			35		

卅六年七月　日填

17 17 ? 21 21. 32 32 22 22. 34 34.

30 29. 39. 35. 36.

南京市私立明德女子中學校高初中部第二屆畢業生畢業成績一覽表

卅六年七月

學號	1031			1075			1054			1048			1057		
姓名	張婉亮			裴匡麗			龔文仙			洪苓			鍾菱雯		
年齡	16歲			14歲			16歲			16歲			16歲		
籍貫	上海市			安徽壽縣			浙江鄞縣			福建福州			江蘇大倉		
入學年月	三十四年拾月			三十五年玖月			三十五年弍月			三十五年弍月			三十五年弍月		
畢業年月	三十六年柒月			仝右			仝右			仝右			仝右		
科目 / 成績類別	各學期成績平均	各科畢業考試成績	各科畢業成績	各學期成績平均	各科畢業考試成績	各科畢業成績	各學期成績平均	各科畢業考試成績	各科畢業成績	各學期成績平均	各科畢業考試成績	各科畢業成績	各學期成績平均	各科畢業考試成績	各科畢業成績
公民	73	78	75	80	72	76.8	86	65	77.6	78.5	72	69.9	86	65	77.6
國文	80.3	83	81.3	69	74	71	84.7	84	84.4	84	81	82.8	82.8	79	81.2
英語	79.3	66	73.9	77	69	73.8	70.5	61	66.7	83.5	79	81.7	84.5	71	79.1
數學	72	71	71.6	86	76	82	65.5	60	63.3	69.5	66	68.1	75	60	69
理化（物理及化學、博物）	74	68	71.6	74	77	75.2	69.5	63	65.1	68	61	65.2	69.5	65	67.7
生理及衛生	73		~~73~~	75			82		~~82~~	78			79		~~79~~
歷史	80.3	81.5	80.7	74.6	75.1	74.8	84.9	84.8	84.8	81.3	76.8	79.3	86	87.4	86.5
地理	83	79.8	81.7	60.9	69	64.5	84.8	77.7	81.9	84.5	68.1	77.8	83	81.4	82.3
宗教	86.6	83	85.6	83	89	85.4	83	89	85.4	92	96	93.6	81.5	78	80.1
美術	74.3	79	76.4	75	72	73.8	72.5	84	77.1	81	72	77.4	83	77	80.6
勞作	78	89	82.4	93	89	92.6	83	92	86.6	78	91	88.8	76	91	83
音樂	79	74.6	77.2	85	79.1	83	84	80	82.4	82	76	79.6	80	74.4	77.7
童子軍、家事、看護	72.3	73	73.3	62)	75	(67.2	80)	74	(77.6	74	80	76.4	80.5	78	79.5
各科畢業成績總計	~~1002.8~~ 852.2			~~979.9~~ 853.7			~~1014.X~~ 847.9			~~940.8~~ 864.4			~~1020.3~~ 863.8		
畢業成績平均	~~77.14~~ 76.34			~~76.65~~ 77.58			~~78.07~~ 78.81			~~78.4~~ 78.58			~~78.48~~ 78.47		
操行成績	中			優			優			優			優		
體育成績	~~79.3~~ 75.3			~~73.8~~ 70.5			~~77.8~~ 77.7			~~75.2~~ 75.8			~~68.X~~ 73.8		
備考	40			36			38. 38			29			30		

80.7

~~30~~ 30 ~~29~~ 29 ~~39~~ 38 768 35 ? ~~36~~ 36 77.47 77.47

52. 46. 40. 41. 33.

南京市私立明德女子中學校初高中部第二屆畢業生畢業成績一覽表

1034 孫			1056			1051			1044			1078			學號
徐文聰			李祉敏			誠棠志			馬瑞璉			趙順明			姓名
14歲			16歲			15歲			15歲			15歲			年齡
江蘇六合			山東招遠			北平市			河南信陽			廣東高要			籍貫
三十四年拾月			三十五年貳月			三十五年貳月			三十五年貳月			三十五年玖月			入學年月
仝右			仝右			仝右			仝右			三十六年柒月			畢業年月
各科畢業成績	各科畢業攷試成績	各學期成績平均	各科畢業成績	各科畢業攷試成績	各學期成績平均	各科畢業成績	各科畢業攷試成績	各學期成績平均	各科畢業成績	各科畢業攷試成績	各學期成績平均	各科畢業成績	各科畢業攷試成績	各學期成績平均	科目 / 成績 / 類別
72.3	69	74.6	74.1	60	83.5	71.4	61	80	73.5	77	74.5	83.8	70	93	公民
71.3	71	71.6	79.7	76	82.2	77.7	76	80.3	70.2	68	72.1	75.4	76	75	國文
71.2	61	78	69.3	60	75.5	85.2	81	88	69.3	66	71.5	71.4	66	74	英語
69.3	63	73.6	68.4	60	74	60	60	60	74.2	70	77	67.2	60	72	數學
75.4	61	85	65	68	63	70.3	64	74.5	70.2	72	69	65.2	73	60	理化及博物
~~74~~		74	~~83~~		83	~~83~~		83	~~75~~		75			70	生理及衛生
81.8	80	83	81.3	76.5	84.5	79.4	79.3	79.5	78.5	80.9	76.9	75.4	78.6	73.3	歷史
74.1	66.5	79.3	75.4	64.5	82.8	72.4	70.3	73.8	77	68.8	82.5	67.3	67.9	68.4	地理
80.1	83	78.3	80.4	81	80	75.1	82	70.5	80.1	90	73.5	83.2	88	80	宗教
64.8	66	64	71.6	74	70	83.1	84	82.5	79.6	73	84	84.2	83	85	美術
82.9	91	77.5	85.1	92	80.5	85.2	93	80	84.9	93	77.5	91.2	93	90	勞作
73	65.6	78	75.1	75.3	75	82.8	78	86	76.2	78	75	91.3	90.4	92	音樂
~~(73.3~~	~~76~~	~~71.6)~~	~~(75.1~~	~~76~~	~~74.5)~~	~~(83~~	~~80~~	~~85)~~	~~(76.3~~	~~79~~	~~74.5)~~	~~(73.8~~	~~78~~	~~71)~~	童子軍 家設
~~969.5~~ 816.3			~~983.5~~ 825.4			~~1008.6~~ 842.6			~~987.2~~ 835.9			~~999.4~~ 855.6			各科畢業成績總計
~~74.57~~ 74.29			~~75.65~~ 75.03			~~77.58~~ 76.60			~~75.94~~ 75.99			~~77.45~~ 77.78			畢業成績平均
中			優			優			優			優			操行成績
~~67.8~~ 70.4			~~68.3~~ 71.7			~~72.8~~ 78.3			67.8 72			~~68.1~~ 70.9			體育成績
51			46			39			41			34			備考

卅年七月　日填

~~51~~.51　~~45~~.45　~~39~~.39　39　~~40~~.40　~~33~~.33

26. 31. 20. 18. 11.

南京市私立明德女子中學校高中部第二屆畢業生畢業成績一覽表

學號	1076			1079			1087			1108			1042		
姓名	馬曉娟			賴韻秋			程淑安			徐如			沈天行		
年齡	14歲			16歲			16歲			16歲			13歲		
籍貫	河南信陽			福建永定			安徽歙縣			江蘇金山			江蘇川山		
入學年月	三十五年秋月			三十五年秋月			三十五年秋月			三十六年弍月			三十五年弍月		
畢業年月	仝右			仝右			仝右			仝右			三十六年柒月		
科目 \ 成績類別	各科畢業成績	各科畢業考試成績	各學期成績平均	各科畢業成績	各科畢業考試成績	各學期成績平均	各科畢業成績	各科畢業考試成績	各學期成績平均	各科畢業成績	各科畢業考試成績	各學期成績平均	各科畢業成績	各科畢業考試成績	各學期成績平均
公民	85.8	81	89	80	65	90	88.8	76	94	81	75	85	65.7	60	69.5
國文	69.8	71	69	81.3	81	81.5	80	82	78.7	76.4	86	70	78.4	74	81.4
英語	69.8	71	69	80.6	77	83	81	75	85	74.4	72	70.1	74.6	68	79
數學	84	81	86	81.8	98	71	77.2	79	76	66.8	71	64	93.7	94	93.5
理化及博物	78.4	76	80	79	79	79	80.2	73	85	84.6	75	[illegible]	88.1	86	89.5
生理及衛生			76			75			70			70	87		89
歷史	82.4	86.8	79.6	81.2	91.2	74.6	82.2	85.5	80	87.8	89.7	[illegible]	82.7	77.3	86.4
地理	76.6	77.4	76.1	74.7	74.4	74.9	76.2	69.4	80.8	77.9	80.7	76	80.9	74	85.5
宗敎	86	89	84	75.6	75	76	69.2	71	68	79.8	87	75	75.2	83	70
美術	73.2	78	70	66.8	77	60	78	90	70	92.6	94	90	98.4	99	98
勞作	79.2	93	70	90.4	91	90	90.4	91	90	93	93	93	85.5	90	82.5
音樂	83	72.6	90	70.1	70.4	70	81.4	94.2	89.5	77	77	77	89.5	88.1	90.5
家[illegible]	76.6	85	71	80.8	82	80	(79.2	78	80)	(75	75)	75	(75.2	74	76)
各科畢業成績總計	868.2			862.3			884.6			888.9			1001.7		
畢業成績平均	78.92			78.39			80.41			80.90			83.47		
操行成績	優			優			優			優			優		
體育成績	73.8			77.6			78.6 78.9			77.7			78.2		
備考	27 26			32			20 20			18			11		

卅六年七月 日填

87.6 87

25 31 20 18 88.99 11.1

25
42.　48.　28.　56.　~~26.~~

南京市私立明德女子中學校高中部第八屆畢業生畢業成績一覽表

卅六年七月　日填

學號	1062			1095			1071			1037			1102		
姓名	王秀芬			沈菊仙			俞適			祿美貞			陳恵菊		
年齡	16歲			16歲			17歲			15歲			15歲		
籍貫	南京市			南京市			江蘇太倉			江蘇江甯			浙江杭州		
入學年月	三十四年拾月			三十五年弍月			三十五年弍月			三十四年拾月			三十五年弍月		
畢業年月	三十六年柒月			仝右			仝右			仝右			仝右		
科目／成績類別	各學期成績平均	各科畢業考試成績	各科畢業成績	各學期成績平均	各科畢業考試成績	各科畢業成績	各學期成績平均	各科畢業考試成績	各科畢業成績	各學期成績平均	各科畢業考試成績	各科畢業成績	各學期成績平均	各科畢業考試成績	各科畢業成績
公民	90.5	67	81.1	66.5	60	63.9	84	75	80.4	62.3	77	68.1	77	63	71.4
國文	74.5	73	73.9	67.5	73	69.7	79	76	77.8	78.6	79	78.7	80.4	74	77.8
英語	67.5	64	66.1	67.5	73	66.9	73.5	69	71.7	60	71	70.4	66	69	67.2
數學	86.5	87	86.7	78	82	79.6	90.5	73	83.5	73.5	60	60.4	60	60	60
理化及博物	82.5	74	79.1	66.5	66	66.3	77.5	73	75.7	64.3	65	63.7	62	60	61.2
生理及衛生	86		~~86~~	70			82		~~80~~	73		~~73~~	70		
歷史	82.5	81.9	82.2	60	78.5	67.4	81.3	74.5	78.5	83.6	72.1	75	84.6	76.4	81.3
地理	87.9	66.9	78.5	65	74.2	68.7	86.6	80.1	84	81.3	75.2	79.5	80	70.8	76.3
宗教	72	77	74	78.5	76	77.5	70.5	80	74.3	82.6	78	80.7	78	63	72
美術	78.5	84	80.7	70	80	74	72.5	91	79.9	78.6	87	81.9	90	93	91.2
勞作	82.5	89	85.1	83	90	85.8	77.5	88	82.9	78	92	83.6	91	86	89
音樂	74	80	76.4	76.5	78	77.1	74.5	68	71.9	79.8	79	79.4	90	86	88.4
童子軍	~~74)~~	71	(70.6	~~73.5)~~	~~74~~	(73.7	~~72)~~	~~75~~	(73.2	~~81.3)~~	~~78~~	(79.1	~~84)~~	~~78~~	~~(81.6~~
家事															
各科畢業成績總計	864.6			796.7			860.6			821.9			835.7		
畢業成績平均	78.95			72.42			78.62			64.67　74.63			75.97		
操行成績	優			中			優			優			中		
體育成績	71.1　70.85			73.6　73.15			64.8　69			~~80.xx~~　79.7			~~77~~　79.3		
備考	25　24　~~27~~			32			31			69			42		

?41.　?47.　28.　55.　~~26.~~

南京市私立明德女子中學校高初中部第二屆畢業生畢業成績一覽表

卅六年七月　日填

47.　53.　49.　54.　51.

學號	1064			1096			1039			1090			1065		
姓名	潘芝華			趙釗瑞			粵筱卿			張增璉			鄔文哲		
年齡	14歲			16歲			16歲			16歲			16歲		
籍貫	安徽阜陽			江蘇鎮江			南京市			山西太谷			安徽績溪		
入學年月	三十五年弍月			三十五年玖月			三十四年拾月			三十五年玖月			三十五年弍月		
畢業年月	三十六年柒月			仝右			仝右			仝右			仝右		
科目／成績類別	各學期成績平均	各科畢業考試成績	各科畢業成績	各學期成績平均	各科畢業考試成績	各科畢業成績	各學期成績平均	各科畢業考試成績	各科畢業成績	各學期成績平均	各科畢業考試成績	各科畢業成績	各學期成績平均	各科畢業考試成績	各科畢業成績
公民	73	73	73	72	67	70	76.6	69	73.5	72	79	74.8	77	72	75
國文	77.5	81	78.9	75	68	72.2	77.6	81	78.9	83	79	81.4	73.5	71	72.5
英語	75	72	73.8	60	67	62.8	64.3	60	62.5	72	68	70.4	66.5	63	65.1
數學	81	60	72.6	60	60	60	63	60	61.8	67	60	64.2	79.5	60	71.7
理化及博物	72.5	65	69.5	73	78	75	79.3	68	74.7	85	71	79.4	76	67	72.4
生理及衛生	81		~~76~~	70			79		~~77~~	70			78		~~78~~
歷史	79.8	70.3	76	80	77.6	78.4	78.4	76.2	77.5	84	78.6	81.8	80.6	70.9	76.7
地理	82.3	67.6	76.2	74.7	75.6	75	80.5	71.8	77	71.8	72.6	72.1	85.9	70.6	79.7
宗教	72	83	77.2	60	60	60	73.8	93	81.3	60	64	61.6	69	77	72.2
美術	80	66	74.4	95	84	90.6	69.6	63	66.9	75	69	72.6	76	86	80
勞作	78	69	74.4	93	90	91.8	79.5	88	82.9	90	88	88.8	88	90	88.8
音樂	72.5	67	70.3	65	78	70.2	81.8	77	80.9	65	60	63	69	65	67.4
童子軍 家政	~~(73.5~~	~~80~~	~~76.1)~~	~~(65~~	~~78~~	~~71.2)~~	~~(73.6~~	~~79~~	~~75.7)~~	~~(69~~	~~75~~	~~71.4)~~	~~(79.5~~	~~90~~	~~83.7)~~
各科畢業成績總計	816.5			806			~~899~~ 817.9			807.1			821.5		
畢業成績平均	~~75.31~~ 74.21			73.27			74.35			73.37			74.68		
操行成績	優			優			中			中			優		
體育成績	~~86.x~~ 76.15			~~60.1~~ 67.6			~~74.8~~ 75.2			~~66.x~~ 68.8			~~8x.x~~ 79.4		
備考	50			54			48			53			47		

~~46~~ ~~47~~　? ~~54~~ 52　~~48~~　? ~~54~~ ~~53~~　~~50~~

南京市私立明德女子中學校初中部第三屆畢業生畢業成績一覽表

卅六年七月　日填

62.　68.　66.　60　64.

學號	1060			1059			1100			1092			1073		
姓名	陳淑播			楊志華			高靜茹			孫鴻如			葉琳娜		
年齡	18歲			15歲			15歲			16歲			17歲		
籍貫	四川重慶			南京市			南京市			南京市			江蘇吳縣		
入學年月	三十五年弍月			三十五年弍月			三十五年秋月			三十五年秋月			三十五年弍月		
畢業年月	三十六年柒月			仝右			仝右			仝右			仝右		
科目 / 成績類別	各學期成績平均	各科畢業考試成績	各科畢業成績	各學期成績平均	各科畢業考試成績	各科畢業成績	各學期成績平均	各科畢業考試成績	各科畢業成績	各學期成績平均	各科畢業考試成績	各科畢業成績	各學期成績平均	各科畢業考試成績	各科畢業成績
公民	70	60	66	60	60	60	66	60	63.6	70	69	69.6	75.5	60	69.3
國文	71.5	65	68.9	72.5	67	70.3	74	66	70.8	68	67	67.6	69.5	72	70.5
英語	60	60	60	60.8	60	60	60	62	60.8	60	60	60	66	62	64.4
數學	75.5	60	69.3	66.5	69	67.5	60	60	60	60	60	60	60	60	60
理化及博物	63.5	63	63.3	60	62	60.8	60	64	61.6	67	66	66.6	66	60	63.6
生理及衛生	81		~~81~~	73		~~73~~	65			65			71		~~71~~
歷史	75.9	66.2	72	73.6	61.2	68.6	79.6	67.2	74.6	68	70	68.8	81.2	75.6	78.9
地理	82.2	62.5	74.3	82.5	60	73.5	72.5	67.2	70.4	68	67	67.6	77.2	60	70.3
宗教	73	65	69.8	76.5	72	74.7	69	75	71.4	60	69	63.6	60	63	61.2
美術	80.5	81	80.7	77.5	77	77.3	80	63	73.2	80	67	74.8	80	81	80.4
勞作	79	91	83.8	85.5	93	88.5	89	88	88.6	89	88	88.6	84.5	84	84.3
音樂	60	60	60	79.7	70	75.8	70	68	69.2	70	65	68	69	65	67.4
童子軍 家政	~~67.5~~	~~75~~	~~(70.3~~	~~78.5)~~	~~70~~	~~(75.1~~	~~75)~~	~~70~~	~~(73~~	~~80)~~	~~75~~	~~(78~~	~~81)~~	~~82~~	~~(81.4~~
各科畢業成績總計	~~8[illegible]~~ 768.1			~~850~~ 777			764.2			755.2			~~841.3~~ 770.3		
畢業成績平均	~~70.75~~ 69.82			70.63			69.48			68.65			70.02		
操行成績	甲			優			中 乙			中 乙			優		
體育成績	~~65~~ 67.8			~~[illegible]~~ 73.6			~~[illegible]~~ 75.05			~~66.X~~ 72.4			~~[illegible]~~ 79.3		
備考	63			59			65			67			63		

~~61~~　~~67.~~　~~65.~~　~~59.~~　~~63~~

44. 50. 59. 67. 45.

南京市私立明德女子中學校高中部第二屆畢業生畢業成績一覽表

學號	1072			1041			1066			1036			1063		
姓名	洪娣			閻巽坪			鄭璟			姚永嬋			杜杏		
年齡	16歲			17歲			14歲			15歲			15歲		
籍貫	江蘇江都			南京市			江蘇溧水			南京市			四川張□縣		
入學年月	三十五年弍月			三十四年拾月			三十五年弍月			三十四年拾月			三十五年弍月		
畢業年月	三十六年柒月			仝右			仝右			仝右			仝右		
科目 \ 成績類別	各學期成績平均	各科畢業考試成績	各科畢業成績	各學期成績平均	各科畢業考試成績	各科畢業成績	各學期成績平均	各科畢業考試成績	各科畢業成績	各學期成績平均	各科畢業考試成績	各科畢業成績	各學期成績平均	各科畢業考試成績	各科畢業成績
公民	74	74	74	67.3	62	65.1	61.5	75	66.9	75	72	73.8	76.5	75	75.9
國文	83	76	80.2	77.1	75	76.8	72.5	73	72.7	76.9	71	74.5	82.5	65	75.5
英語	67.5	69	68.1	71.3	64	68.3	69	66	67.8	60	60	60	60	60	60
數學	74.5	65	70.7	66.7	67	66.8	60	60	60	67.3	63	65.5	76.5	70	73.9
理化（物理及化學）	67.5	67	67.3	73.3	78	75.1	65	68	66.2	71	63	67.8	77.5	75	76.5
生理衛生（生理及衛生）	70		~~70~~	70		~~70~~	80		~~80~~	80		~~80~~	70		~~70~~
歷史	83.2	74.8	79.7	78.6	74.5	76.9	76.6	75	75.9	82.3	72.3	78.3	85.2	72.5	80.1
地理	79.9	65.9	74	83.2	72.7	79.1	70.5	69.8	70.2	77.8	72	75.4	83.9	60.8	74.6
宗教	72.5	77	74	80.9	81	80.9	62	73	66.4	86.1	76	82.1	79.5	89	78.8
美術	82	76	79.5	67.3	60	64.3	79.5	66	74.1	77.3	73	75.5	85	66	77.4
勞作	80.5	91	84.7	82	91	85.6	82	89	84.8	77	91	82.6	82	93	86.4
音樂	81	62	73.2	77	65	72.2	75	77	75.8	83.6	80	81.5	69.5	72	70.5
童子軍 家護	87.5)	75	(85	70)	75	(72	76)	65	(71.6	75)	70	(73	77.5	65	(72.5
各科畢業成績總計	86.5			761.1			780.8			817.0			829.6		
畢業成績平均	□.22 75.13			69.19			70.98			74.27			~~94.96~~ 75.41		
操行成績	優			中			優			中			中		
體育成績	74 79.95			71.6			70.8			~~99.9~~ 76.45			~~69.5~~ 70.9		
備考	50			66			58			47			44		

卅六年七月　日填

43 ~~48.~~ ~~49.~~ 58. ~~66~~6. ? ~~46~~44.

57. 58. 65. 23. 37.

南京市私立明德女子中學校高初中部第二屆畢業生畢業成績一覽表

學號	1083			1084			1052			1047			1046		
姓名	鄒傳琛			閻培德			盛玲玲			傅祺			楊澄		
年齡	15歲			16歲			13歲			15歲			15歲		
籍貫	湖南衡陽			山西平遙			江蘇武進			南京市			江蘇句容		
入學年月	三十五年秋月			三十五年秋月			三十五年秋月			三十五年弍月			三十五年弍月		
畢業年月	仝右			仝右			仝右			仝右			三十六年柒月		
科目 \ 成績類別	各科畢業成績	各科畢業考試成績	各學期成績平均	各科畢業成績	各科畢業考試成績	各學期成績平均	各科畢業成績	各科畢業考試成績	各學期成績平均	各科畢業成績	各科畢業考試成績	各學期成績平均	各科畢業成績	各科畢業考試成績	各學期成績平均
公民	60	60	60	74.2	73	75	66.9	75	71.5	77.5	76	78.5	[illegible]9	81	87.5
國文	64.8	65	64.7	73.7	71	75.6	68.9	69	68.9	74.2	70	77	3.4	68	77
英語	65.4	60	69	69.4	67	71	82.6	82	83	70.5	60	77.5	2.3	66	76.5
數學	87	78	93	60	60	60	60	60	60	79.3	70	85.5	5.1	60	68.5
理化及博物	60.6	60	61	60	60	60	60	60	60	80	71	86	[illegible]5	64	81.5
生理及衛生			68			65	~~74~~		77	~~8[illegible]~~		82	[illegible]		92
歷史	68.7	72.8	66.1	72.6	81.7	66.6	67.9	64.9	70	84.1	84.7	83.7	[illegible]6	69.6	91.3
地理	67.9	64.7	70.1	75.6	80.9	72.2	69.9	83	76.5	86.8	84.8	88.2	[illegible]9	76.2	92.5
宗教	70.2	69	71	67.6	79	60	66.6	60	71	85.7	83	87.5	[illegible]7	89	72
美術	83.2	88	80	76.6	79	75	69	60	75	84.3	87	82.5	[illegible]	79	69
勞作	94.2	93	95	89.2	91	88	85.1	89	82.5	87.6	90	86	82	97	83
音樂	71	68.9	72.5	72.5	68.8	75	69	60	75	78.9	72.2	83.5	[illegible]	63	71
童子軍															
家政	(74.4	75	74)	(81.6	78	84)	(79.6	82	78)	(74.8	70	78)	(7[illegible]	75	73)
各科畢業成績總計	~~868.4~~ 793			~~872~~ 791.4			~~922.5~~ 765.9			~~963.8~~ 888.9			~~[illegible]2.2~~ 848.4		
畢業成績平均	~~73.X~~ 72.09			71.94 ~~72.75~~ ~~83.75~~			~~73.76~~ 69.6			~~86.73~~ 79.90			2.86 76.94		
操行成績	中			中			中			中					
體育成績	~~79~~ 76.7			~~84.6~~ 74.6			~~84.4~~ 80.5			~~72.6~~ 73.7			~~[illegible]~~ 71.7		
備考	56			57			64			22 ~~23~~			37		

卅六年七月 日填

56 57 64 23 37

L 69. 55.

南京市私立明德女子中學校高初中部第二屆畢業生畢業成績一覽表

學號	1035			1089											
姓名	朱學麗			張元生											
年齡	15歲			15歲											
籍貫	廣東開平			江蘇泰興											
入學年月	三十四年秋月			三十五年秋月											
畢業年月	三十六年柒月			仝右			仝右			仝右			仝右		
科目 / 成績類別	各學期成績平均	各科畢業考試成績	各科畢業成績	各學期成績平均	各科畢業考試成績	各科畢業成績	各學期成績平均	各科畢業考試成績	各科畢業成績	各學期成績平均	各科畢業考試成績	各科畢業成績	各學期成績平均	各科畢業考試成績	各科畢業成績
公民	73	70	71.8	81	60	72.6									
國文	76.3	70	73.7	67.6	68	67.7									
英語	81	60	72.6	69	65	67.4									
數學	61.6	60	60.9	60	60	60									
理化及博物	64.6	60	62.7	60	60	60									
生理及衛生	70		~~70~~	70											
歷史	79.6	87	82.5	61.5	77.3	67.8									
地理	75	63.3	70.3	69	60.4	65.5									
宗教	85.6	66	77.6	60	74	65.6									
美術	68.3	71	69.3	75	75	75									
勞作	79.5	89	83.3	91	91	91									
音樂	83.3	73.6	79.4	60	61.4	60.5									
童子軍 家事	(81.6	80	80.9)	(77	75	76.2)									
各科畢業成績總計	~~[illegible]~~ 804.1			~~82[illegible]~~ 753.1											
畢業成績平均	~~70.[illegible]~~ 73.10			~~69.[illegible]~~ 68.33											
操行成績	中			中											
體育成績	~~79.8~~ 79.4			~~66.4~~ 71.3											
備考	55			69											

卅六年七月　日填

68. 54 54

70　63　61

南京市私立明德女子中學校初中部第二屆畢業生畢業成績一覽表

學號	1091			1106			1103			1101			1102		
姓名	陸慶士			[illegible]			黃馭民			朱隆妹			田蔓思		
年齡	15歲			17歲			15歲			15歲			1?歲		
籍貫	江蘇吳縣			安徽[illegible]			江蘇武進			上海市			浙江[illegible]		
入學年月	三十五年秋月			三十五年秋月			三十五年秋月			三十五年秋月			三十五年秋月		
畢業年月	三十六年柒月			仝右			仝右			仝右			仝右		
科目 / 成績類別	各學期成績平均	各科畢業考試成績	各科畢業成績	各學期成績平均	各科畢業考試成績	各科畢業成績	各學期成績平均	各科畢業考試成績	各科畢業成績	各學期成績平均	各科畢業考試成績	各科畢業成績	各學期成績平均	各科畢業考試成績	各科畢業成績
公民	60	62	60.8	74	60	68.4	62	76	67.6	70	61	~~60~~	73	60	
國文	71	66	69	68	64	66.4	79	80	79.4	70	60	~~60~~	68	60	
英語	60	60	60	60	63	61.2	70	68	69.2	60	45	~~40~~	60	40	
數學	64	60	62.4	60	60	60	60	60	60	60	30	~~35~~	60	35	
理化及博物	60	62	60.8	60	60	60	70	63	61.2	65	60	~~60~~	60	60	
生理及衛生	70			65			65			65	~~66.4~~		65		
歷史	82	80.9	81.5	78.2	69.5	74.7	77.8	89.7	82.6	74.3	72.1	~~61.2~~	64.6	61.2	
地理	63.3	60.1	62.1	63.2	60	62	76.7	78.6	77.5	75.8	66.4	~~53.8~~	75.6	53.8	
宗教	83	60	73.8	62	60	61.2	61	78	67.8	74	79	~~60~~	65	60	
美術	85	69	78.6	98	94	96.4	90	80	86	80	67	~~81~~	70	81	
勞作	94	93	93.6	95	91	93.4	94	91	92.8	90	90	~~85~~	92	85	
音樂	65	74	68.6	65	65	65	65	70	67	80	72	~~74~~	80	74	
童子軍 / 家事	~~65)~~	~~72~~	~~(67.8~~	80)	65	(74	71)	65	(69	65)	72	(	71)	65	(
各科畢業成績總計	~~763.1~~ 771.2			768.7			81.05								
畢業成績平均	~~69.37~~ 70.10			69.88			73.68								
操行成績	優			中			優			丙			甲		
體育成績	68　67.9			~~66.2~~ 70.1			64.5			74.8			66		
備考	60			62			因病補考及格								

卅六年七月　日填

62　?60

71

南京市私立明德女子中學校高中部第二屆畢業生畢業成績一覽表

學號	1107			1067			1068			1074			1038		
姓名	吳鍾昊			劉慶雲			宋清華			張逸晴			陳禎祐		
年齡	17歲			17歲			16歲			15歲			15歲		
籍貫	安徽合肥			南京市			江蘇青浦			湖南醴陵			安徽太平		
入學年月	三十五年玖月			三十五年玖月			三十五年弍月			三十五年弍月			三十四年拾月		
畢業年月	三十六年柒月			仝右			仝右			仝右			仝右		
科目 \ 成績類別	各學期成績平均	各科畢業考試成績	各科畢業成績	各學期成績平均	各科畢業考試成績	各科畢業成績	各學期成績平均	各科畢業考試成績	各科畢業成績	各學期成績平均	各科畢業考試成績	各科畢業成績	各學期成績平均	各科畢業考試成績	各科畢業成績
公民	76	68		63	70		60	66	62.4	75			70.6		
國文	84	72		64.5	61		62.5	60	61.5	71.5			82		
英語	攷未	34		60			60	72 66	62.4	60			60		
數學	60	41		71	62		68.5	72	69.9	60			60		
理化及博物	60	60		60	60		71.5	60	66.9	60			63.3		
生理及衛生				84			78			82			73		
歷史	79.5	74.6		76.9			80	65	72	78.1			83.6		
地理	74.9	54.6		76.6			82.8	60	73.7	83.1			78		
宗教	60	60		62.5	72		67.8	63	65.5	60			80.4		
美術	65	60		67.5	67		83.5	93	87.3	72.5			75		
勞作	92	88		79.5	90		87	94	89.8	84.5			79		
音樂	85	70		71.2	67		71.5	72	71.7	70.5			79.6		
童子軍	78	70		74	73		(72.5)	(75	(73.5	73.5			70.2		
各科畢業成績總計							785.1								
畢業成績平均							71.19								
操行成績	中			中			中								
體育成績	71.5			56.9			77.7 82								
備考							因病補考及格								

卅六年七月　日填

36　37　38　39　40

南京市私立明德女子中學校高中部第二屆畢業生畢業成績一覽表

卅六年七月　日填

項目		仝右			仝右			仝右		
學號	1040									
姓名	丁大蘩									
年齡										
籍貫	上海市									
入學年月	三十四年拾月									
畢業年月	三十六年柒月									

科目	各學期成績平均	各科畢業考試成績	各科畢業成績	各學期成績平均	各科畢業考試成績	各科畢業成績	各學期成績平均	各科畢業考試成績	各科畢業成績	各學期成績平均	各科畢業考試成績	各科畢業成績
公民	73.3											
國文	80.8											
英語	62											
數學	64											
理化（物理及化學）	75											
生物（博物及生理衛生）	82											
歷史	75.8											
地理	80.3											
宗教	74.6											
美術	86.6											
勞作	79.5											
音樂	82											
童子軍	76.6											
家事												
各科畢業成績總計												
各科畢業成績平均												
操行成績												
體育成績												
備考												

71　21　26　13　63

南京市私立明德女子中學校高中部第二屆畢業生畢業成績一覽表

科目	148			146			96			119			98		
姓名	刘明婧			邵寧寧			刘曼華			李美生			刘恩華		
年齡	22			18			19			18			18		
籍貫	南京市			浙江餘姚			廣東東莞			江苏江都			廣東東莞		
入學年月	36.2.			36.2.			35.9.			35.9.			35.[illegible]		
畢業年月	三十六年柒月			仝右			仝右			仝右			仝右		
成績類別	各學期成績平均	各科畢業考試成績	各科畢業成績	各學期成績平均	各科畢業考試成績	各科畢業成績	各學期成績平均	各科畢業考試成績	各科畢業成績	各學期成績平均	各科畢業考試成績	各科畢業成績	各學期成績平均	各科畢業考試成績	各科畢業成績
公民	74.6	74	74.6	77.8	85	80.8	83.7	84	84	81.1	73	77.8	80	75	78
國文	80.6	86	83	87.5	92	89.6	85.3	92	87.8	80.5	88	83.8	86	87	86.4
英語	64.5	68	66.2	78.5	83	80.6	75.5	73	74.8	79.3	86	81.8	78.3	74	76.58
數學	66	60	63.6	82	85	83.2	64.8	60	63	74.7	85	79	66	65	65.6
理化及博物	64.2	61	62.8	84.7	90	87	77.7	65	72.8	78	80	78.8	76.9	78	77.34
生理及衛生															
歷史	83.3	88	85	90.6	93	91.8	88.1	91	89.2	82	91	85.6	88.9	89	88.94
地理	84.2	87	85.2	86.8	92	89	85.8	86	86	83.8	77	81.2	~~76.[illegible]~~	82	83.02
宗教	71.1	60	66.6	94.5	92	93.8	86.8	70	86.2	78	83	80	89.9	85	87.94
美術	83		83	85		85	89		84	83.5		83.5	91.3		91.3
勞作							88		88	95		95	90.5		90.5
音樂	63.8		63.1	82		82	92.6		92.6	76		76	86.4		86.4
童子軍													~~86.4~~		
家藝	72		72	78.5		78.5	88		88	85.1		88.1	86.8		86.8
各科畢業成績總計	805.1			951.3			940.4			996.2			998.82		
畢業成績平均	73.19 ~~68.76~~			86.48 ~~79.26~~			78.32			83.01			83.24		
操行成績	80			90			80			92			87		
體育成績	73			71			85			70			85.		
備考	75.39			82.49			81.11			81.67			85.06		

卅六年七月　日填

南京市私立明德女子中學高中部第二屆畢業生畢業成績一覽表（一九四七年七月）

檔號：1009-1-1076

南京市私立明德女子中學校初中部第八屆畢業生畢業成績一覽表

卅六年七月 日填

	14			34			41			39			64		
學號	113			85			91			145			95		
姓名	余穗文			閔秀玫			何秉貽			陳美心			連玉		
年齡	19			21			19			17			19		
籍貫	廣東高要			南京市			浙江吳興			福建閩侯			江蘇高郵		
入學年月	35.9			34.10			35.2			36.2			35.2		
畢業年月	三十六年柒月			仝右			仝右			仝右			仝右		
科目 \ 成績類別	各學期成績平均	各科畢業考試成績	各科畢業成績	各學期成績平均	各科畢業考試成績	各科畢業成績	各學期成績平均	各科畢業考試成績	各科畢業成績	各學期成績平均	各科畢業考試成績	各科畢業成績	各學期成績平均	各科畢業考試成績	各科畢業成績
公民	78.6	86	81.56	77.2	84	79.92	70.2	69	69.72	71.7	85	77.02	72.4	81	75.84
國文	84	89	86	86	88	86.8	79.1	89	83.06	82.4	90	85.44	80.1	88	83.26
英語	~~68.7~~ 81	82	81.82	70.4	66	68.64	66.5	67	66.7	84.5	83	83.9	72.3	71	71.78
數學	68.9	74	70.82	68.2	60	64.92	60.7	68	63.72	61.5	62	61.7	72.8	77	74.48
理化及博物	76.2	68	72.92	71.7	60	67.02	68.7	63	66.42	72.3	62	68.18	69.7	68	69.02
生理及衛生															
歷史	88.3	91	89.38	76.6	84	79.56	75.5	75	75.3	84.2	84	81.3	73.9	89	79.94
地理	84.5	91	87.1	74.5	66	71.1	71.7	84	76.62	79.5	86	84.92	73.2	85	77.92
宗教	93.3	85	83.98	79.7	66	74.22	78.3	73	76.18	77.4	65	72.44	76.3	73	74.98
美術	81.5		81.5	86.5		86.5	78.3		78.3	80		80	81		81
勞作	93		93	90.3		90.3	82		82				85		85
音樂	76.5		76.5	82.3		82.3	75.2		75.2	81.1		81.1	72.4		72.4
童子軍										~~77.4~~					
家事	82		82	86.8		86.8	79.3		79.3	83.5		83.5	78		78
各科畢業成績總計	986.58			938.08			892.52			859.5			923.62		
畢業成績平均	82.22			78.18			74.38			71.7			76.98		
操行成績	92			85			82			80			78		
體育成績	73			75			80			85			71		
備考	82.41			79.39			78.79			78.9			75.33		

5　10　47　61　42

南京市私立明德女子中學校高中部第八屆畢業生畢業成績一覽表

學號	93			94			160			161			120		
姓名	劉德順			錢文采			何麗莊			王立德			鄧靜娟		
年齡	19			18			18			18			20		
籍貫	浙江紹興			江蘇常熟			北平市			江蘇灤雲			江西清江		
入學年月	35.2.			35.2.			36.9			36.9.			35.9.		
畢業年月	三十六年柒月			仝右			仝右			仝右			仝右		
科目／成績類別	各學期成績平均	各科畢業考試成績	各科畢業成績	各學期成績平均	各科畢業考試成績	各科畢業成績	各學期成績平均	各科畢業考試成績	各科畢業成績	各學期成績平均	各科畢業考試成績	各科畢業成績	各學期成績平均	各科畢業考試成績	各科畢業成績
公民	84.3	88	85.6	82.7	77	80.6	78.7	82	80.2	64.2	75	68.4	81.5	82	82
國文	91.9	95	93.2	84	92	87.2	87.2	92	89	81.1	88	67.6	83.6	88	85.6
英語	83.8	81	82.8	84.5	79	82.6	90	88	89.2	74	73	73.6	64	68	65.6
數學	81.5	93	86.4	80.5	78	79.8	74	89	80	80	92	84.8	60.3	66	62.4
理化及博物	84.3	73	77.8	84.1	77	81.4	77	80	78.2	76	76	76	62.8	60	61.8
生理及衛生															
歷史	90.9	92	91.4	85.9	87	86.4	81.8	85	83.2	79.8	87	82.8	85	92	87.8
地理	85.5	87	86.4	86.	86	86	87.3	84	85.8	80.2	88	83.2	77.7	86	81.2
宗教	86.	88	86.8	92.4	85	89.2	93.6	93	93.5	90.2	79	85.6	78.2	76	77.2
美術	96.3		96.3	88		88	90		90	78		78	85		85
勞作	88		88	84		84	80		80	70		70	94		94
音樂	86.7		86.7	79.4		79.4	70		70	72		72	68.5		68.5
童子軍															
家藝	87.5		87.5	84	1	84	73	c	73	83		83	81.7		81.7
各科畢業成績總計	1048.9			1008.6			992.?			925.0			93.2.8		
畢業成績平均	87.41			84.05			82.69			77.08			77.73		
操行成績	85			80			80			80			85		
體育成績	79			85			72			72			73		
備考	83.8			83.02			78.22			75.69			78.58		

卅六年七月　日填

南京市私立明德女子中學校高初中部第八屆畢業生畢業成績一覽表

16 60 55 43 10

學號	97			168			122			125			125		
姓名	林雲英			沈曙華			錢兆涵			王大和			嚴桂芽		
年齡	18			19			19			20			19		
籍貫	浙江鄞縣			河北武清			江蘇武進			浙江嘉興			江蘇鎮江		
入學年月	35.2			36.9			35.9			35.2			35.9		
畢業年月	三十六年柒月			仝右			仝右			仝右			仝右		
科目 / 成績類別	各學期成績平均	各科畢業考試成績	各科畢業成績	各學期成績平均	各科畢業考試成績	各科畢業成績	各學期成績平均	各科畢業考試成績	各科畢業成績	各學期成績平均	各科畢業考試成績	各科畢業成績	各學期成績平均	各科畢業考試成績	各科畢業成績
公民	81.9	85	83.2	60	65	62	74.2	70	72.5	74.8	77	75.8	83.4	79	81.4
國文	83.8	90	86.4	82.3	83	82.4	79.9	86	82.4	82.2	91	85.6	89.1	98	92.6
英語	88.0	86	87.2	87	76	82.6	78	74	76.4	69.5	68	69.2	87.3	88	87.4
數學	83.8	94	88	89	83	86.6	65.7	66	66	63.5	63	63.6	92.1	89	91.4
理化及博物	91.6	92	92	73	72	72.6	66.7	62	65	79.1	60	71.4	90.8	89	90.2
生理及衛生															
歷史	84.8	90	87	70.7	68	69.8	78.7	87	82.2	79.3	70	76	88.5	91	89.8
地理	81.3	82	81.4	70.9	89	78.2	76.7	89	81.8	75.7	82	78.4	84.8	80	83
宗教	94.9	88	92.2	60	60	60	76.1	66	72	77.5	68	74	93.1	78	87
美術	94.3		94.3	60		60	87.5		87.5	90.3		90.3	91		91
勞作	84		84	72.6		72.6	95		95	84.5		84.5	94		94
音樂	84.1		84.1	65		65	70.6		70.6	77.8		77.8	70.6		70.6
童子軍															
家藝	87.3		87.3	77		77	84.7		84.7	79		79	83.7		83.7
各科畢業成績總計	1047.1			869.8			936.1			925.6			1042.1		
畢業成績平均	87.26			72.48			78.05			77.13			86.84		
操行成績	72			80			80			80			90		
體育成績	85			83			72			70			70		
備考	88.09			78.49			76.68 76.68			75.71			82.28		

卅六年七月 日填

南京市私立明德女子中學校高初中部第八屆畢業生畢業成績一覽表

卅六年七月 日填

	46			58			3			32			25		
學號	92			158			116			159			118		
姓名	陈湘文			何南珊			馬北瓊			刘東梅			刘曼青		
年齡	18			18			18			19			19		
籍貫	江蘇崑山			浙江杭縣			湖北襄陽			江西獻南			南京		
入學年月	35.2			36.9			35.9			36.9			35.9		
畢業年月	三十六年柒月			仝右			仝右			仝右			仝右		
科目／成績類別	各學期成績平均	各科畢業考試成績	各科畢業成績	各學期成績平均	各科畢業考試成績	各科畢業成績	各學期成績平均	各科畢業考試成績	各科畢業成績	各學期成績平均	各科畢業考試成績	各科畢業成績	各學期成績平均	各科畢業考試成績	各科畢業成績
公民	74.4	82	77.2	67	75	70.2	73.5	84	77.1	74.2	77	75.32	80.6	82	81.16
國文	85.9	89	87.2	75.9	81	78	83.6	88	85.36	88.1	84	86.46	82.4	90	86.44
英語	78.5	80	79.4	75	74	74.6	81	79	80.2	88	88	88	80.6	82	81.16
數學	72	75	73.2	66	86	76	80	72	76.8	80	77	78.8	73.3	79	75.58
理化及博物	80.6	77	79.4	67	79	71.8	89.8	91	90.28	71.7	68	69.8	85.4	74	80.84
生理及衛生															
歷史	77.8	94	84.4	78.9	81	79.74	88.2	78	84.12	74.6	78	75.96	87.8	89	88.28
地理	81.4	88	83.8	81.8	80	81.08	84	79	82	80	85	82	79.7	86	82.22
宗教	86.1	89	87.2	92.4	78	86.6	88.1	89	88.46	68.6	78	72.36	85.1	79	82.66
美術	85.7		85.7	80		80	70		70	75		75	80.5		80.5
勞作	81		81	80		80	94		94				91		91
音樂	71.3		71.3	68		68	80.1		80.1	78		78	71.6		71.6
童子軍															
家藝	83.3		83.3	78		78	87		87	78		78	84.3		84.3
各科畢業成績總計	973.1			924.02 ~~77~~			995.42			85.97			985.74		
畢業成績平均	81.09			77			83.78 ~~82.64~~			78.15			~~82.12~~ 82.12		
操行成績	80			80			90			85			85		
體育成績	74			71			80			77			77		
備考	78.36			76			84.59			80.05			81.37		

南京市私立明德女子中學校高初中部第二屆畢業生畢業成績一覽表

卅六年七月　日填

18　48　59　11　28

學號	126.			124			127			128			133		
姓名	余素珍			姜弦英			刘白嵐			董曉珊			馬兆華		
年齡	20			19			18			20			21		
籍貫	南京市			安徽嘉山			湖南醴陵			南京市			安徽宿縣		
入學年月	35.9.			35.9.			35.9.			35.9			35.9.		
畢業年月	三十六年柒月			仝右			仝右			仝右			仝右		
科目 / 成績別	各學期成績平均	各科畢業考試成績	各科畢業成績	各學期成績平均	各科畢業考試成績	各科畢業成績	各學期成績平均	各科畢業考試成績	各科畢業成績	各學期成績平均	各科畢業考試成績	各科畢業成績	各學期成績平均	各科畢業考試成績	各科畢業成績
公民	79.7	73	77.2	83.7	89	86	74	78	75.6	74	69	72	78.7	91	83.6
國文	80.8	89	84.2	86.3	93	[illegible]89	85.7	92	88.4	82.8	87	84.6	86.2	83	84.8
英語	69.3	74	71.2	80.3	[illegible]82	81	75	84	78.6	76.7	74	75.8	61	60	60.6
數學	87.1	95	90.6	93.8	100	96.4	60	60	60	64.3	65	64.6	61.3	60	60.6
理化及博物	82.8	82	82.6	92.1	91	91.6	62.2	65	63.3	77.1	65	72.2	80.9	72	77.4
生理及衛生															
歷史	86.8	88	87.4	91.4	96	93	80.5	86	83	81.9	82	82	81.2	81	81
地理	80.0	74	77.6	89.1	88	88.6	72.7	86	78.2	75.9	87	81.8	74.6	84	78.6
宗教	89.9	79	85.6	92.7	90	91.8	75.7	86	80	85.3	74	80.8	71.5	82	76
美術	88.5		88.5	91.5		91.5	75		75	85		85	84.7		84.7
勞作	94		94	93		93	94		94	96		96	96		96
音樂	74.3		74.3	69		69	72.9		72.9	73.8		73.8	66.9		66.9
童子軍															
家護	83.3		83.3	84.3		84.3	83		83	84.7		84.7	85.7		83.7
各科畢業成績總計	996.5			1055.2			932.0			953.3			933.9		
畢業成績平均	83.04			87.93			77.67			79.44			77.83		
操行成績	90			90			80			80			89		
體育成績	70			70			70			75			77		
備考	81.01			82.64			75.89			78.15			81.94		

南京市私立明德女子中學校高中部第八屆畢業生畢業成績一覽表

卅八年七月　日填

科目	24			8			22			57			7		
學號	110			112			114			157			115		
姓名	庾慶平			董國鳳			何寶素			蔡寧華			曹琬		
年齡	20			18			20			18			18		
籍貫	湖南省武岡縣			江蘇省銅山縣			浙江奉化			江蘇泗陽			安徽歙縣		
入學年月	35年9月			〃			〃			~~34年~~ 34年9月10日			38.9.		
畢業年月	三十八年七月			仝右			仝右			仝右			仝右		
成績類別	各學期成績平均	各科畢業考試成績	各科畢業成績	各學期成績平均	各科畢業考試成績	各科畢業成績	各學期成績平均	各科畢業考試成績	各科畢業成績	各學期成績平均	各科畢業考試成績	各科畢業成績	各學期成績平均	各科畢業考試成績	各科畢業成績
公民	79	85	81.4	84.6	88	85.96	86.1	83	84.86	68	76	71.2	82	89	84.8
國文	86.5	90	87.9	86	88	86.8	87.6	98	91.76	84.4	91	87.4	87.7	89	88.22
英語	65.66	74	68.99	75	77	75.8	69.3	~~83~~ 75	71.58	77	77	77	70.3	78	73.38
數學	66	74	69.2	67.3	78	71.58	75	83	78.2	66	61	64	60	63	61.2
理化及博物	85.6	76	81.76	87.2	[illegible]	84.32	83.8	76	80.68	79	64	73	71.6	66	69.36
生理及衛生															
歷史	85.8	85	85.48	87.9	92	89.54	88.6	91	89.56	76.9	64	71.74	89.6	87	88.56
地理	82.2	84	82.92	88.8	85	84.28	79.7	84	81.42	78.5	82	79.9	85.9	86	85.94
宗教	80.3	73	77.38	86.1	86	86.06	92.6	94	93.16	90.4	93	91.44	75.9	82	78.34
美術	87.5	92.5	87.5	92.5		92.5	92.5		92.5	85		85	76.5		76.5
勞作	97	94	97	94		94	93		93	85		85	92		92
音樂	72.6	77.1	72.6	77.1		77.1	86.8		86.8	82		82	73		73
童子軍															
家事	85	91.3	85	91.3		91.3	86.3		86.3	73		73	90		90
各科畢業成績總計	977.13			1019.24			1029.82			940.68			961.3		
畢業成績平均	81.43			84.94			85.82			78.39			80.1		
操行成績	85			85			87			80			92		
體育成績	78			80			82			73			78		
備考	81.48			83.31			81.61			~~76.13~~ 76.13			83.37		

南京市私立明德女子中學校高初中部第二屆畢業生畢業成績一覽表

30　27　12　56

學號	163			132			106			164			131		
姓名	施玉華			李遠秀			石慧瑛			呂道綸			陳瑞明		
年齡	20			18			20			22			21		
籍貫	江蘇江寧			山西澤源			上海市			南京市			江蘇江浦		
入學年月	36.9			35.9.			35.2.			36.9.			35.9.		
畢業年月	三十六年六月			仝右			仝右			仝右			仝右		
科目 / 成績類別	各學期成績平均	各科畢業考試成績	各科畢業成績	各學期成績平均	各科畢業考試成績	各科畢業成績	各學期成績平均	各科畢業考試成績	各科畢業成績	各學期成績平均	各科畢業考試成績	各科畢業成績	各學期成績平均	各科畢業考試成績	各科畢業成績
公民	60	72	64.8	81.8	84	82.68	75.9	80	77.54	69.5	62		81.7	76	79.42
國文	78.9	85	81.34	90.7	90	90.42	77.6	94	85.36	81.7			89.3	89	89.18
英語	61.1	60	60.66	64.3	69	66.18	70.5	73	71.5	60			77.3	82	79.18
數學	60	67	62.8	75	70	73	68.5	69	68.7	60			84.7	87	85.62
理化及博物	60	60	60	67.1	74	69.76	73.5	79	75.58	60			79.8	73	76.68
生理及衛生															
歷史	74.2	80	76.52	83.9	87	85.14	85.3	90	87.14	74.2			84.6	88	85.96
地理	68.2	80	72.92	75	84	78.6	75.3	85	79.18	68.6			80.5	73	77.5
宗教	78	75	76.8	96.2	88	92.92	84.5	79.3	81.78	66.1			87.5	82	85.3
美術	79		79	87		87	81.5		81.5	80			81.3		81.3
勞作	78.3		78.3	92		92	87		87				94		94
音樂	65.5		65.5	~~76.2~~		77.7	86.8		86.8	74			77.8		77.8
童子軍															
家政	77		77	83.7		83.7	86		86	76			81.7		81.7
各科畢業成績總計	855.64			979.1			974.12						988.64		
畢業成績平均	71.38			81.59			81.26						82.39		
操行成績	80			89			88						80		
體育成績	78			77			74						79		
備考	76.46			82.58			81.09 81.09						80.46		

卅六年七月 日填

50 X X 20 4

南京市私立明德女子中學校高初中部第一屆畢業生畢業成績一覽表

學號	154			109			142			90			108		
姓名	陳玉如			呂俊馥			李雯			陳月華			張桂生		
年齡	18			18			19			21			19		
籍貫	廣東東莞			安徽休寧			南京市			南京市			浙江上虞		
入學年月	36.2			35.2.			35.9.			34.10.			35.2.		
畢業年月	三十六年柒月			仝右			仝右			仝右			仝右		
科目 \ 成績類別	各學期成績平均	各科畢業考試成績	各科畢業成績	各學期成績平均	各科畢業考試成績	各科畢業成績	各學期成績平均	各科畢業考試成績	各科畢業成績	各學期成績平均	各科畢業考試成績	各科畢業成績	各學期成績平均	各科畢業考試成績	各科畢業成績
公民	80.8	78	79.68	81.6	79	80.56	71.6			73.5			72.9	71	72.14
國文	83.4	83	83.24	89.5	89	89.3	81.6			82			85.1	88	86.26
英語	73.5	72	72.9	84.5	74	80.3	60			61.2			74	73	73.6
數學	60	60	60	88.9	88	88.54	60			60			60	60	60
理化及博物	70.5	60	66.3	79.6	62	72.56	60			66.9			66.6	71	68.36
生理及衛生															
歷史	76.8	66	72.48	86.3	94	89.38	71.1			73.3			79.1	86	81.86
地理	73.2	72	72.72	79.3	88	82.78	62.6			66.3			76.1	92	82.46
宗教	82.7	81	82.02	90.5	95	92.3	75.1			84.9			89.4	70	81.64
美術	82.5		82.5	93.5		93.5	71			77			76.8		76.8
勞作				90.5		90.5	93			84			87		87
音樂	78		78	87.7		87.7	64.2			69.2			75.1		75.1
童子軍															
家[illegible]	78.5		78.5	87.5		87.5	81			76.8			80.2		80.2
各科畢業成績總計	828.34			1034.92									925.4224		
畢業成績平均	75.3			86.24									77.1		
操行成績	92			85									80		
體育成績	86			74									77		
備考	84.43			81.75									78.03		

卅六年七月 日填

40 2 15 9 23

南京市私立明德女子中學校高初中部第一屆畢業生畢業成績一覽表

學號	100			129			周濟時			150			101		
姓名	李默然			陳檣彤			130			李慧民			車惠培		
年齡	18			19			18			19			江蘇睢寧		
籍貫	江蘇江浦			廣東番禺			江西臨川			江西豐城			19		
入學年月	35.2.			35.9.			35.9.			36.2.			35.2.		
畢業年月	三十六年柒月			仝右			仝右			仝右			仝右		
科目／成績類別	各學期成績平均	各科畢業考試成績	各科畢業成績	各學期成績平均	各科畢業考試成績	各科畢業成績	各學期成績平均	各科畢業考試成績	各科畢業成績	各學期成績平均	各科畢業考試成績	各科畢業成績	各學期成績平均	各科畢業考試成績	各科畢業成績
公民	84.2	88	85.72	74	83	71.6	74.7	77	75.62	79.4	80	79.64	76.1	81	78.06
國文	86	86	86	83	83	83	89	78	84.6	86.5	95	89.9	86.9	85	86.14
英語	74.8	70	72.88	70	77	72.8	72.7	76	74.02	91	86	89	72.8	70	71.68
數學	60	67	62.8	60	61	60.4	69	89	77.00	94	88	91.6	63.1	62	62.26
理化及博物	76.9	60	70.14	66.1	64	61.26	69	66	67.8	92.5	77	86.3	74.4	86	79.04
生理及衛生															
歷史	85.6	89	86.96	74.8	82	77.68	83.7	80	82.22	92.2	95	93.32	80.8	80	82.08
地理	72.6	89	79.16	72.4	90	[illegible].44	82.7	82	82.42	91.2	95	92.72	76.5	80	77.9
宗教	89.3	89	89.18	70.3	72	70.98	82.8	65	75.68	94.8	90	92.88	85.7	87	86.22
美術	80.8		80.8	85.7		81.7	87.7		87.7	85		85	82.5		82.5
勞作	83		83	91		91	97		97	~~83~~			83.5		83.5
音樂	73.1		73.1	69.1		6.1	83.6		83.6	~~83~~		83	72.7		72.7
童子軍															
家藝	86.8		86.8	85.7		81.7	83.3		83.5	88		88	79.8		79.8
各科畢業成績總計	956.54			918.66			970.96			971.36			941.88		
畢業成績平均	79.71			76.56			80.91			88.3			78.49		
操行成績	90			89			92			90			88		
體育成績	75			84			74			80			70		
備考	81.57			83.19			82.3			86.1			78.83		

卅六年七月 日填

X 33 35 17 52

南京市私立明德女子中學校高初中部第二屆畢業生畢業成績一覽表

學號	89			137			134			136			135		
學生姓名	鄭旧生			洪志英			朱云鳳			王金珠			孫文云		
年齡	20			19			20			20			18		
籍貫	江蘇泰興			安徽巢縣			南京市			〃			南京市		
入學年月	34.10			35.9			35.9			〃			35.9		
畢業年月	三十六年柒月			仝右			仝右			仝右			仝右		
科目 / 成績類別	各學期成績平均	各科畢業考試成績	各科畢業成績	各學期成績平均	各科畢業考試成績	各科畢業成績	各學期成績平均	各科畢業考試成績	各科畢業成績	各學期成績平均	各科畢業考試成績	各科畢業成績	各學期成績平均	各科畢業考試成績	各科畢業成績
公民	77.8	79	78.28	72.3	68	70.58	74.7	83	78.02	65.7	84	73.82	72.8		
國文	83.2	83	83.12	81.6	86	83.36	82.1	79	81.46	81.7	82	81.82	81.4		
英語	68	62	65.6	64.3	60	62.58	66	67	66.4	60	60	60	60		
數學	60	62	60.8	61.3	60	60.78	60	60	60	65.7	64	64.02	60		
理化及博物	63.7	70	66.22	66.6	61	64.36	63.2	60	61.92	67	68	67.4	68.3		
生理及衛生															
歷史	77.3	78	77.58	82.7	80	81.62	76.2	77	76.52	82.4	74	79.04	80.6		
地理	66.8	74	69.68	72.6	77	74.36	66.2	70	67.72	69.3	77	72.38	64.5		
宗教	85.6	78	82.56	85.3	77	81.98	70.4	73	71.44	~~69.5~~	76	73.18	77.5		
美術	82.4		82.4	79.7		79.7	86		86	80.3		80.3	79		
勞作	84.5		84.5	93		93	92		92	91		91	93		
音樂	74.2		74.2	67.7		67.7	66.7		66.7	69.7		69.7	67.8		
童子軍												6			
家護	81.5		81.5	80.7		80.7	79.3		79.3	86		86	81.7		
各科畢業成績總計	906.14			910.02			887.48			898.66					
畢業成績平均	75.51			75.83			73.96			74.9					
操行成績	80			83			88			85					
體育成績	75			88			76			79					
備考	76.84			82.28			79.32			79.63					

卅六年七月　日填

南京市私立明德女子中學校高初中部第二届畢業生畢業成績一覽表

	19			31			37			49			45		
學號	102			104			103			87			121		
姓名	朱美琴			黄錫安			章允培			陶秀如			許壎純		
年齡	19			19			19			20			20		
籍貫	南京市			安徽宿松			江蘇睢寧			南京市			廣東汕頭		
入學年月	35.2.			35.2.			35.2			34.10.			35.9.		
畢業年月	三十六年柒月			仝右			仝右			仝右			仝右		
科目 / 成績類別	各學期成績平均	各科畢業考試成績	各科畢業成績	各學期成績平均	各科畢業考試成績	各科畢業成績	各學期成績平均	各科畢業考試成績	各科畢業成績	各學期成績平均	各科畢業考試成績	各科畢業成績	各學期成績平均	各科畢業考試成績	各科畢業成績
公民	81.1	85	82.66	81.1	84	82.26	77.6	77	77.36	68.8	84	74.88	70.9	66	68.94
國文	89	95	91.4	85.6	86	85.76	86.2	84	85.32	81.6	88	84.16	79.8	85	81.88
英語	78.3	80	78.98	70.5	70	70.3	73.8	69	71.88	68	66	67.2	68	70	68.8
數學	73.3	82	76.78	60	62	60.8	60	60	60	62.4	60	61.44	60	60	60
理化及博物	82.7	79	81.22	76.5	67	72.7	67.4	68	67.64	61.3	60	60.78	64.9	60	62.94
生理及衛生							[illegible]								
歷史	83.3	86	84.38	81.6	84	82.56	73.1	83	77.06	73.2	84	77.52	80.6	72	77.16
地理	81.3	91	85.18	77.6	83	79.76	71.7	79	74.82	70.9	66	68.94	69.9	75	71.94
宗教	88.6	84	86.76	95.1	94	94.66	82.2	88	84.52	80.8	66	74.88	72.8	77	74.48
美術	86.5		86.5	85.3		85.3	82.3		82.3	83.6		83.6	86.5		86.5
勞作	85.5		85.5	87		87	81		81	88.5		88.5	95		95
音樂	77.6		77.6	73.2		73.2	74.1		74.1	83		83	73.5		73.5
童子軍															
家藝	82.5		82.5	84.8		84.8	78.3		78.3	77.5		77.5	81.7		81.7
各科畢業成績總計	999.46			965.1			91.41			902.4			902.84		
畢業成績平均	83.29			80.42			76.18			75.2			75.24		
操行成績	88			90			90			87			76		
體育成績	74			70			71			72			84		
備考	81.76			80.14			79.06			78.07			78.41		

卅六年七月　日填

南京市私立明德女子中學校高初中部第六屆畢業生畢業成績一覽表

	53			68			70								
學號	171			169			170								
姓名	張佳玲			王玲			許如榮								
年齡	19			19			17								
籍貫	南京市			河北省正定縣			南京市								
入學年月				卅七年二月			〃								
畢業年月	三十六年柒月			仝右			仝右			仝右			仝右		
科目 \ 成績類別	各學期成績平均	各科畢業考試成績	各科畢業成績	各學期成績平均	各科畢業考試成績	各科畢業成績	各學期成績平均	各科畢業考試成績	各科畢業成績	各學期成績平均	各科畢業考試成績	各科畢業成績	各學期成績平均	各科畢業考試成績	各科畢業成績
公民	78	80	78.8		78			72							
國文	75	70	73		85			81							
英語	65	60	63		78)			60							
數學	62	60	61.2		(60			60							
理化及博物	70	60	66		74.6			70.33							
生理及衛生															
歷史	78	67	73.6		89			78							
地理	75	68	72.2		85			82							
宗教	76	72	74.4		73			60							
美術	78		78												
勞作	84		84												
音樂	80		80												
童子軍															
家護	85		85												
各科畢業成績總計	889.2														
畢業成績平均	74.1			77.53			66.44								
操行成績	80			75			80								
體育成績	76			70			70								
備考	76.7			74.18			72.15								

卅六年七月　日填

44 69 × 36 54

南京市私立明德女子中學校高中部第二屆畢業生畢業成績一覽表

學號	167			143.			156			144			107		
姓名	謝孟嫻			鄭荷珍			黃君儀			王惠華			楊浩		
年齡	19.			20			19			20			19		
籍貫	浙江紹興			江蘇鎮江			江蘇武進			南京市			江蘇句容		
入學年月	36.9.			35.9			36.2.			35.9.			35.2.		
畢業年月	三十六年柒月			仝右			仝右			仝右			仝右		
科目 成績 類別	各學期成績平均	各科畢業考試成績	各科畢業成績	各學期成績平均	各科畢業考試成績	各科畢業成績	各學期成績平均	各科畢業考試成績	各科畢業成績	各學期成績平均	各科畢業考試成績	各科畢業成績	各學期成績平均	各科畢業考試成績	各科畢業成績
公民	75	76	75.4	76.1	68	72.86	68.8			76.4	79	77.44	74.7	.72	73.62
國文	87.8	90	88.68	84.7	90	86.82	78.8			83.4	83	83.24	83.8	.85	84.28
英語	72	62	68	72.7	750	73.62	60			65	60	63	73.5	68	71.3.
數學	61	68	63.8	73.2	87	78.72	60			60	60	60	60	63	61.2
理化及博物	71	63	67.8	67	69	67.8	60			60.7	61	60.82	61.8	.67	63.88
生理及衛生															
歷史	79.4	76	78.04	83.2	90	85.92	81.2			78.8	69	74.88	73.7	.85	78.22
地理	69.2	74	71.12	79.7	85	81.82	79			73.1	84	77.46	72.8	88	78.88
宗教	87.6	73	81.76	86.5	80	83.9	72.9			80.4	65	74.24	76.7	.69	73.62
美術	77		77	83		83	67.5			71.3		71.3	79		79
勞作				92		92				91		91	83.5		83.5
音樂	65		65	67.6		67.6	69.5			70.3		70.3	82		82
童子軍															
家事	78		78	82.3		82.3	72			78.3		78.3	75.5		75.5
各科畢業成績總計	814.6			956.36						881.98			905		
畢業成績平均	74.05			79.7						73.49			75.41		
操行成績	87			80						70			80		
體育成績	72			78						79			80		
備考	77.68			79.23						74.16			78.47		

卅六年七月　日填

南京市私立明德女子中學校高初中部第二屆畢業生畢業成績一覽表

卅六年七月　日填

學號	88			138			141			152			165		
（紅筆）	38			29			66			6			X		
姓名	金河			王金蓉			曾蘇玉			魏引瑄			刘智芳		
年齡	19			20			17			19			20		
籍貫	安徽婺源			南京市			四川巴縣			江蘇漣水			南京市		
入學年月	34.10.			35.9.			〃			36.2.			36.9.		
畢業年月	三十六年柒月			仝右			仝右			仝右			仝右		
科目 / 成績類別	各學期成績平均	各科畢業考試成績	各科畢業成績	各學期成績平均	各科畢業考試成績	各科畢業成績	各學期成績平均	各科畢業考試成績	各科畢業成績	各學期成績平均	各科畢業考試成績	各科畢業成績	各學期成績平均	各科畢業考試成績	各科畢業成績
公民	68.8	75	71.28	80.4	78	79.44	70.3	79	73.78	74.1	84	78.06	70		
國文	79.9	84	81.54	86.4	89	87.44	82.5	76	79.9	91.9	90	91.14	85.6		
英語	67	72	69	71.3	74	72.38	66	76	70	65.5	60	63.3	60		
數學	60	60	60	78.2	80	78.92	60	60	60	60	60	60	60		
理化及博物	66.3	73	68.98	76.5	67	72.7	63.1	60	61.86	69.8	60	65.88	70		
生理及衛生															
歷史	75.7	78	76.62	82.3	77	80.18	78.9	82	80.14	86.8	94	89.68	72.2		
地理	65.8	82	72.28	75.2	80.4	77.28	71.8	83	76.28	86.8	92	89.28	71.9		
宗教	83.3	63	75.18	88.3	97	91.78	72.6	68	70.76	80	90	84	68.5		
美術	79		79	82.7		82.7	71		71	87		87	84		
勞作	84		84	93		93	94		94	83.5					
音樂	71.8		71.8	73.6		73.6	70.3		70.3	~~80~~		83.5	82.5		
童子軍															
家[illegible]	78.8		78.8	81.3		81.3	86		86	84.5		84.5	77		
各科畢業成績總計	888.48			970.72			894.02			876.34					
畢業成績平均	74.04			80.9			74.5			79.67					
操行成績	80			89			74			81					
體育成績	83			73			77			90					
備考	79.01			80.97			75.17			83.66					

南京市私立明德女子中學校高中部第二屆畢業生畢業成績一覽表

卅六年七月　日填

62　51　67　65　X

學號	140			139			166			105			153		
姓名	沈少華			蔣鍾瓊			許世淑			衛國明			吳昭華		
年齡	20			21			18			20			19		
籍貫	浙江蘭谿			南京市			江蘇無錫			廣東番禺			江蘇武進		
入學年月	35.9			35.9			36.9			35.2			36.夏		
畢業年月	三十六年柒月			仝右			仝右			仝右			仝右		
科目／成績類別	各學期成績平均	各科畢業考試成績	各科畢業成績	各學期成績平均	各科畢業考試成績	各科畢業成績	各學期成績平均	各科畢業考試成績	各科畢業成績	各學期成績平均	各科畢業考試成績	各科畢業成績	各學期成績平均	各科畢業考試成績	各科畢業成績
公民	77.3	77	77.18	77.1	79	77.86	62.9	74	67.34	73.2			72.7	82	76.42
國文	86.2	89	87.32	84.2	76	80.92	89.7	92	90.62	78.1			90.8	91	90.88
英語	64	66	64.8	60	60	60	72	72	72	63.3			61	64	62.2
數學	60	60	60	60	60	60	60	60	60	60			62.5	65	63.5
理化及博物	66.1	64	65.26	63.3	60	61.98	61	67	63.4	60.8			68.8	64	66.88
生理及衛生															
歷史	83.3	88	85.18	77.6	69	74.16	81.1	86	83.06	72			76.6	81	78.36
地理	71.8	75	73.08	66.9	74	69.74	77.4	86	80.84	69.8			73.7	72	73.02
宗教	83.1	77	80.66	74.8	75	74.88	92.3	86	89.78	76.1			68.1	68	68.06
美術	73.7		73.7	78.3		78.3	70		70	82.5			87.5		87.5
勞作	94		94	93		93				86					
音樂	60		60	64.1		64.1	78		78	72			67.8		67.8
童子軍															
家事	85.3		85.3	80.7		80.7	80		80	75			77.5		77.5
各科畢業成績總計	906.42			875.64			835.04						812.12		
畢業成績平均	75.54			72.97			75.91						73.83		
操行成績	78			78			80						80		
體育成績	72			72			76						73		
備考	75.18			74.32			76.97						75.61		

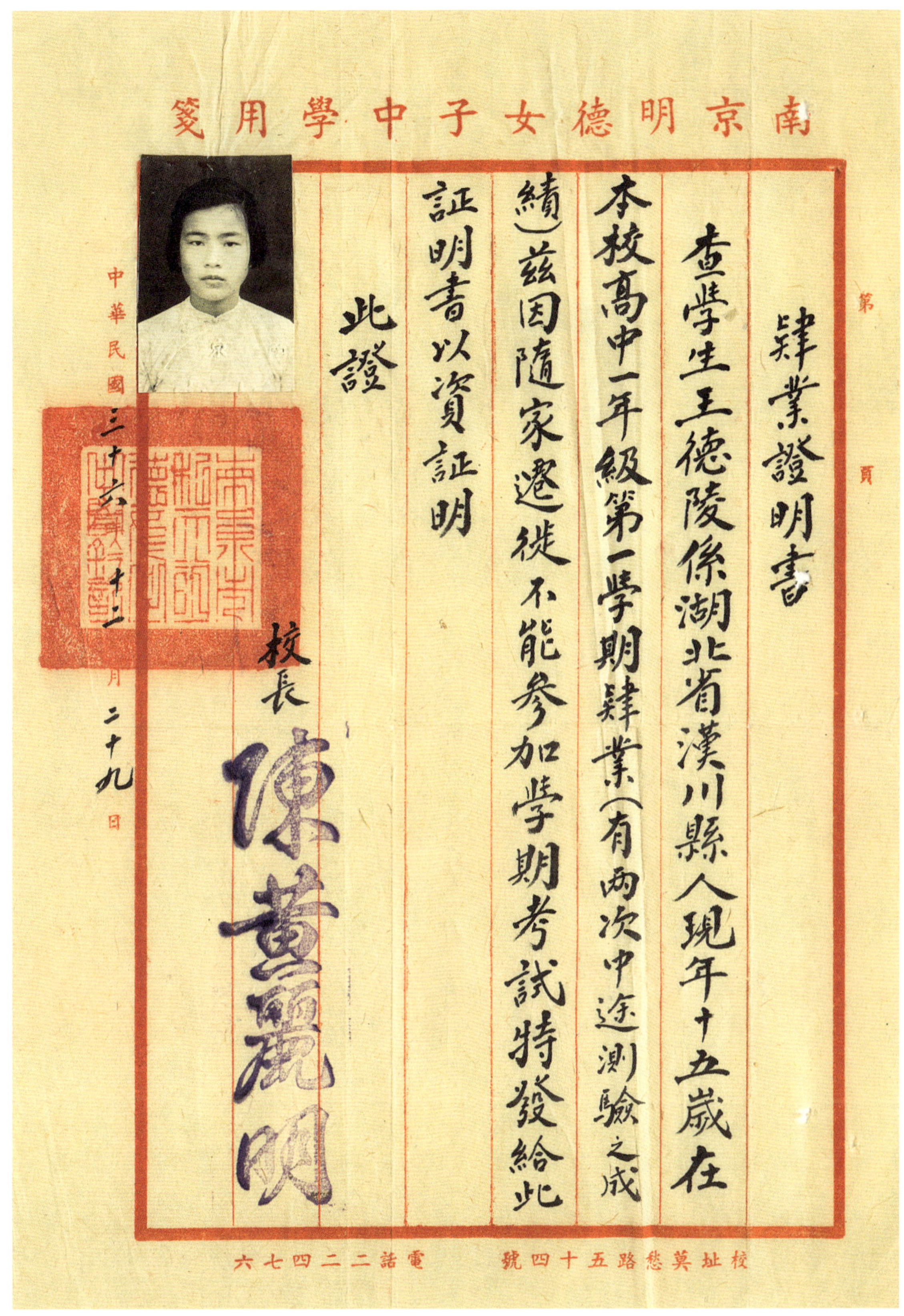
南京明德女子中學用箋

第　頁

肄業證明書

查學生王德陵係湖北省漢川縣人現年十五歲在本校高中一年級第一學期肄業（有兩次中途測驗之成績）兹因隨家遷徙不能參加學期考試特發給此證明書以資証明

此證

校長　陳黃麗明

中華民國三十六年十二月二十九日

校址莫愁路五十四號　電話二二四七六

南京市私立明德女子中學肄業證明書（一九四七年十二月二十九日）

檔號：1009-1-1051

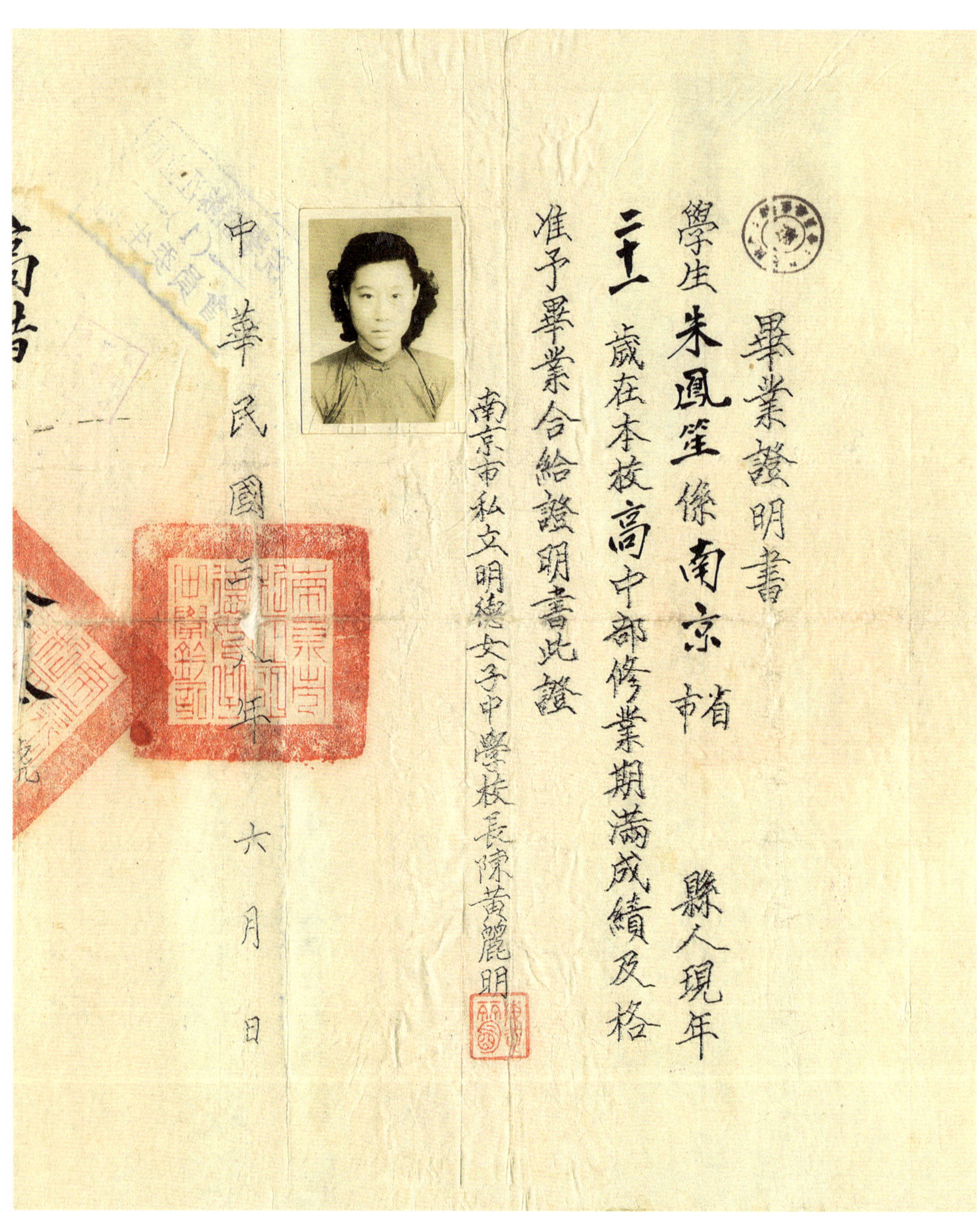
畢業證明書

學生朱鳳笙係南京市縣人現年二十一歲在本校高中部修業期滿成績及格准予畢業合給證明書此證

南京市私立明德女子中學校長陳黃麗明

中華民國年六月日

南京市私立明德女子中學畢業證明書（一九四九年六月）

檔號：1009-1-1052

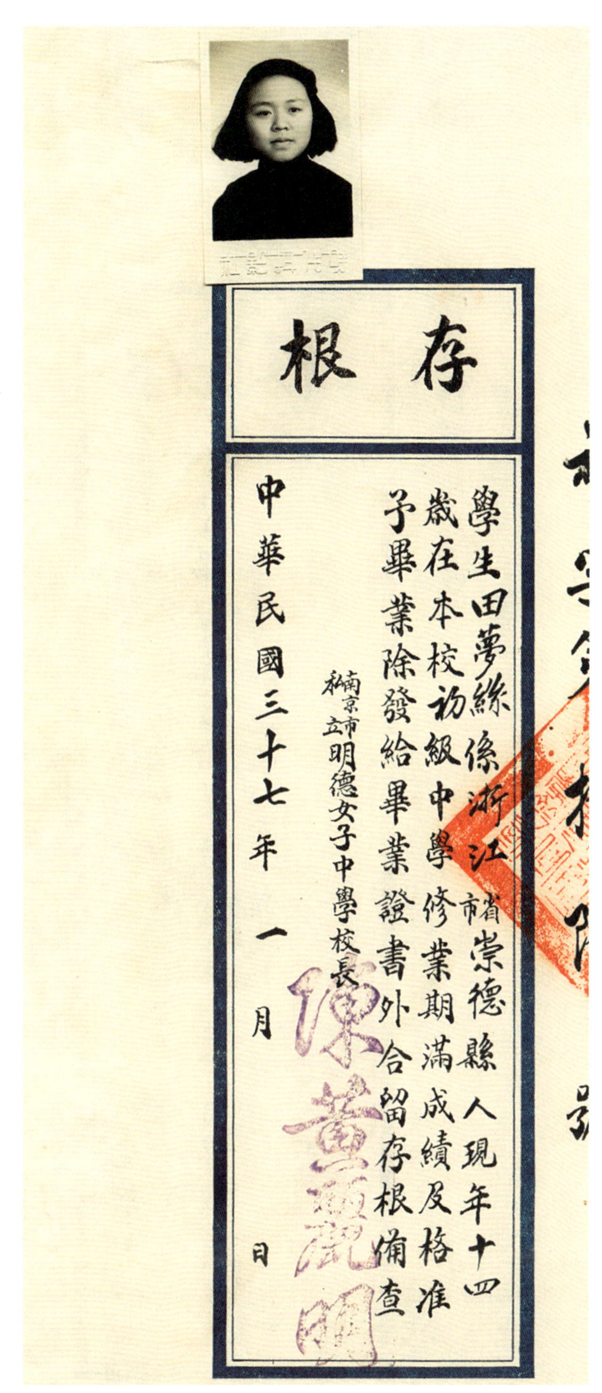
存根

學生田夢絲係浙江省市崇德縣人現年十四歲在本校初級中學修業期滿成績及格准予畢業除發給畢業證書外合留存根備查

南京市私立明德女子中學校長陳黄麗明

中華民國三十七年一月日

南京市私立明德女子中學初中畢業證書存根（一九四八年一月）

檔號：1009-1-1083

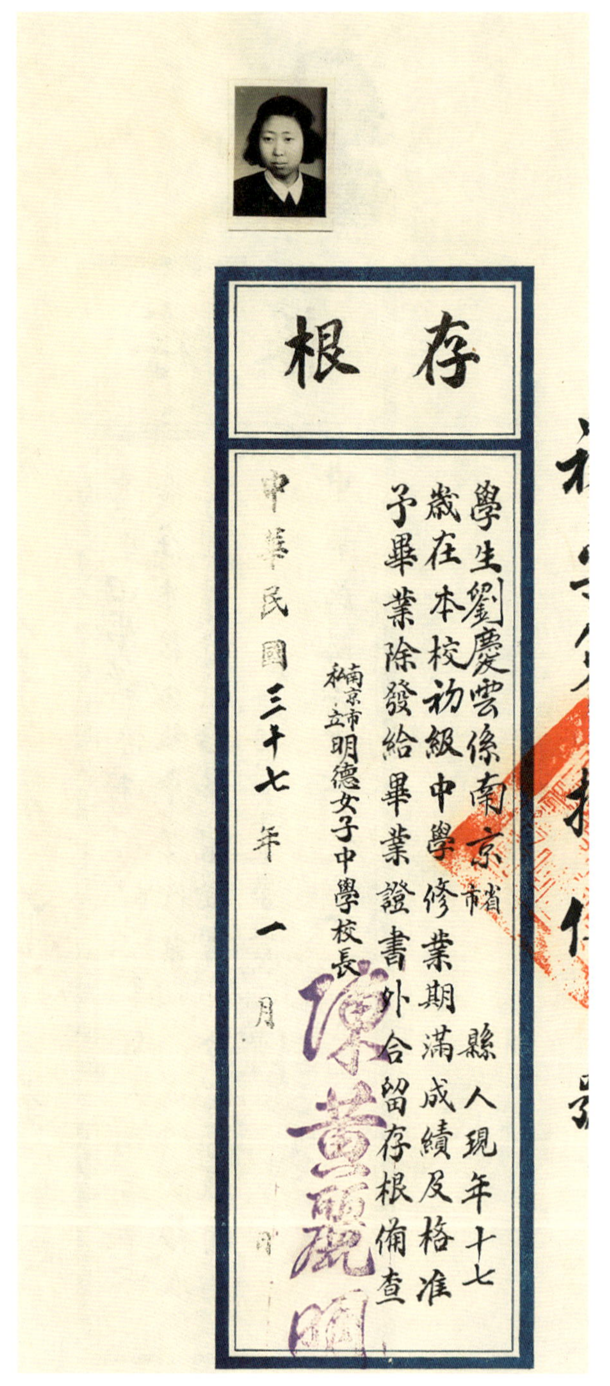

存根

學生劉慶雲係南京省市縣人現年十七歲在本校初級中學修業期滿成績及格准予畢業除發給畢業證書外合留存根備查

南京市私立明德女子中學校長陳黃麗明

中華民國三十七年一月　日

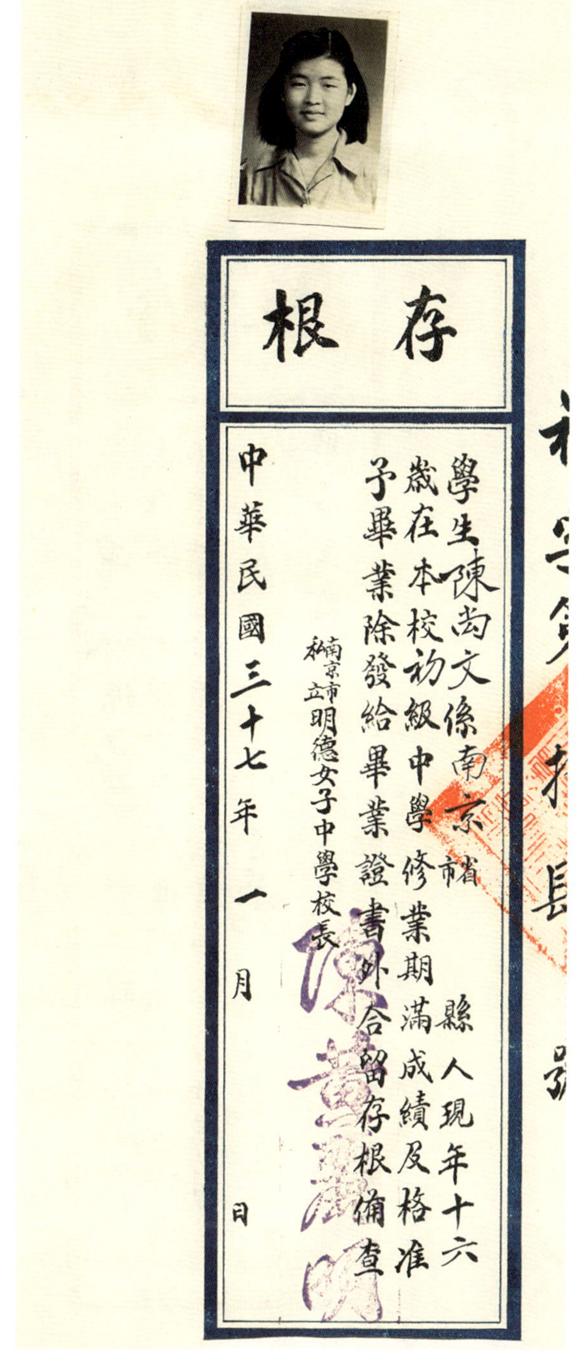

存根

學生陳尚文係南京省市　縣人現年十六歲在本校初級中學修業期滿成績及格准予畢業除發給畢業證書外合留存根備查

南京市私立明德女子中學校長　陳黄麗明

中華民國三十七年一月　日

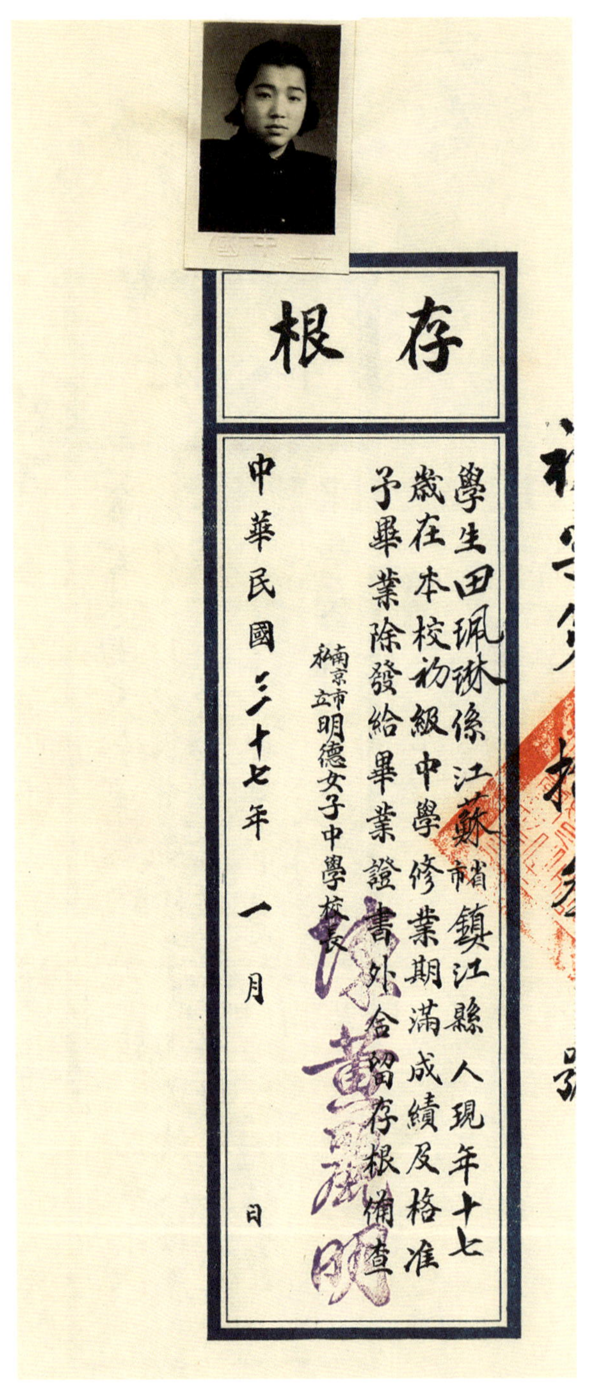
存根

學生田珮琳係江蘇省鎮江縣人現年十七歲在本校初級中學修業期滿成績及格准予畢業除發給畢業證書外合留存根備查

南京市私立明德女子中學校長

中華民國三十七年一月日

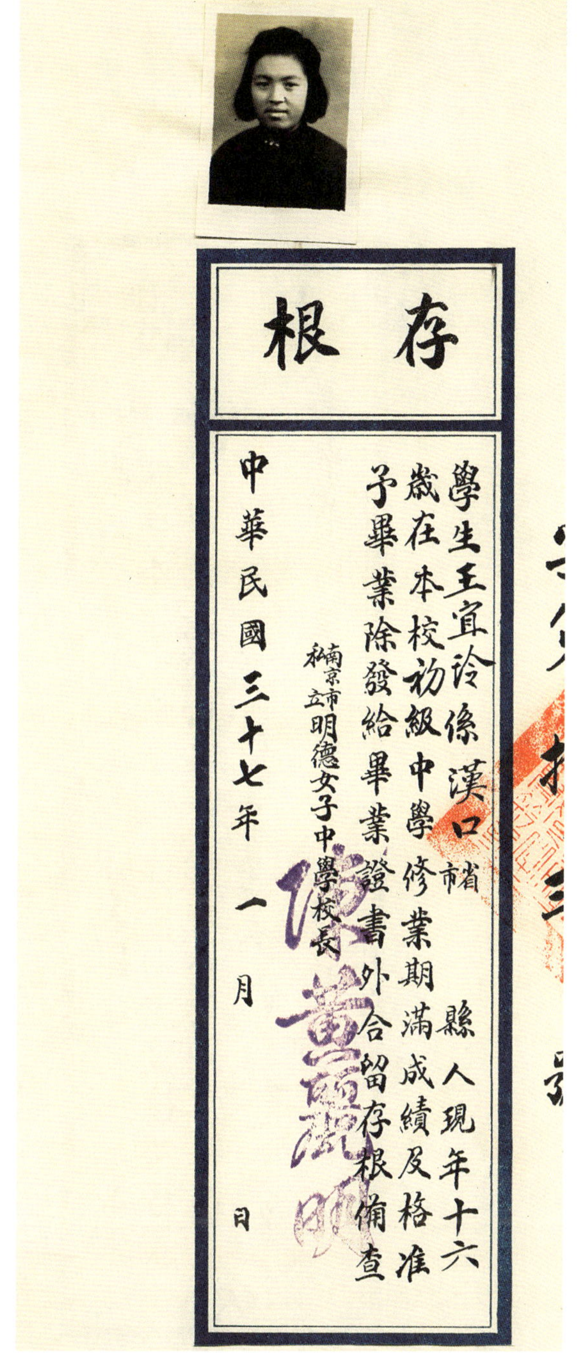

存根

學生王宜泠係漢口省市縣人現年十六歲在本校初級中學修業期滿成績及格准予畢業除發給畢業證書外合留存根備查

私立南京市明德女子中學校長

中華民國三十七年一月日

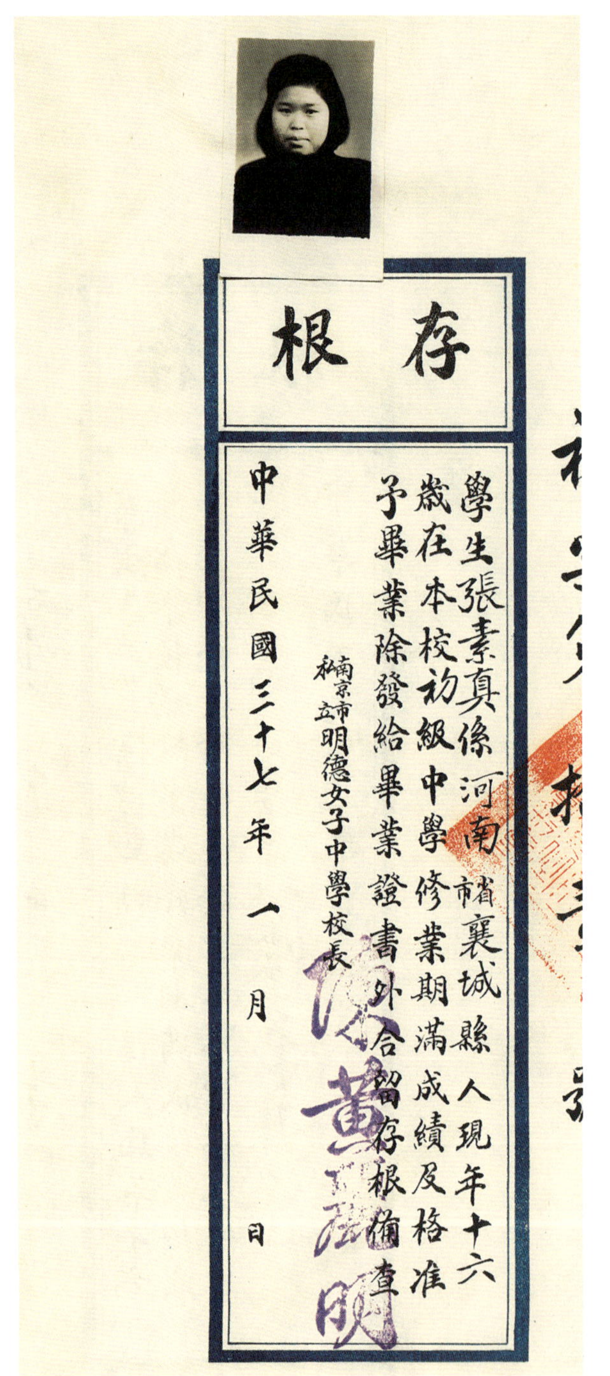

存根

學生張素真係河南省市襄城縣人現年十六歲在本校初級中學修業期滿成績及格准予畢業除發給畢業證書外合留存根備查

私立南京市明德女子中學校長

中華民國三十七年一月日

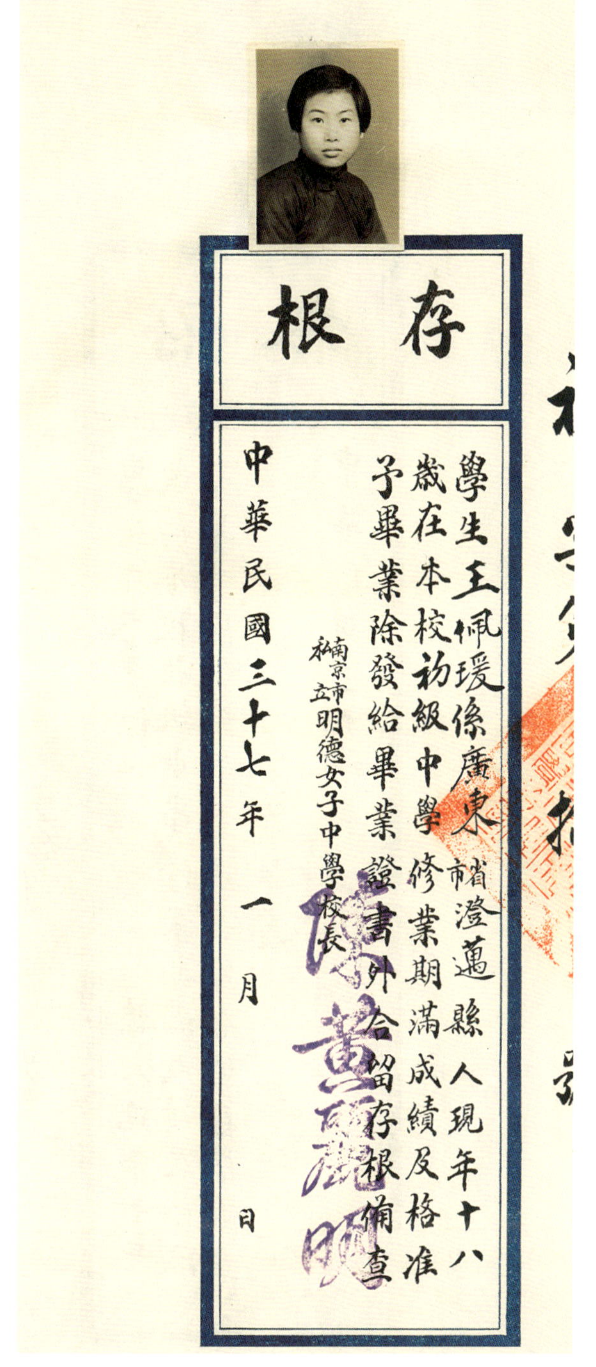

存根

學生王佩瑗係廣東省澄邁縣人現年十八歲在本校初級中學修業期滿成績及格准予畢業除發給畢業證書外合留存根備查

南京市私立明德女子中學校長 黃麗明

中華民國三十七年一月　日

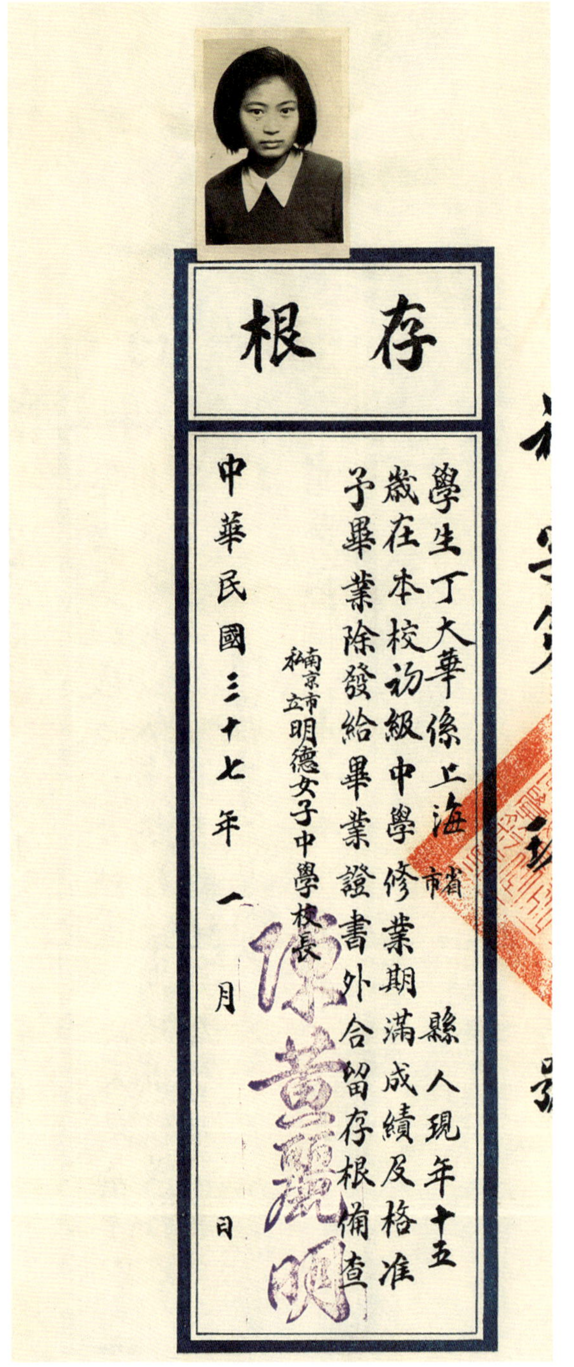

存根

學生丁大華係上海省市縣人現年十五歲在本校初級中學修業期滿成績及格准予畢業除發給畢業證書外合留存根備查

南京市私立明德女子中學校長

中華民國三十七年一月日

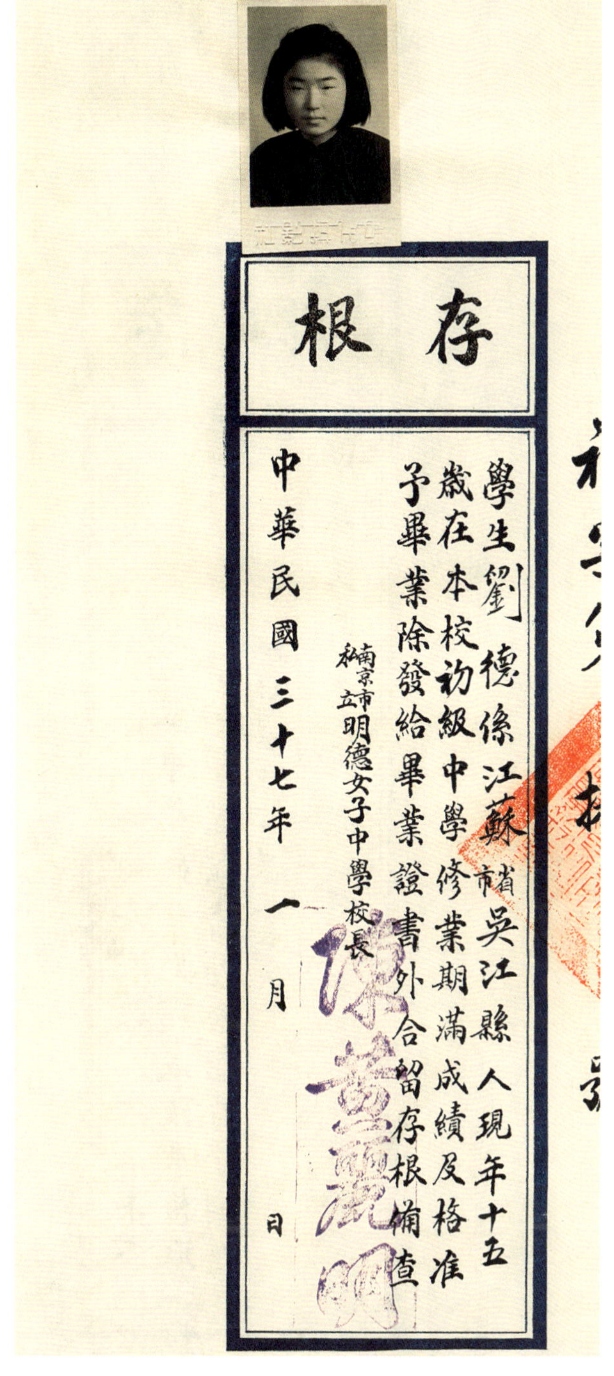
存根

學生劉德係江蘇省市吳江縣人現年十五歲在本校初級中學修業期滿成績及格准予畢業除發給畢業證書外合留存根備查

南京市私立明德女子中學校長

中華民國三十七年一月日

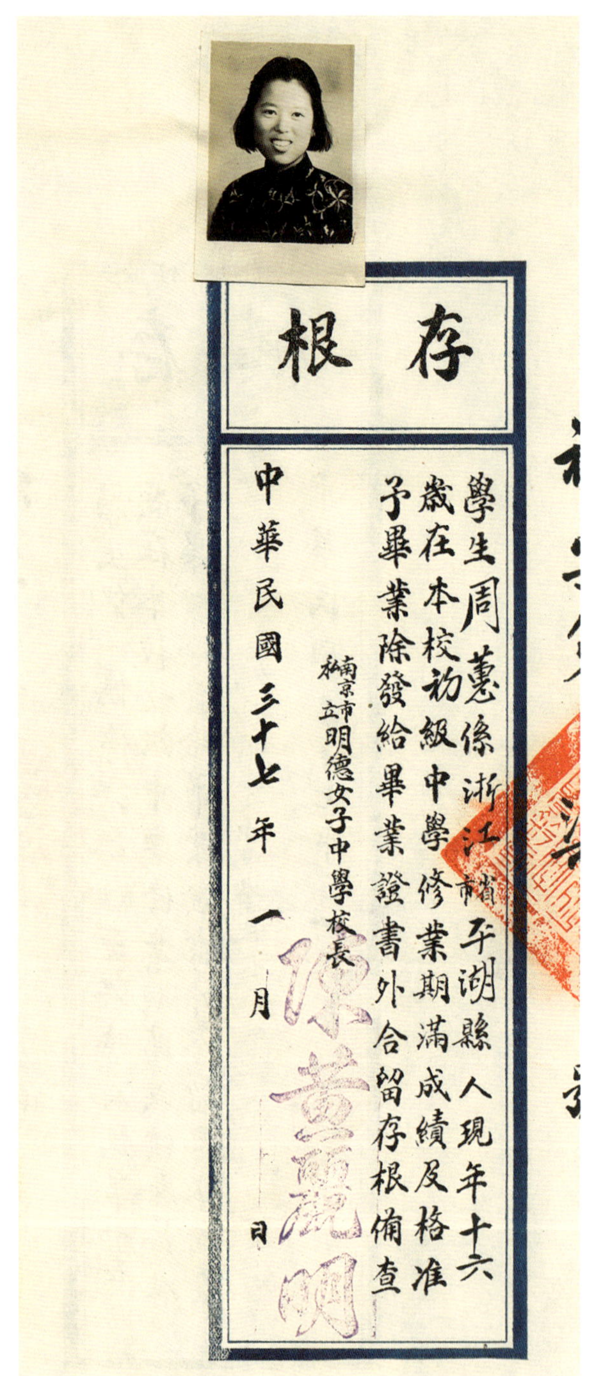

存根

學生周蕙係浙江省平湖縣人現年十六歲在本校初級中學修業期滿成績及格准予畢業除發給畢業證書外合留存根備查

南京市私立明德女子中學校長 黄麗明

中華民國三十七年一月 日

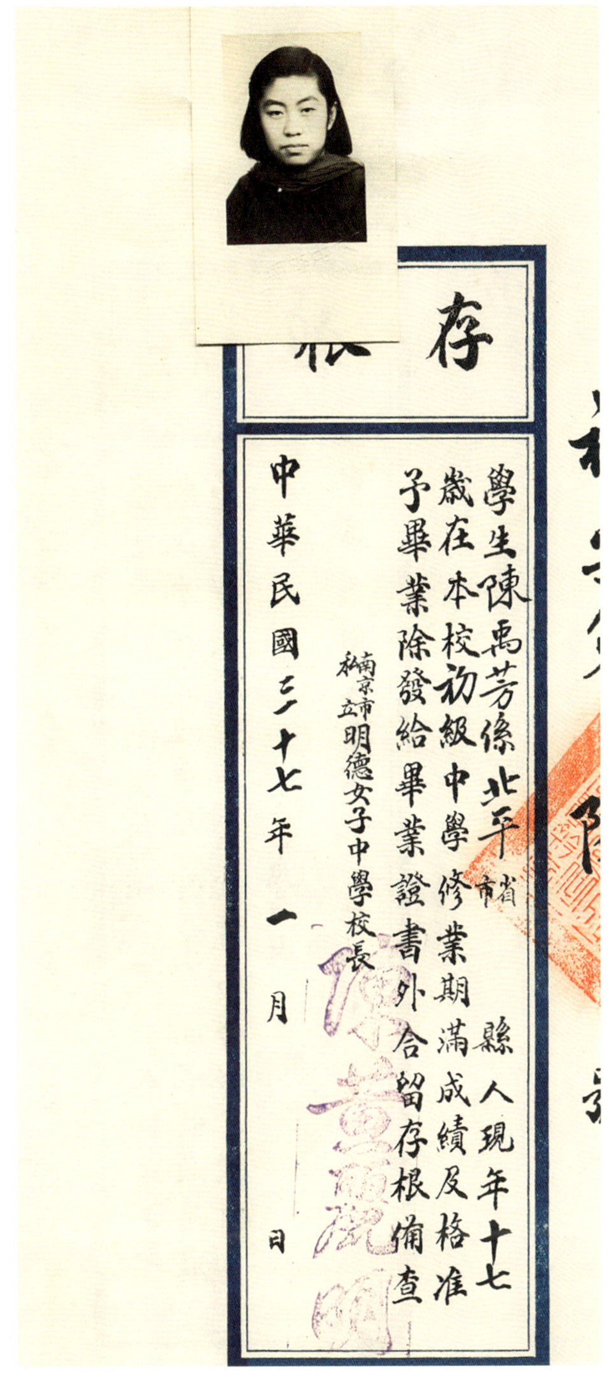

存根

學生陳禹芳係北平省市縣人現年十七
歲在本校初級中學修業期滿成績及格准
予畢業除發給畢業證書外合留存根備查

南京市私立明德女子中學校長

中華民國三十七年一月　日

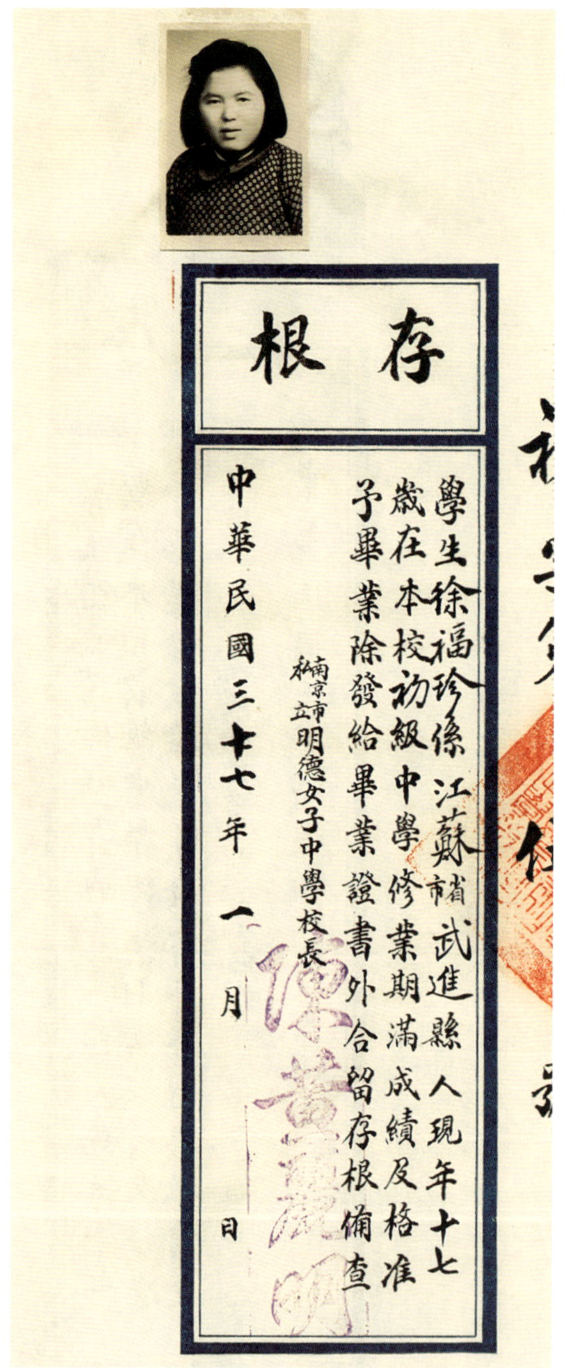
存根

學生徐福珍係江蘇省市武進縣人現年十七歲在本校初級中學修業期滿成績及格准予畢業除發給畢業證書外合留存根備查

南京市私立明德女子中學校長

中華民國三十七年一月日

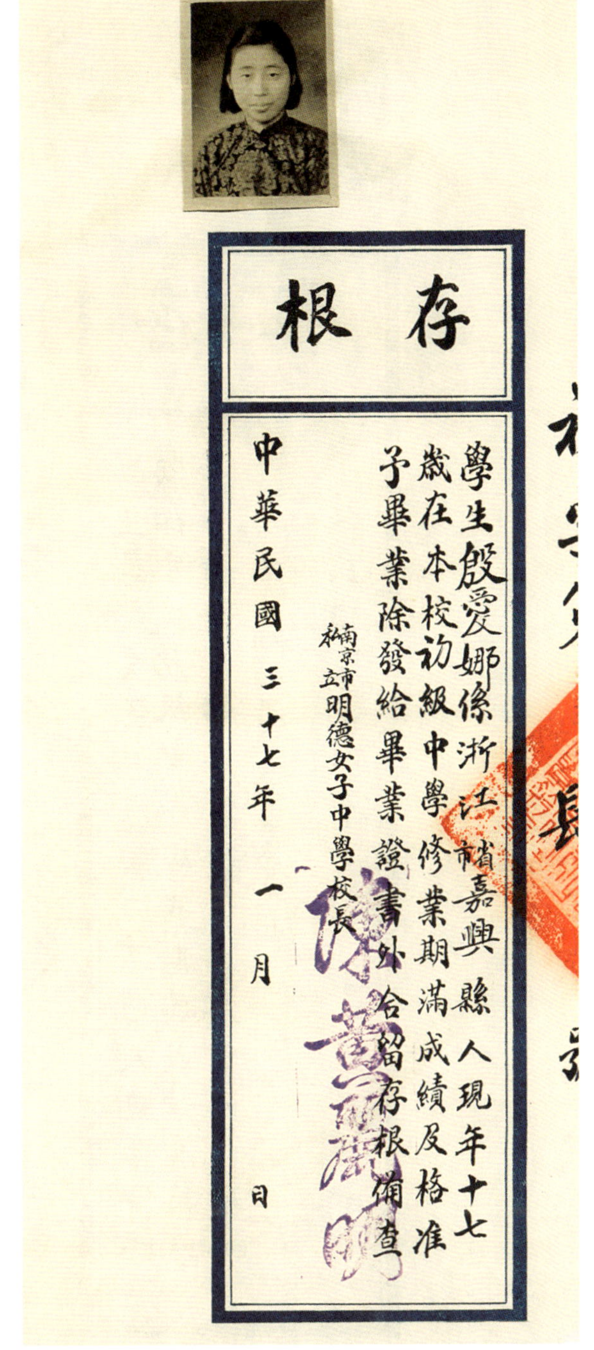
存根

學生殷愛娜係浙江省嘉興縣人現年十七
歲在本校初級中學修業期滿成績及格准
予畢業除發給畢業證書外合留存根備查

南京市私立明德女子中學校長

中華民國三十七年一月日

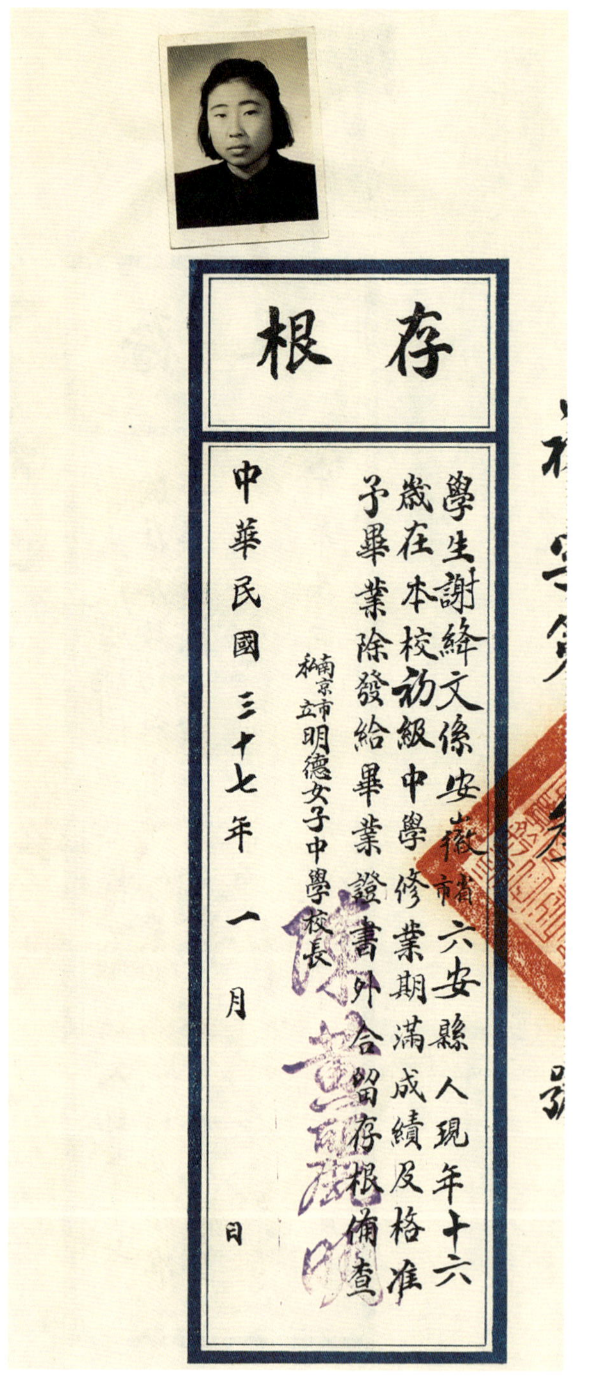

存根

學生謝絳文係安徽省市六安縣人現年十六歲在本校初級中學修業期滿成績及格准予畢業除發給畢業證書外合留存根備查

南京市私立明德女子中學校長

中華民國三十七年一月日

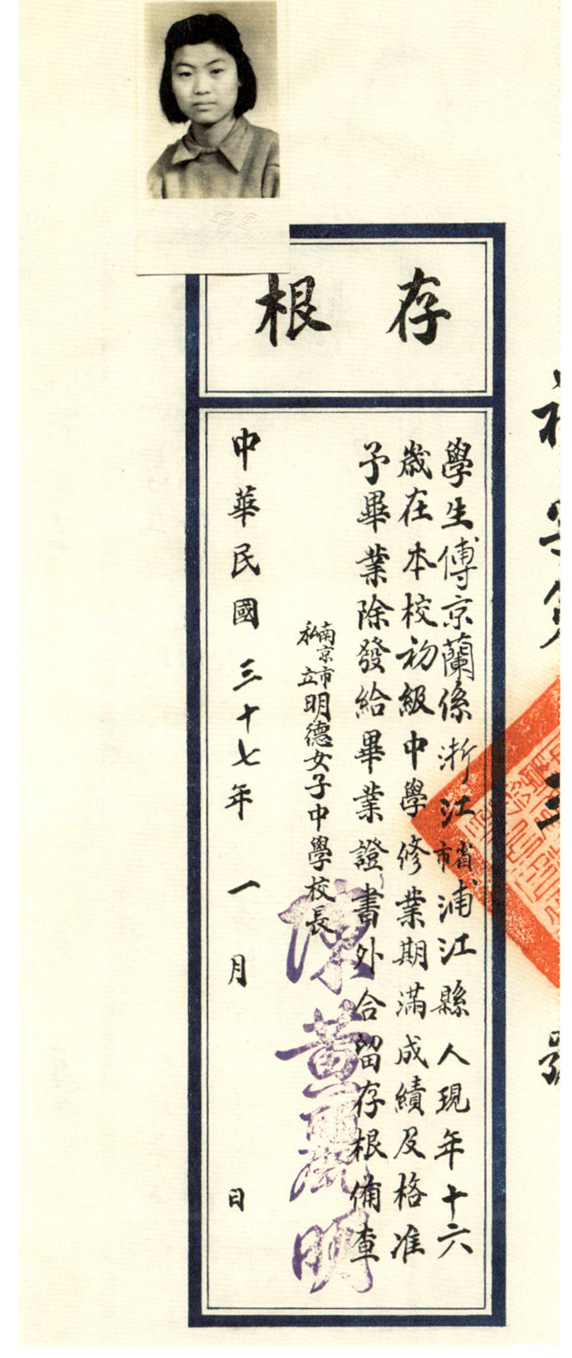
存根

學生傅京蘭係浙江省市浦江縣人現年十六歲在本校初級中學修業期滿成績及格准予畢業除發給畢業證書外合留存根備查

南京市私立明德女子中學校長 陳黄麗明

中華民國 三十七年 一 月 日

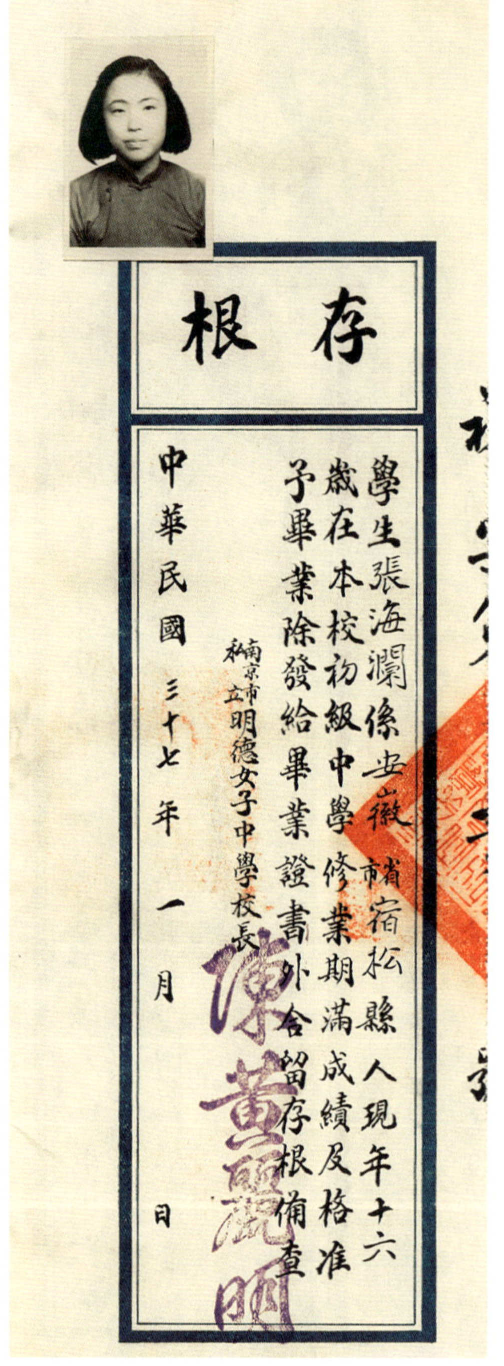

存根

學生張海瀾係安徽省市宿松縣人現年十六歲在本校初級中學修業期滿成績及格准予畢業除發給畢業證書外合留存根備查

私立南京市明德女子中學校長陳黄麗明

中華民國三十七年一月日

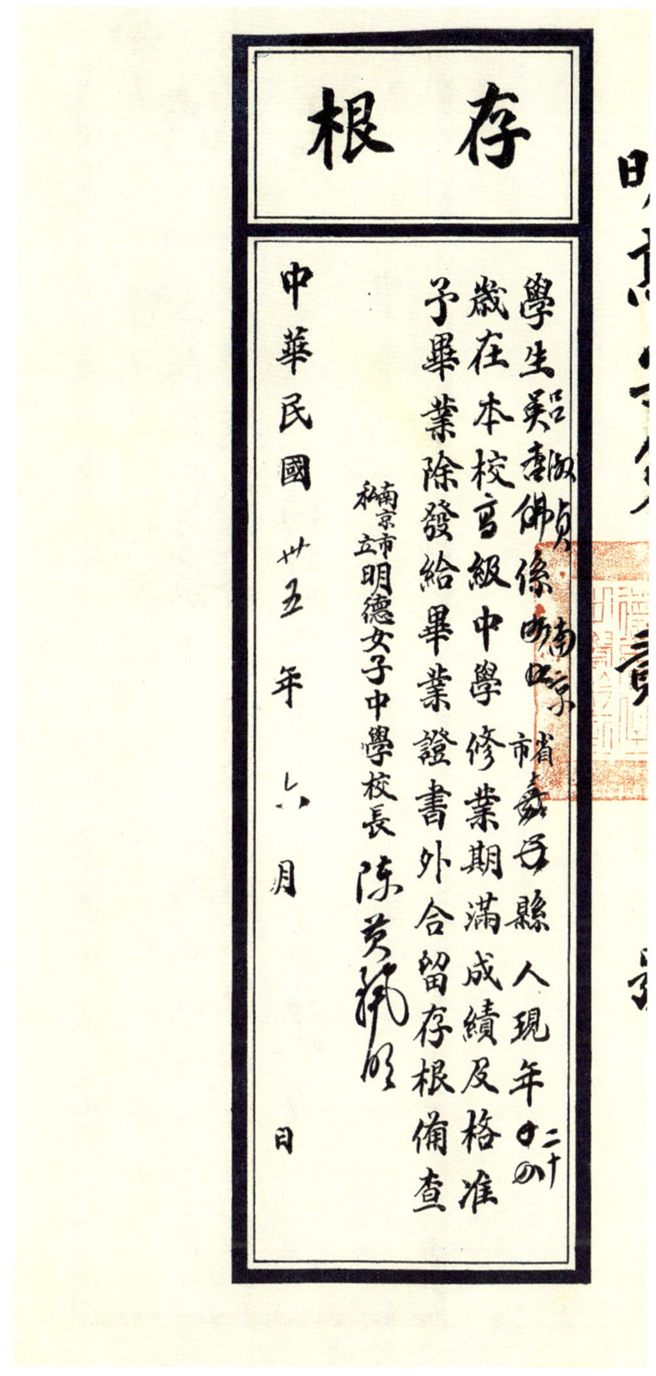

存根

學生　　係南京省/市　　縣人現年二十　歲在本校高級中學修業期滿成績及格准予畢業除發給畢業證書外合留存根備查

南京市私立明德女子中學校長

中華民國卅五年六月　日

南京市私立明德女子中學高中畢業證書存根（一九四六年六月）

檔號：1009-1-1080

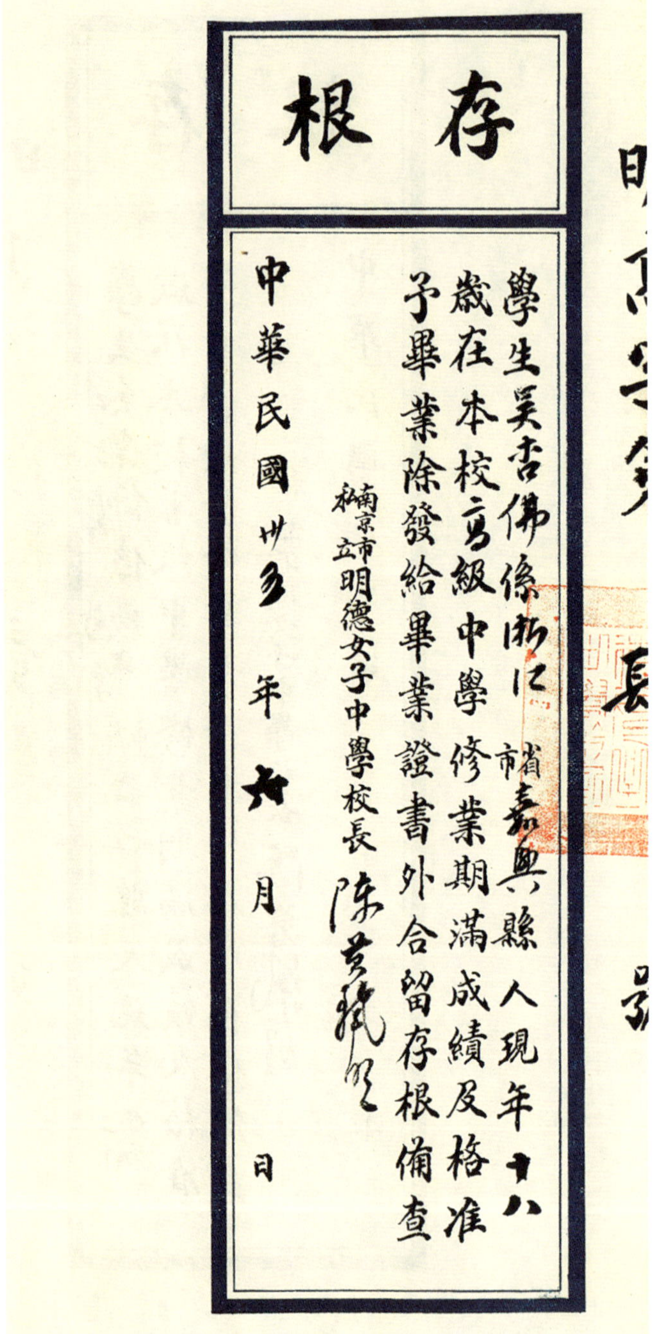

存根

學生吴杏佛係浙江省市嘉興縣人現年十八歲在本校高級中學修業期滿成績及格准予畢業除發給畢業證書外合留存根備查

私立南京市明德女子中學校長陳芳規

中華民國卅三年七月　日

存根

學生王琪係南京省市縣人現年十九歲在本校高級中學修業期滿成績及格准予畢業除發給畢業證書外合留存根備查

南京市私立明德女子中學校長陳黄毓明

中華民國卅五年六月　日

存根

學生劉崇娟係江蘇省市宿遷縣人現年十九歲在本校高級中學修業期滿成績及格准予畢業除發給畢業證書外合留存根備查

南京市私立明德女子中學校長陳黃麗明

中華民國廿五年六月　日

存根

學生杜彬瑞係青島省市　縣人現年十九歲在本校高級中學修業期滿成績及格准予畢業除發給畢業證書外合留存根備查

私立南京市明德女子中學校長　陳苓（？）

中華民國卅五年六月　日

存根

學生邱愛蘭係江蘇省市六合縣人現年十八歲在本校高級中學修業期滿成績及格准予畢業除發給畢業證書外合留存根備查

南京市私立明德女子中學校長陳黄麗明

中華民國廿五年六月日

存根

學生李㐂華係南京省市縣人現年二十歲在本校高級中學修業期滿成績及格准予畢業除發給畢業證書外合留存根備查

私立南京市明德女子中學校長 陳黄撝明

中華民國卅五年六月日

存根

學生張國英係江蘇省市蕭縣人現年十九歲在本校高級中學修業期滿成績及格准予畢業除發給畢業證書外合留存根備查

南京市私立明德女子中學校長陳英規

中華民國卅五年六月日

存根

學生張瑞雲係江苏省市江浦縣人現年廿一歲在本校高級中學修業期滿成績及格准予畢業除發給畢業證書外合留存根備查

南京市私立明德女子中學校長陳黄麗明

中華民國卅五年六月日

存根

學生徐硯華係安徽省合肥縣人現年十八歲在本校高級中學修業期滿成績及格准予畢業除發給畢業證書外合留存根備查

南京市私立明德女子中學校長陳英梅

中華民國卅五年六月日

存根

學生王淑芬係南京省市縣人現年十九歲在本校高級中學修業期滿成績及格准予畢業除發給畢業證書外合留存根備查

私立南京市明德女子中學校長陳黄麗明

中華民國　年　月　日

明德女子中學……號

存根

學生王毛敏係南京市省縣人現年十八歲在本校高級中學修業期滿成績及格准予畢業除發給畢業證書外合留存根備查

私立南京市明德女子中學校長 陳黄瓏明

中華民國卅五年六月日

存根

學生周梅係江蘇省南通縣人現年十八歲在本校高級中學修業期滿成績及格准予畢業除發給畢業證書外合留存根備查

南京市私立明德女子中學校長

中華民國卅五年六月日

存根

學生钱楚瑜係浙江省杭市縣人現年十九歲在本校高級中學修業期滿成績及格准予畢業除發給畢業證書外合留存根備查

南京市私立明德女子中學校長陳黄麗明

中華民國卅五年六月日

存根

學生葛蕓仁係江蘇省寶應縣人現年十八歲在本校高級中學修業期滿成績及格准予畢業除發給畢業證書外合留存根備查

南京市私立明德女子中學校長陳美瑛

中華民國卅五年六月日

存根

學生桑守貞係江蘇省吳市縣人現年十九歲在本校高級中學修業期滿成績及格准予畢業除發給畢業證書外合留存根備查

南京市私立明德女子中學校長陳黄麗明

中華民國卅五年六月日

叁 師生影像

南京市私立明德女子中學一九三五年度第二學期全體教職員攝影（一九三六年）

南京市私立明德女子中學復校第一屆運動會（一九四六年五月十一日）

檔號：1009-1-1310

南京市私立明德女子中學全校第二屆運動會（一九四七年五月二十八日）

南京市私立明德女子中學初中部三上、三下露營玄武湖留影（一九四七年十月二十七日）

檔號：1009-1-1310

南京市私立明德女子中學參加第八届市運會選手攝影（一九四七年十一月）

南京市私立明德女子中學附小參加第八屆市運會選手攝影 葦青

南京市私立明德女子中學初中二年級在本校操場作課程實習

南京市私立明德女子中學高中一九四六年畢業生攝影（一九四六年六月二十九日）

南京市私立明德女子中學初中一九四六年畢業生攝影（一九四六年六月二十九日）

南京市私立明德女子中學小學部一九四六年畢業生攝影（一九四六年六月二十九日）

南京市私立明德女子中學幼稚園一九四六年畢業生攝影（一九四六年六月二十九日）

南京市私立明德女子中學高中畢業學生攝影（一九四七年六月二十一日）

南京市私立明德女子中學暨小學、幼稚園全體畢業生攝影（一九四七年六月二十一日）

濟女子中學暨小學幼稚園全體師生攝影
中華民國卅六年六月廿一日
大風照相館攝

南京市私立明德女子中學暨小學、幼稚園全體師生攝影（一九四七年六月二十一日）

南京市私立明德女子中學一九四八年高中畢業生攝影（一九四八年七月）

南京市私立明德女子中學一九四八年初中畢業生攝影（一九四八年七月）

南京市私立明德女子中學一九四八年小學部畢業生攝影（一九四八年七月）

南京市私立明德女子中學一九四八年幼稚園畢業生攝影（一九四八年七月）

南京市私立明德女子中學一九四九年高中畢業生攝影（一九四九年六月）

南京市私立明德小學一九四九年畢業生攝影（一九四九年六月）

後　記

蒼蒼中山下，泱泱長江邊。一八八四年十月，美國基督教北美長老會在南京城西四根杆子（今莫愁路四一九號）創立了明德女子書院，這是爲傳播西方文化在南京地區興辦最早的新式教會學校。當時，南京城内還没有任何一所公立、私立的女子學校，該校爲南京女子學校首創，具有劃時代的意義。開學之初，僅有一名學生，經過三年，也才有學生七人。之後，學校逐年增建新校舍，添招新學生，漸漸發展完善，到一九〇三年，已經有首届中學畢業生。

明德女子書院校名取自《禮記·大學》：『大學之道，在明明德』。意爲彰顯人的美德，弘揚科學精神，其意雋永深遠。明德治學嚴謹，教規嚴格，當時的學生多爲政府官員、社會名流、工商富室、基督教徒的淑女閨秀。學校以『非以役人，乃役于人』作爲校訓，培養學生服務民衆、服務社會的意識。畢業生除送一批去美國留學，大部分進入金陵女子大學繼續深造。

一九一一年辛亥革命後，明德女子書院更名爲『私立明德女子中學』。一九二五年，學校推行新學制，分設高中部、初中部、小學部與幼稚園。此時，學校的教學設施、辦學規模等都已在南京所有女子中學中首屈一指。之後，學校兩度經歷戰火，被毁、被占。在抗日戰争結束後，教會收回學校，校名及規模也得以恢復。一九五二年十月，私立明德女子中學收歸國有，改校名爲『南京市第五女子中學』。此後，又先後更名爲『南京市群星中學』『南京市第三十六中學』，男女生兼收。一九八六年，恢復女校，定名爲『南京市女子中等專業學校』。一九八九年，南京市幼兒師範學校遷入，兩校合并。二〇〇五年十一月，啓用『南京幼兒高等師範·女子中等專業學校』校名。二〇一六年八月，南京財經學校與南京市女子中等專業學校正式合并，更名爲『南京財經高等職業技術學校』。

本書由南京市檔案館與南京財經高等職業技術學校聯合編纂。南京市檔案館朱美、華雲、王青等同志在檔案數據審核、提供等方面給予大力支持，在此一并感謝！

編者